완전한 리더의 조건
머리 · 가슴 · 배짱

세계 일류 기업들은 어떻게 리더를 양성하는가?

옮긴이 김복리

성균관대학교 영어영문학과 대학원을 졸업하고 영국 Churchill College에서 수학했다.
성균관대, 인하대, 국민대 등 여러 대학에서 TOEIC과 TOEFL을 강의했고, 현대건설과 (주)대우 등 대기업에 출강하여 토익과 영어회화를 강의했다. 대학생과 직장인에게 오랫동안 강의하면서 쌓아 온 강의노트를 바탕으로 교재를 연구하고 집필하게 됐다.
주요 저서로는 〈ROOT VOCABULARY〉, 〈토익단어장〉, 〈Word Sharp 시리즈〉, 〈Grammar Sharp〉, 〈Rainbow 시리즈〉, 〈영어회화로 시작하는 포인트 영문법〉, 〈발음으로 시작하는 왕초보 영어〉 등이 있다.

Head Heart and Guts
by David L. Dotlich, Peter C. Cairo, Stephen H. Rhinesmith

Copyright © 2006 John Wiley & Sons, Inc.
Korean translation copyright © 2007 Narae Book
This Korean edition was arranged with John Wiley & Sons, USA
through Best Literary & Rights Agency, Korea
All rights reserved.

이 책의 한국어판 저작권은 베스트에이전시를 통한 원저작권자와의 독점 계약으로 도서출판 나래북이 소유합니다.
신저작권법에 의하여 한국 내에서 보호를 받는 저작물이므로 무단전재와 무단복제를 금합니다.

완전한 리더의 조건
머리·가슴·배짱

세계 일류 기업들은 어떻게 리더를 양성하는가?

데이비드 L. 도트리치
피터 C. 카이로
스티븐 H. 라인스미스
지음

김복리 옮김

나래북

CONTENTS HEAD, HEART & GUTS LEADERSHIP

서론   7

1부 완전한 리더십

1장 | 완전한 리더십 vs 불완전한 리더십   23
2장 | 체계적이며 통합적인 리더 양성법   47

2부 머리 리더십

3장 | 기존의 방식 재고하기   73
4장 | 영역을 재구성하기   91
5장 | 임무 완수하기   107
6장 | 견해를 확립하고 표현하기   127

3부 가슴 리더십

7장 | 사람들의 요구사항과 업무의 요구사항 사이에서 균형잡기   149
8장 | 신뢰를 통하여 통합된 해결책 개발하기   173
9장 | 다양한 문화를 지닌 사람들과 협동하고 리드하기   191
10장 | 사람들과 함께 일할 때 개인의 일탈행위 극복하기   209

4부 배짱 리더십

11장 | 정보가 부족하거나 전무한 상태에서 모험을 감행하기   229
12장 | 리스크와 보상 사이에서 균형잡기   247
13장 | 고결함으로 단호하게 행동하기   267

5부 성숙한 리더십

14장 | 21세기를 위한 성숙한 리더 양성   293

저자에 관하여   318

HEAD, HEART & GUTS LEADERSHIP

서론

글로벌 경쟁 시대에는 완전한 리더가 필요하다. 불완전한 리더는 모순, 가변성, 불확실성, 예측불허투성이인 이 시대에 고군분투하고 있다. 일차원적인 리더십은 비교적 단순한 시대에는 효과가 있었을지 모르나 지금처럼 복잡한 경영환경 특히 여러 가치가 급격히 변하고 사회적, 정치적, 경제적 여건, 그리고 각종 기술이 획기적으로 변화하는 환경에서는 역부족일 뿐이다. 이 시대가 요구하는 대로 앞으로의 리더는 반드시 자신의 이성, 감성, 용기를 합리적으로 사용하는 능력을 키워야 한다.

| 불완전한 리더십의 문제는 무엇인가 |

근래 들어 정치, 종교, 군사, 산업 등 각계의 리더들이 머리, 가슴, 배짱을 적절히 사용하지 못하여 우리 모두에게 실망을 안겨주었다. 조지 부시 대통령은 비록 테러리스트를 상대로 전쟁을 선포하며 공

격적인 전략으로 배짱을 보여주었지만, 비평가들은 이라크전쟁에 대한 그의 정책과 판단력에 동정심이 부족했다고 비난을 가했다. 가톨릭 교회의 리더들은 아동을 학대한 사제들에게 너무 관대한 나머지 희생자들에 대한 배려가 부족했으며, 가해자들에게 강력한 처벌을 가하지 않음으로써 많은 사람들에게 실망을 안겨주었다. 기업의 리더들은 단기적인 결과를 내는 일에는 대단히 영리하다. 그러나 이해관계가 상충하는 주주들의 요구사항, 실적에 대한 끊임없는 압박감, 그리고 직원들의 사기충전 문제에 직면했을 때는 시종일관 옳은 행동을 보여주진 못했다.

다시 말하면 현대의 리더들은 흔히 단 하나의 자질, 즉 머리 혹은 가슴 혹은 배짱에만 전적으로 의존하는 모습을 보이고 있다. 불행하게도 이럴 경우 성공에 필요한 다른 면을 간과하게 된다. 만약 엄격하게 분석적이고 엄밀한 리더십을 추구한다면 아마 사람들은 뜻밖에도 무감각하고 비윤리적으로 반응할 것이다. 이러한 리더십으로는 좁은 범위를 뛰어넘는 광범위한 상황하에서는 효과적으로 대응할 수 없다. 한편 연민하는 감상적인 리더십을 추구한다면, 기민하고 전략적인 기회는 포착하지 못할 것이다. 그리고 확신과 강건함에 기반하여 용기에만 전적으로 의존하는 리더십은 사람들에게 부정적인 결과를 초래할 수도 있다.

〈뉴욕타임스〉의 칼럼니스트인 데이비드 브룩스(David Brooks)는 태풍 카트리나가 뉴올리언스를 강타한 직후 부시 행정부가 보여준 리더십의 문제점을 예리하게 지적했다. 비록 초기에는 홍수가 난 도시 주민에 대한 연민의 부족함과 업무 실행 능력의 미숙함을 지적했으나, 결국 그가 주목한 중요한 것은 리더십의 실패라는 점이었다. 브룩스는 프로야구 시합에서 신뢰받지 못하는 감독이 야기하는 결정적 위기, 리더들이 연루된 기업의 각종 부정사건, 아부그라이브 교도소의 수감자들을 군인들이 부당하게 학대한 점 등을 언급하면서 70년대와 똑같은 방식의 리더십으로는 대중의 신뢰를 얻을 수 없다는 사실에 주목했다.

중역 개발 컨설턴트 및 코치로서 우리는 이와 똑같은 경향을 기업의 조직생활에서도 목격했는데, 그 원인이 바로 불완전한 리더십 때문이었다. 우리는 CEO들이 자신들과 동일한 위치의 지위에서 완전한 리더를 찾아볼 수 없다고 탄식하는 말과 함께 사람들이 더 이상 자신들을 신뢰하지 않을까 두렵다는 소리를 들었다. 그들은 "한두 가지 자질이 부족한 리더가 인지적인 능력, 정서적인 지능, 그리고 용기를 함께 개발하는 일이 가능한가요?"라고 묻는다.

우리는 이와 똑같은 질문을 여러 차례 받은 바 있는데, 답변은 바로 이 책 속에 있다. 수년에 걸쳐서 우리는 수석 리더들에게 머리를, 때로는 가슴을 개발하라고 조언했다. 근래 들어서는 용기, 즉 배짱(비록 이 영역은 우리나 다른 사람들 모두 더 많은 연구를 해야 하는 영역이지만)에 대한 필요조건을 추가하여 이에 관심을 기울이고 있다. 그리하여 완전한 리더를 양성하는 일이 어렵지만은 않다는 점을 경험상 알게 되었다. 그러나 이는 기업들이 고래의 전통적이며 인지적인 개발 모델에 대한 집착에서 벗어나 더욱 전인적인 접근법을 포용할 때만 해당되는 이야기다.

| 우리는 누구인가 |

우리 회사가 어떤 곳인지 어떻게 우리가 가슴, 머리, 배짱 리더십 모델이라는 이 세 부분의 모델을 창안하게 되었는지를 설명하고자 한다.

우선 우리는 우리의 과실을 인정한다. 즉 컨설턴트로서 우리는 불완전한 리더십이라는 문제에 분명 일조했다. 우리도 단지 교실에서 가르쳐야 할 내용만을 가르친 적이 있었고, 또한 리더십이 성공하는 중요한 구성요소로 인지적인 기술만을 강조하기도 했다. 다행히도 우리는 여러 실수에서 교훈을 얻었고 마침내 가장 훌륭한 분석적인 리더라도 만약 자신들이 다른 비인지적인 자질들을 갖추지 않으면 실패할 수 있다는 사실도 깨달았다. 사실 우리의(데이비드와 피터의) 초기 저서 『왜 CEO가 실패하는가(Why CEOs Fail)』에서 우리가 연구한 뛰어난 중역 중 일부는 자신들의 개인적인 취약점을 제대로 인식하지 못했고, 그 결과 그들은 좌절감을 맛보았다. 다시 말하자면 인지적인 기술과 더불어 자기 스스로가 다른 사람에게 미치는 영향력의 중요성을 이해하려고 노력하는 중역들이 성공적인 리더로 성장할 확률이 더 높다는 것이다.

그리하여 우리는 '엄격한' 자질을 보완하는 '유연한' 자질의 중요성을 강조하기 시작했다. 자신의 취약한 부분을 쉽사리 드러내거나 혹은 자신들이 상대로부터 신뢰를 얻기도 전에 신뢰를 주는(우리는 이를 '부자연스러운' 리더십 기술이라 칭했다) 리더들이 전통적으로 명령하고 통제하는 리더들보다 어떤 상황에서는 더욱 효과적인 경우가 있다는 사실을 알게 되었다. 따라서 우리는 인지적으로도 정서적으로도 리더들을 양성하는 데 도움이 되는 개발 프로그램을 만들었다.

그런데 무언가 빠진 것이 있었다. 우리 각자는 우리 방식대로, 그리고 경험을 통하여 그것이 무엇인지 살펴보았다. 폭넓은 세계적인 경영 경험이 있으며 레이건 대통령 시절 소비에트 연방 특사를 지낸 스티븐(이 책의 공동저자—옮긴이)은 미하일 고르바초프와 로널드 레이건과 같은 리더들이 자신의 신념을 솔직하게 말하는 능력으로 리더로서의 효과를 발휘했다는 점을 파악했다. 콜럼비아대학의 조직상담심리학과 학과장을 역임한 피터(이 책의 공동저자—옮긴이)는 줄곧 리더의 역량을 개발하는 데 힘썼으며 9·11 대참사 후 뉴욕시장 루디 줄리아니(Rudy Giuliani)의 용기 있는 행동이 시민들을 절망과 두려움에서 구해냈다고 평가했다. 하니웰인터내셔널 등 여러 대기업의 중역으로 근무한 데이비드(이 책의 공동저자—옮긴이)는 뛰어난 CEO들과 함께 직접 근무한 바 있는데, CEO들이 사람들로부터 장기적으로 존경과 헌신을 받으며 성공할 수 있는 비결은 바로, 이들이 손쉽고 정략적인 편법을 따르기보다는 옳은 행동을 했기 때문이라고 해석했다.

| 우리가 지향하고 지도하는 것은 무엇인가 |

앞서 우리 회사가 빠트린 자질에 대한 포괄적인 용어는 바로 배짱으로, 이는 아무리 어려운 일이라 하더라도 옳은 일을 기꺼이 해내는 행동을 말한다. 따라서 인지적이며 정서적인 지능을 지니고 용기도 갖고 있는 리더들이 오늘날 복잡한 기업 환경에 가장 잘 대처할 수 있는 사람들이라는 점은 분명하다. 중요한 것은, 무모한 모험을 감행

하는 일은 배짱이 아니라는 것이다. 배짱의 진정한 의미는 강력한 신념과 가치에 토대를 두고 모험을 기꺼이 감행하는 것이다.

이 점은 새롭거나 유일하지는 않지만 글로벌 경쟁 시대에는 꼭 필요한 가치이다. 일단 우리가 더 효과적인 리더십에 대해 파악한 이후, 우리는 여러 회사와 리더들을 상대로 이를 시험해보기 시작했다. 그리고 이내 압도적인 지지를 얻었다. 온갖 종류의 다양한 상황에 처한 모든 유형의 기업 중역들은 머리, 가슴, 배짱이라는 이상을 채택하여 코치하는 일이 충분히 가치 있다는 점을 즉각 알아차렸다.

우리는 운 좋게도 세계 일류 기업의 최고 리더들과 함께 매일 작업을 같이 했다. 또 이 기업의 리더들과 그 동료들이 우리의 사고와 통찰력을 흔쾌히 지지해주었다. 우리는 우리 회사, 머서델타중역러닝센터에서 시행하는 중역 프로그램에서 여러 기업 간부진의 코치 및 경영 고문으로 활동하고 있다. 이들 기업은 존슨앤드존슨, 에이번프로덕츠, 뱅크오브아메리카, 노바르티스, 타임워너, 콜게이트팔모리브, 코카콜라, 워싱턴뮤추얼, UBS은행, 나이키, 델, 시맥스, 미쓰비시, 유니레버, 시티그룹 등으로 제조업과 서비스업을 총망라하고 있다. 우리는 이 책에서 이 기업들의 리더들을 언급하게 될 것이다.

머리, 가슴, 배짱 리더십이 중요하다는 사실을 깨닫는 순간 컨설팅 비즈니스사인 우리 회사도 더욱 발전할 수 있었다. 사업 초창기에 리더십 개발 전문가로서 우리는 일반적인 비즈니스 기술로 가르치고 있었던 전략, 재무, 마케팅, 제조라는 어려운 기술들에 리더십 성과를 결합해야 한다고 생각했다. 1990년대 말에 중역 프로그램 개발 회사로 사업을 시작했을 때 우리는 기존의 비즈니스 스쿨과 우리의 차별점은 정서적인 측면과 인지적인 기술을 통합할 수 있는 코칭법이라고 판단했다. 이내 우리 사업은 번창하여 중역 개발 프로그램을 해당 기업의 조직풍토에 맞게 조정하는 선두주자가 되는 기대 이상의 효과를 거두게 되었다.

그러나 리더십 개발이란 학습을 지속 유지하기 위해서는 운영 변화도 필요하다고 생각해서 2004년에 머서델타에 사업을 매각했고 지금은 머서델타중역러닝센터가 되었다. 이러한 과정 중에 우리는 리더십 학습을 더 중요한 문제인 조직의 변화와 연계시켰다. 리더십의 파이프라인인 상부와 하부 간의 구조적 문제에 대해 통찰력을 얻어낸 것이다. 우리는 이 통찰력이 중역 개발의 미래이자 새로운 리더십의 방향이라고 믿는다. 변화를 이끌기 위해서는 배짱이 필요하다. 이것이 우리가 배짱을 중요시하는 이유다.

| 낡은 주제에 접근하는 새로운 방식 |

현대는 리더십에 대한 새로운 시각과 리더십 개발에 대한 다양한 접근이 필요하다. 그렇지 않으면 기업은 계속하여 기존의 리더십을 반복할 것이며, 주로 인지적인 능력에만 의존하는 리더, 즉 나날이 복잡하고 혼란스러워지는 제반 문제들에 대해 대처할 준비를 갖추지 못한 리더만을 양산할 따름이다. 우리는 기업의 리더나 정치인이 본인의 취약함을 쉽게 드러내 보이거나 상대와 어렵지 않게 공감하고, 혹은 잘못된 판단이나 시행 착오에 대해 기꺼이 전적인 책임을 지는 경우를 볼 때 대단히 놀라워하며 이들을 훌륭한 리더로 환호한다.

과거 그 어느 때보다도 CEO와 리더들은 더 폭넓은 범위의 리더십 자질을 보여야 하는 복잡한 상황에 처해 있다. 이들은 '옳은' 해결책이 없는 사안에 대해서도 의무적으로 결정을 내려야 한다. 동시에 이들은 여러 모순에 직면해 있는데, 이 모순을 즉각 해결해내고자 하기보다는 우선 이를 다루는 방법부터 배워야 할 것이다. 때로는 반직관적으로 행동하는 법을 배워야 할 것이며, 또 어떤 경우에는 직관을 신뢰하는 법을 배워야 한다.

이렇게 어렵고도 끊임없이 변하는 상황에 대처하는 일은 머리, 가슴, 배짱이 없이는 불가능한데, '머리형' 리더는 윤리나 고결함에 대한 코칭을 받지 않고는 완전한 리더가 될 수 없겠고 '가슴형' 리더 또한 코칭이 없으면 실전 경험이 축적되었더라도 모험을 쉽사리 감행하지 못할 것이다.

요컨대 우리가 의미하는 리더십이란 체험, 훈련, 그리고 코칭의 결합체이다. 이제부터 우리는 조직이 완전한 리더를 양성하기 위한 경험, 훈련, 그리고 코칭을 이용하는 최상의 방식을 제안하고자 한다. 특히 전 세계 수천 명의 리더들에게 코칭하고 지도하면서 파악하게 된 리더십의 특징들을 논의할 것이다. 우리는 이것이 머리, 가슴, 배짱을 통합하여 미래의 리더를 양성하기 위한 중요한 요소의 하나라고 믿는다.

| 이 책의 내용 |

우리는 이 책의 내용을 다음과 같이 정했다. 1부 '완전한 리더십'은 이 책의 나머지에서 기술할 방법에 대한 배경과 정황을 소개한다. 다음 2부 '머리 리더십', 3부 '가슴 리더십', 4부 '배짱 리더십', 그리

고 5부 '성숙한 리더십'이 이어지는데, 5부에서는 성숙한 리더를 '조기에' 양성하는 방법에 대해 소개하고 그 가치를 밝힌다.

리더십에 접근하는 우리의 방법은 다음과 같은 개요로 이루어져 있다.

머리 리더십

- 기존의 방식 재고하기.
- 필요할 경우 영역을 재구성하기.
- 복잡한 세계를 파악하기.
- 단기 목표를 기억하되 전략적으로 구상하기.
- 조직 내부 혹은 외부 어디서든 아이디어를 모색하기.
- 견해를 개발하기.

가슴 리더십

- 사람들과 업무의 필요성 사이에서 균형 유지하기.
- 신뢰 쌓기.
- 다양한 문화에서 진정한 공감 개발하기.
- 사람들이 진실로 헌신하는 환경 창출하기.
- 진정 무엇이 중요한지를 파악하기.
- 잠정적인 일탈 행위들을 파악하고 극복하기.

> ### 배짱 리더십
> - 불완전한 데이터로 모험 감행하기.
> - 리스크와 보상 사이에서 균형잡기.
> - 어려운 난관이 있음에도 굴하지 않는 고결함으로 단호하게 행동하기.
> - 성공에 필요한 것을 집요하게 추구하기.
> - 역경에도 굴하지 않고 인내하기.
> - 두려워하지 않고 어려운 의사결정 내리기.

분명히 이러한 특징들은 전통적인 리더십 개발에 중점을 두는 것은 아니다. 여기서 말하는 머리에 대한 자질은 통상의 의사결정, 전략기획 등과 같은 인지적인 능력과는 또 다른 자질이다. 물론 전통적인 능력들이 중요하지 않다는 것은 아니다. 사실 우리는 비즈니스 스쿨을 통해 전통적인 노선을 따르는 리더가 결국에는 인지적인 능력들을 얻게 되리라는 점을 가정하고 있다. 우리의 요점은 인지적인 능력으로는 더 이상 충분하지 않다는 사실이다.

물론 이러한 자질들을 모두 다 훈련시키거나 지도할 수도 없다. 예를 들어 만약 본래부터 고결한 역량을 지니고 있지 않다면 그것이 아무리 효과적이라 할지라도 그 어떤 방법으로도 고결함을 개발하도록 돕지는 못할 것이다. 또한 일부 특징들은 사람들이 일련의 경험을 겪거나 실패를 하고 또 이 실패에서 교훈을 얻고 나서야 비로소 얻게 되는 것들도 있다.

만일 시간이 충분히 있다면 대개 리더들은 경험을 하고 이에서 교훈을 얻으리라 생각한다. 또한 우리는 기업들이 갈수록 완전한 리더십의 자격을 갖춘 사람들을 선발하고 채용하리라고 낙관한다. 비록 기업들이 좋은 인상을 갖고 있는 MBA 출신자나 혹은 학부 졸업생이 아닌 기타 다른 대학원 졸업생들을 우선 채용하는 우를 범하고 때로는 이에 맹목적인 경우가 있다 하더라도 쉽게 공감할 수 있는 미래의 리더, 즉 다양하고 독특한 방식으로 증명되는 강한 가치를 지닌 열린 마음의 미래형 리더를 고용하는 가치를 언젠가는 인식하게 될 것이라 생각한다.

컨설턴트에 의한 경험 및 역사적인 사례들을 들면서, 혹은 이 분야에서 이루어진 연구를 가끔씩 언급하면서, 또 개발 과정을 실행에 옮기자고 제안하면서 우리는 완전한 리더십을 개발하자는 우리의 주장을 밝히고자 한다. 앞에서 우리가 쓴 저서 『왜 CEO가 실패하는가』를 언급한 바 있다. 이 책은 더 실질적인 방식으로 그 책을 설명하는 '해설서'이기도 하다. 이 책은 『왜 CEO(그리고 리더들)가 성공하는가(Why CEOs (and Other Leaders) Succeed)』로 바꿔 부를 수도 있다. 우리는 이 책으로 여러분이 새로운 리더십 모델에 대한 마음을 열고 현재 급격히 부상하고 있는 매우 중요한 요소인 사람들과 관련된 제반 사항들을 파악하고 신념과 가치에 기반을 두고 모험을 감행한 사람들의 사례를 통해 고무되리라 확신한다.

궁극적으로는 이 책을 읽고 조직의 리더십 효율성뿐만 아니라 각 구성원 자신의 리더십 역량도 키울 수 있기를 희망하는 바이다. 그리하여 언젠가는 머리, 가슴, 그리고 배짱 리더십을 모두 지닐 수 있게 될 거라는 짜릿한 상상을 해본다.

| 허수아비, 양철 나무꾼 그리고 겁쟁이 사자 |

우리는 세 가지 인간의 자질, 즉 머리, 가슴, 배짱을 우리 시대 이전의 사람들도 중요하게 생각했다는 사실을 잘 알고 있다. 이 생각은 새삼스러운 것이 아니며 수편의 영화가 그 증거가 된다.

〈오즈의 마법사(The Wizard of Oz)〉는 거의 모든 사람들이 즐겨 본 인기 있는 영화 중 하나다. 지금 이 책을 읽고 있는 독자들도 도로시와 그녀의 강아지 이외에 세 명의 주요 캐릭터가 허수아비, 양철 나무꾼, 그리고 겁쟁이 사자라는 점을 기억할 것이다. 허수아비는 두뇌를, 양철 나무꾼은 가슴을, 그리고 겁쟁이 사자는 용기를 찾고자 하는데, 이는 즉 머리, 가슴, 용기를 의미한다. 이들 각자는 자신들이 불완전하다는 점을 인식하고 자신들에게 없는 부분을 찾아내어 완전해지려고 한다. 이들 각자에게는 아직 발달되지 않은 역량이 있으나 그것을 인식하지도 못할뿐더러 자신들이 지니고 있던 역량을 사용할 줄도 모른다.

오늘날 업계의 많은 리더들이 허수아비, 양철 나무꾼, 그리고 겁쟁이 사자와 똑같은 상황에 처해 있다고 생각한다. 그들 역시 어떻게든 자신들을 성공하게 해주거나 완전하게 해줄(그리고 흔히 그렇게 해주겠다고 약속하는 '마법사들'에게 대단한 투자를 하며) 중요한 개인적 자질들을 찾고 있다. 중요한 것은 일반적으로 그들이 필요로 하는 것은 자신 안에 이미 존재하고 있지만, 이를 아직 인식하지도 개발하지도 못하고 있다는 점이다. 우리는 이 책으로 여러분들이 리더십 파악이라는 노란 벽돌길(도로시와 일행들이 오즈의 마법사를 만나러 가는 길로, 그 길은 노란색 벽돌로 된 길이다-옮긴이)을 따라 걸어갈 수 있기를 부디 희망한다.

◆◆◆

우리는 감히 이 책이 머리, 가슴, 배짱 리더십에 관한 결정적인 마지막 저서라고는 생각하지 않는다. 사실 이 책은 이 주제에 관한 첫 책으로, 우리의 목표는 여러분들이 새롭고도 자극적인 방식으로 이 주제에 대해서 사고하도록 도우려는 것이다. 이제 1장에서는 현대와 같이 빠르게 변화하는 세계에서 완전한 리더십이 주는 가치에 대한 사례부터 시작하려고 한다.

HEAD, HEART & GUTS LEADERSHIP

1 완전한 리더십

완전한 리더십 vs 불완전한 리더십

체계적이며 통합적인 리더 양성법

1장
완전한 리더십 vs 불완전한 리더십

현대와 같은 기업환경에서 기업의 리더가 되려면 두뇌를 잘 쓰고 열린 가슴을 보여주며 배짱 있는 행동을 해야 한다. 이것은 비현실적인 목표가 아니다. 대부분의 사람들이 각기 주어진 상황에서 이 세 가지 자질을 충분히 보여줄 수 있는 능력이 있기 때문이다. 그러나 불행하게도 대다수의 회사 중역들은 이 세 가지 중 한 가지 능력에만 의존하거나 또는 다른 두 가지 능력을 개발한다고 해도 그에 대한 보상 혹은 경영 지원을 받지 못하는 조직 구조 안에서 생활하고 있다. 그 때문에 그들은 여전히 불완전한 리더로 남게 된다.

이럴 수밖에 없는 이유는 조직 구조가 기업 역사와 사회적인 훈련의 합작품이기 때문이다. 역사적으로 볼 때 기업의 리더들은 두뇌(상황을 파악하고 자료를 분석하고 합리적인 대안을 결정한다면 강력한 리더가 될 수 있다는 개념)를 써서 기업을 이끌어왔다. 수세대 동안 MBA 출신자들은 이러한 전통적인 방식을 이용하라고 훈련받아 왔다. 따라서 기업에서 가장 똑똑한 사람이 CEO로 임용되는 사실은 놀라운 일이 아니다. 환자가 실력 있는 의사를 선택하는 것처럼 회사도 마찬가지이다. 그런데 이 두 경우에 공통점이 있다 그것은 의사가 환자를 대하는 태도나 회사가 리더를 대하는 태도에 대해서는 달리 강조하지 않는다는 점이다. 한편 비즈니스 스쿨의 중역 프로그램은 개인 경력과 전략적이며 분석적인 능력에 대한 통솔력을 중점적으로 다룸으로써 인지적인 리더를 강조한다.

비록 리더십에 머리가 중요한 요소이긴 하지만, 머리만으로 오늘날 리더들이 직면한 문제를 해결하기에는 충분하지 않다. 가령 리더가 가슴을 열지 못하고 인격적인 모습을 보여주지 못하면 사원들과의 관계가 소원해져 그들이 회사를 그만두는 결과를 초래하기도 한다. 때로는 리더가 훌륭한 전략을 실행하더라도 독창성이 결여된 비고무적인 방식을 이용함으로써 종국에는 회사에 대한 헌신을 이끌어내지 못하기도 한다. 리더에게 결단력이 부족하다는 말은 인적 요소와 물적 요소, 즉 사원에서부터 제품에 이르기까지의 전반에 걸쳐 강경하면서도 꼭 필요한 의사결정을 내리지 못한다는 뜻이다. 이로 인해 무의식 중에 결단력이 배제된 분위기, 그리고 에너지와 열정이 부족한 기업 환경을 만들게 된다.

사실 대부분의 회사들이 가슴이나 배짱보다 머리를 계속 강조하고 있지만, 유능한 리더에게는 기민한 사고와 강력한 분석력 그 이상의 것이 필요하다는 것 또한 알고 있다. 이를 증명해주는 조사가 지난 수십 년간 있어왔다. 90년대의 심리학자 보브 호건(Bob Hogan)은 모든 리더십 관련 조사를 검토하여 인격이 리더십과 밀접한 관련이 있다고 결론 내린 바 있다. 가장 훌륭한 리더와 그렇지 않은 리더를 구분하는 자질로는 정신적인 성숙함, 신뢰를 얻는 능력, 유형이 다른 사람들과 협동할 수 있는 융통성 등이 있다. 다시 말해 가장 훌륭한 리더는 다른 여러 능력 이외에도 따뜻한 가슴을 가지고 있다는 것이다. 유능한 리더는 과묵, 인내, 그리고 앞을 가로막는 장애물을 뛰어넘는 능력(이를 배짱으로 간주한다)을 보여준다.

다음은 리더십 연구를 통해 알려진 사항들이다.

- 리더에게서 원하는 바가 무엇인지 물어보면 사람들은 지적 능력, 정직, 결단력 그리고 단호함과 같은 단어뿐만 아니라 사람들과 잘 지내는 능력(머리, 가슴, 배짱으로 자연스럽게 연결될 수 있는 자질들)을 떠올린다.
- 누군가를 리더로 받아들이는 데는 그 리더가 얼마나 똑똑한가 하는 것뿐 아니라 그 밖의 다른 자질들도 영향을 끼친다. 사람들은 머리, 가슴, 그리고 소위 배짱을 제대로 결합할 줄 아는 사람을 리더로 받아들인다.
- 신뢰를 얻지 못하고, 사원들을 지나치게 통제하며, 마지못해서 어떤 결정을 내리고, 사원들의 세세한 사항까지 다 관리하지 못하는 리더는 쉽게 무너진다. 특히 머리, 가슴, 배짱을 갖지 못한 사람은 이러한 자질을 갖추고 있는 사람보다 더 쉽게 무너진다.

따라서 리더들은 다른 능력을 증명하기 위하여 반드시 자신들의 인지능력을 뛰어넘을 수 있어야 한다. 비록 이 생각이 의도한 대로 자주 실행되지 않는다 하더라도 말이다. 물론 가슴 또는 배짱에만 주로 의존하는 리더도 역시 유능하지 않다. 현재 기업에서 수석 수준의 리더 지위에 앉고자 하는 사람 대부분은 머리 중심적인 사람들이기 때문에 머리보다는 가슴 또는 배짱이 중심이 된 경영자는 최고직에

오르기는커녕 자기 수준에 맞지 않는 직위으로 좌천당하거나 거센 비난을 받고 해고당하기 십상이다. 가슴 중심적인 리더는 간부직 혹은 '지원' 역할을 하는 HR(인력개발부) 부서에서 퇴출당하는 사례가 많다.

머리, 가슴, 배짱을 리더십으로 통합시키는 일은 기술이자 과학이다. 이에 대해서는 뒤에서 자세히 살펴볼 것이다. 여기서는 우선 오늘날의 조직에서 완전한 리더십이 왜 그토록 중요한지 짚고 넘어가도록 하자.

| 리더십을 개발해야 하는 이유 |

근래 들어 똑똑하고 영리한 많은 CEO들이 실패하는 모습을 보여주었다. 프록터앤드갬블(P&G)의 덕 재거(Dirk Jagger), 필립모리스의 마이크 마일스(Mike Miles), 모건스탠리의 필 퍼셀(Phil Purcell)은 모두 대단히 지적이고 영리한 사람들이다(게다가 이들은 매우 정직한 사람들이었다). 이들의 실패 중 일부는 어쩔 수 없는 사건으로 빚어졌다. 그러나 대부분은 리더십의 한 가지 목표, 즉 머리에만 외곬으로 접근한 데서 비롯되었다. 그들에게는 추진력과 결단력은 있었지만 공감, 배짱, 직감이 부족했으며 자신이 취약한 부분을 인정하지 않으려 했다. 그로 인해 이들은 자신을, 또는 경우에 따라 자기의 기업을 무너트렸다.

예전 같았으면 이들은 무너지지 않았을 것이다. 비교적 최근까지 불완전한 리더도 성공할 수 있었다. 전 세계 시장이 투명해지기 전까지는 일차원적인 리더십으로도 충분했다. 그 당시에는 명령과 통제로 기업을 운영하는 리더를 만나는 것이 그다지 특이한 경우가 아니었다. 리스크를 모면하고자 했던 보수적인 CEO도 예외적인 경우는 아니었다. 그것이 보편적인 관례를 따르는 사람들이었고, 공감하고 감정을 표현하는 리더는 '부드럽지만 유약한' 사람들로 간주되었다.

그러나 이제 상황은 변했다. 오늘날에는 완전한 리더십이 요구된다. 완전한 리더십을 추구하는 이유는 다음과 같다.

● 전 세계적인 상호 의존

'출세 지향적인 세계의 MBA'라는 제목의 기사에서 나이절 앤드루스(Nigel Andrews)와 로라 디안드레아 타이슨(Laura D' Andrea Tyson)은 젊은 중역들이 오늘날 성공하기 위해서 필요한 것이 무엇인가에 대해 100명의 세계적인 리더를 대상으로 조사를 실시하고 그 결과를 발표했다. 앤드루스는 주지사이고 타이슨은 런던 비즈니스 스쿨의 학장이다. 이들은 오늘날 세계 시장에서 성공하기 위해 필요한 것이 무엇인가를 MBA생들에게 가르칠 필요가 있다는 취지로 이 조사를 실시했다.

조사 결과에 의하면 그들의 생각이 옳은 것으로 드러났다. 전 세계의 중역들은 교과 내용(학생들이 알아야 할 필요가 있는 지식을 가르치는 것)에 큰 관심을 두지 않았다. 앤드루스와 타이슨은 미래의 세계 리더에게는 지식뿐만 아니라 그들이 이름 붙인 '역량'과 '자질'이 필요하다고 보고했다. 이러한 역량과 자질에는 피드백(고객, 조직 구성원 등의 의견이나 정보를 경영 개선에 반영하는 것-옮긴이)해줄 수 있는 능력과 더불어 경청하고 관찰하는 역량도 포함된다. 세계 기업들은 변화에 능동적으로 대처하고 자신의 행동에 최상의 고결함(자질)을 반영하는 리더와 경영자가 필요하다. 기업들이 말하는 자질이란 폭넓은 정신을 가진 두뇌와 더불어 가슴과 배짱이다. 특히 세계적인 기업을 경영하는 사람 혹은 그곳에서 일하는 사람들에게도 꼭 필요한 자질이다. 그 이유를 세 가지로 요약해보자.

첫째, 기업을 위한 대인관계 지도는 미국 외 대부분의 나라에서도 성행하고 있다. 리더들의 성격과 인격은 그들이 판매하는 제품과 서비스 못지않게 중요하다. 만약 다른 나라의 기업과 거래할 경우에는 외국 회사의 리더가 무의식적으로 기대하고 가치를 두는 자질들(존중, 겸손, 신뢰)을 보여줘야 한다. 그러므로 감성이 중요하다.

둘째, 만약 당신이 전 세계적인 기업을 운영한다면 국내에서 기업을 운영하는 것보다 자연스레 리스크는 더 커진다. 국제 거래에서는 복잡하고 애매모호한 문제가 생기게 되고, 문화가 다른 나라에서 근무하는 것이 중요한 변수가 될 수도 있다. 따라서 익숙한 국내 환경이라면 타당하게 내릴 수 있는 결정도 정확하게 결정짓지 못하는 경우가 있다. 따라서 이렇게 모호한 환경에서도 편한 마음으로 경영을 하고 자신의 분석적인 역량 못지않게 직관과 여러 관계에 근거해서 리스크를 모면할 능력이 있는 사람이 바로 가장 훌륭한 세계 리더라 할 수 있다. 사회적, 경제적, 정치적인 상황이 계속 변화하는 가변적인 국제시장에 잘 대처하고, 심지어는 이를 합목적적으로 이용할 수도 있는 리더가 필요하다. 불확실하고 가변적인 상황에 직면했을 때 리스크를 꺼리는 리더는 능력 있는 리더가 될 수 없다고 단언할 수 있다.

셋째, 세계적인 수준의 리더는 단순히 경영 및 운영 전략과 같은 역량적인 문제에만 관심을 가져서는 안 된다. 세계적인 기업에서 리더의 지위에 있는 사람들이 시야를 자신들의 전문 분야에만 한정짓는 경우에는 실패하기 마련이다. 예를 들어 미국 기업의 중역들이 유럽의 리더와 식사할 때, 이들은 사업 문제뿐만 아니라 사회적, 정치적, 경제적인 경향까지도 화제로 삼는다. 리더들은 반드시 마음을 열고 상대의 다양한 문화적인 가치 및 다양한 행동양식을 이해해야 한다.

● 점점 더 복잡해지는 업무

기업에서 '일을 진행하는' 사람들은 주로 머리로 운영한다는 통념, 또한 이들은 최고의 결과를 달성하기 위해 매사를 평가하고 추진하며 매우 현실적이고 끊임없이 움직이는 자동장치와 같은 사람이라는 통념이 만연해 있다. 래리 보시디(Larry Bossidy)와 램 차란(Ram Charan)은 비록 업무를 수행할 때 추진력과 집중을 요하기는 해도, 주사위를 던질 때 자신이 기꺼이 던지는 마음과 그 요령을 아는 사람이 업무 수행에 참여해야 한다는 증거를 제시했다. 이들은 저서 『업무 실행(Execution)』과 『현실에 직면해서(Confronting Reality)』에서 감성지능이 일을 성사시키는 데 중요한 역할을 하며, 다른 사람에게 업무를 완수하라고 독려하는 능력이 필수적이라고 밝혔다. 그들은 또한 원대한 목표를 달성하는 사람들의 자질이 바로 배짱이라고 진단하며, 어려운 문제를 실행하는 데 대단한 배짱이 필요하다고 언급한다.

오늘날 업무를 실행하는 방식은 수년 전보다 훨씬 복잡해졌다. 파워가 중앙에 집중되었던 과거에는 CEO와 기업의 리더가 지시를 내리고, 이 지시가 신속하고 재빠르게 수행되기만 기대했다. 또 기업의 세계화와 지속적인 역량 발전의 필요성, 그리고 목표를 수행하는 데 방해가 되는 장애물들이 그다지 많지 않았다. 그러나 오늘날의 업무는 중앙 집중적인 파워와 그 파장이, 리스크와 그 대책 등이 설득과 격려가 뒤섞이는 복잡한 양상을 띠고 있다.

● 기업의 성장

근래 들어 기업의 성장은 훌륭한 전략 그 이상을 요한다. 비록 전략이 아무리 빈틈없고 고객과 시장 트렌드에 잘 맞춰져 있다 하더라도 단순히 전략적인 장점만으로는 성공하기 어렵다. 부과된 전략은 효율적으로 실행될 수는 있으나 이에는 열정, 에너지, 혁신 또는 실효성이 부족하다. 성장(팽창) 전략에 대해 사원들을 고조시키고, 회사의 미래를 위하여 리더의 비전을 믿어달라며 그들을 설득하고, 또 그 비전을 현실화시키기 위해서 그들이 회사에 기여할 수 있도록 독려해야 한다. 회사를 위해 일하는 직원들은 인터넷을 통해서, 짧아진 재직기간을 통해서, 또는 지속적으로 이메일을 교환함으로써 과거보다 더 많은 정보를 교류한다. 또한 그들의 선배들에 비해 더욱 비판적이며 리더를 무조건 신뢰하지도 않는다. 이들은 리더의 비전을 믿을 수 없다면 회사를 위해 헌신하지도 않고 여분의 노력도, 성장에 필수적인 혁신적인 사고도 하지 않는다. 이러한 그들의 믿음과 헌신을 이끌어내는 것은 리더의 몫이다.

기업의 성장은 리스크를 수반한다. 21세기에는 우수한 제품, 시장 관리, 가격경쟁력만으로 시장에서 유리한 입지를 차지할 수 없다. 기업의 성장동력으로 그러한 전략을 기획하는 기업은 극히 드물다. 기업들은 확신에 차서 신제품을 시장에 출시하고 또한 성장 초기에 매번 위험한 모험을 감행한다. 그러나 보수적인 리더는 그들 스스로 성공할 확률이 10년 전보다 훨씬 더 낮다는 것을 익히 알고 있으므로 모험을 감행하는 전략을 피할지도 모른다. 이들은 아마 성장이 훨씬 낮고 훨씬 덜 위험한 경영 전략을 선호할 것이다. 그러나 이러한 태도를 취하는 기업은 경영 침체로 이어질 수 있다. 따라서 리더가 자신들이 진실로 믿고 있는 성공 전략을 기꺼이 지지하고 실행하는 일이 시급하다.

● **아이디어 혁신의 필요성**

'독창성'에 대한 지금까지의 정의를 살펴보면, '더 나은 해결책을 낳는 독특한 시각'이며 '혁신'이란 '어떤 조직 내에서 이 독창성을 추진시키는 것, 그리고 조직의 업무 실행 방식을 변화시키는 것'이다. 독창성은 과거에도 중요시되었으나 혁신은 오늘날의 리더들이 반드시 포용해야 할 사항이다. 머리를 이용하고 더 나은 해결책을 구상하는 창의적인 리더는 많지만, 이들의 독창성이 업무에 미치는 효과는 만족스럽지 않은 수준이다.

오늘날 기업들은 획기적인 아이디어로 충만해 있는데, 대개는 착수하여 성취하는 과정에서 이 아이디어가 와해되고 만다. 결국 아이디어는 암흑 속의 짧은 번갯불에 불과하다. 이들은 전망이 좋은 신제품, 서비스, 제조과정 또는 정책에 대해 처음에 흥분을 일으키는 것 이상은 하지 못하고 결국 기대감을 충족시키지 못한 채 흐지부지된다.

현대에 '도전'이란 혁신적인 문화를 형성한다는 말이다. 따라서 가슴과 배짱 리더십이 머리 리더십과 결합되지 않는 한 도전은 성립될 수 없다. 지식경영 체계는 내부 경계를 넘나드는 정확하고 공개적인 지식의 교환이 없으면 가치가 거의 없다고 봐야 한다. 많은 기업에서 사람들은 신용을 얻지 못할까 봐, 혹은 자신들이 업무 이행을 하지 못할까 봐, 훌륭한 아이디어를 혼자 독차지하고 또한 창의적인 일을 공유하지 않는다. 어떤 사람들은 자기 생각을 다른 사람들과 함께 나누기를 꺼리는데, 그 이유는 다른 사람들과의 관계가 돈독하지 않거나 또는 아이디어를 보호하기 위해서다. 결국 아이디어를 현명하게 이용하지 못하게 되는 것이다.

오늘날 기업들이 찾고 있는 리더는 사원들이 근심이나 걱정으로 억눌리지 않는 환경, 자신의 견해를 남과 공유할 뿐만 아니라 다른 사원의 아이디어에도, 심지어 회사 밖에서 얻은 아이디어조차도 경청하여 이를 통합하는 일에 열성적일 수 있는 환경을 만들 줄 아는 리더다. 또한 아이디어 창출 과정을 훈련시킬 줄 아는 리더를 찾고 있다.

아이디어 혁신을 위한 조사를 오도하여 새로운 아이디어라면 모두 포용하고, 만에 하나 사원들이 이를 거부하면 그들이 회사를 위해 헌신하지 않을 것이라 걱정하는 리더를 흔히 볼 수 있다. 또는 높은 직위와 권위를 지닌 사람이 창출한 아이디어들이 체계적인 과정을 통해 창출된 아이디어보다 선호되는 경향이 있다. 리더에게는 사장시킬 만한 아이디어는 사장시킬 배짱, 다음 단계로 나아가는 데 진정 도움이 되는 새로운 접근법을 추진할 배짱, 성장 잠재성이 부족한 아이디어를 거부할 배짱이 필요하다. 또한 합리적인 실패를 받아들일 배짱, 자기가 저지른 실수에서 무언가를 배울 용기가 필요하다. 아주 훌륭한 아이디어가 실패로 끝난다 하더라도 리더들은 이러한 실패 속에서도 혁신적인 아이디어를 구축할 수 있음을 알리고 사람들을 독려할 수 있어야 한다.

● 리더들에 대해 커지는 기대감

대부분의 사원들은 일차원적인 리더 이상을 기대한다. 전통적인 매체나 인터넷, 동료와의 대화를 통해서 사원들은 리더십과 리더십 개발 문제에 대해 의식하게 된다. 그러면서 자연스럽게 자신들의 리더에 대해서도 높은 기준을 설정하게 된다. 10년 전에는 대다수의 화이트칼라 계층이 부동의 상태에 있었다. 그들은 적당한 임금을 받고 기본수당을 받으며 오랫동안 자기 일자리를 유지하기만 바랐다. 누구의 코치를 받아 발전되기를 바라는 사람이 거의 없었다. 리더가 자신을 이해해주기를, 리더에게 직관력이 있기를 바라는 사람도, 또한 리더가 에너지를 창출하고 장애물을 넘고 홍수와도 같은 정보를 활용하기를 바라는 사람도 극히 드물었다.

하지만 오늘날에는 주로 인터넷과 과학기술 덕분에 사원들은 훨씬 더 많은 정보를 주고받으며 단순히 리더의 지시나 결정을 따르는 것 이상을 기대한다. 그들은 일이 진행되는 추이를 알고 싶어한다. 그들은 자신의 리더에게 지성과 능력을 기대한다. 그들은 리더의 결정이 바로 자신들의 보너스, 임금인상, 그리고 내일도 계속 일을 할 수 있을지 없을지를 결정한다고 생각한다. 그들은 수많은 리더들이 근시안적이거나 현실과 괴리가 있거나 또는 정직하지 않아서 겉으로는 무적일 것같이 보이던 기업들이 실패하는 것을 목격했다. 따라서 그들은 폭넓은 범위에 걸쳐 두루 능력을 갖추고 있는 리더를 위해 일하고 싶어한다.

또한 그들은 위험하고 예측 불허의 상황을 잘 헤쳐나갈 수 있는 리더를 소망한다. 수년간 기업의 성장과 더불어 이윤을 누려온 불굴의 회사들, 예를 들어 제약 회사, 금융 서비스나 소비재를 생산하는 기업들이 새로 부상한 경쟁사들, 새로운 규정들, 그리고 새로운 기술에 의해서 갑작스런 위협을 받게 되었다. 타사들의 경쟁적인 도전에 더하여 테러, 보안, 허리케인, 천재지변, 그리고 에너지 고갈 같은 문제들까지 겹쳤다. 주변 세상이 온통 무시무시한 일들뿐인 지금 사람들은 믿고 따라 앞으로 전진하도록 도와주는 리더가 필요하다. 자연히 사원들은 과거 그 어느 때보다도 더 스스로를 약하다고 생각하게 되었는데, 바로 이러한 이유로 그들은 자신의 리더가 더 뛰어난 전략가이기를 바란다. 또한 그들은 자신들을 보호해주고 필요한 정보를 알려주며 일을 제대로 할 수 있는 힘을 지닌 리더에게 의지한다.

| 완전한 리더란 |

오늘날 완전한 리더란 어떤 리더를 말하는가?

사실 완전한 리더는 주변에서 쉽게 찾아볼 수 있다. 완전한 리더를 생각할 때 즉시 떠오르는 사람이 바로 전 뉴욕시장 루디 줄리아니(Rudy Giuliani)다. 9·11테러 이후에 그는 머리, 가슴, 배짱의 리더십(주로 그가 과거에는 거의 보여주지 않았던 가슴 리더십을 보여주었다는 점에서 놀라운)을 놀라울 정도로 잘 결합하여 보여주었다. 사실 그는 강인하고 똑똑한 사람으로 알려지긴 했으나 범죄에 대한 단호한 조치, 널리 알려진 이혼소송 절차, 그리고 무자비한 야망으로 인해 다소 냉정한 사람으로 비쳐지기도 했다.

그러나 그는 9·11 이후 눈부신 관심을 받으며 전 세계에 의외로 약하고 감성적 모습을 보여주었다. 현장에 가서 소방대원과 희생자의 가족들에게 지원을 아끼지 않았을 뿐만 아니라 기자회견 때는 진정한 연민과 진실한 감정을 드러냈다. 한 기자가 그에게 사상자 수가 어느 정도나 많아지겠는가 물었을 때 그는 "최종적인 사상자 수를 파악하게 되면 우리는 도저히 견뎌낼 수 없을 것입니다."라고 답변했다. 그는 또한 이 비극적인 사건에 대응하면서 여러 모험을 감행하는 등 굉장한 배짱을 보여주었다. 심각한 불편을 감수하면서까지 뉴욕으로 들어오는 차량 통행을 제한했고 여러 경우에 "모르겠소."(사태를 지휘하는 지도자로서는 위험한 발언으로 생각되는)라는 말을 꺼리지 않았다.

줄리아니는 자신이 직면한 문제들을 명쾌하게 분석하고 생각하는 능력을 시종일관 보여주면서도 일부 리더들이 보이는 것처럼 편협한 방식으로 머리를 사용하지는 않았다. 예를 들어 언론을 대할 때 그는 마음을 열고 정직한 모습을 보여주었다. 과거에 그가 보였던 냉혹하리만큼 분석적이고 냉정한 검사의 면모는 찾아볼 수 없었다. 다수의 정치인들이 까다로운 질문에 대응하는 모습과는 달리 그는 쟁점을 흐리거나 일반화하지도 않았으며 자기방어적인 태도를 취하지도 않았다. 그는 객관적인 상황에 자신의 주관적인 설명을 덧붙인 자료 및 정보를 잘 조화시켰는데, 이는 의사를 전달하는 통찰력으로 정치가에게서 보기 드문 식견을 보여준 것이다.

경영 쪽에서는 에이번의 CEO 안드레아 정(Andrea Jung)이 완전한 리더를 대표하는데, 그녀는 두뇌, 가슴, 배짱을 솜씨 좋게 결합했다. 그녀는 시장전략을 개발하여 기울어가는 회사의 운명을 복구시킬 강건한 경영 기획을 세웠다. 그녀와 그녀의 팀이 전략(전통적으로 인력 중심적인 회사를 실행 중심적인 사고방식으로 전환시키고자 개발된 전략)을 구상했을 때 안드레아는 CEO로서 빈틈없는 모험가였다.

그녀는 날카롭고 세련된 광고에 투자했고 수익성이 없는 브랜드를 과감히 처분했으며 일부 공장을 폐쇄하고 성과를 달성하기 위한 여러 조치들을 취했다. 동시에 에이번의 기업문화에 익숙한 사람들이라 해도, 만약 그들이 자신을 신뢰하지 않으면 절대로 자신의 전략 팀에 합류시키지 않았다. 그녀는 사람들과의 교감 및 관계를 강조했을 뿐만 아니라 팀원 각자가 정서적으로 서로 이해하고 있다는 것을 보여주어야 한다고 주장함으로써 사원들의 신용을 배가시켰다. 몇 년에 걸쳐서 안드레아는 내리기 힘든 결정을 내릴 수밖에 없었지만 그러면서도 사원들의 충성과 존경을 계속 유지했다. 이러한 결정을 내리는 것은 용기가 필요한 일이며, 결정을 내린 후에 계속 사원들의 사기를 끌어올리는 것은 가슴이 필요한 일이다.

● 상황 리더십

위에서 예를 든 두 리더의 경우, 안드레아와 줄리아니가 상황에 따라 다르게 반응했다는 것을 알 수 있다. 그들은 필요에 따라 머리, 가슴, 또는 배짱 있는 태도를 보였다. 이들이 보인 리더십을 '상황 vs 만족'이라는 시각에서 볼 때 융통성이라고 간주할 수 있다.

우리 머서델타컨설팅회사는 최근 CEO들을 대상으로 '상황 vs 만족 리더십'이라는 연구를 실시했는데, 상황형 리더가 만족형 리더보다 세 배나 더 효과적이라는 것을 알아냈다. 만족형 리더는 전형적인 머리형으로, 사람들과 만나는 자리에서 일의 가치를 높이려면 자신의 지식을 이끌어내야 한다고 생각한다. 반면에 상황형 리더는 사람들을 만나러 가는 중에 다른 방식이 있다는 것을 인식하여 일의 가치를 높이고 이 방식을 효과적으로 이용한다. 어떤 상황하에서 그 상황에 반응하는 데는 가슴과 용기가 필요하다. 상황형 리더는 일의 가치를 높이기 위해서는 다른 사람에게 의존하는 식의 모험을 감행할 필요가 있다고 생각하며, 반드시 다른 사람들과 관계를 맺어 이들이 기꺼이 자신을 돕게 만든다.

존슨앤드존슨의 빌 웰든(Bill Weldon), 제너럴일렉트릭의 제프 이멜트(Jeff Immelt), 그리고 펩시의 스티브 레인먼드(Steve Reinemund)는 모두 상황형 리더십을 실행하는 CEO들이다. 이들은 자신들이 가장 똑똑한 사람으로 보이는 것보다 상황이 요구하는 대로 머리, 가슴, 배짱을 적절히 이용할 수 있는 사람으로 보이는 것이 더 중요하다고 생각한다.

세계의 기업 환경에서 경영 활동을 하는 리더라면 누구에게든 상황이 아주 중요하다. 과거의 리더들은 자신의 지식에 의존하여 대부분의 문제를 해결하였고 또한 이것으로도 효과적으로 상황을 잘 처리할 수 있었다. 사실 그들은 비교적 제한되고 일관된 환경이나 혹은 일단의 전문진이 있는 환경 내에서 경영을 했다. 그러나 현대는 상황이 끊임없이 변하고 있다.

어느 날에는 자회사 매각이나 공장폐쇄를 공표하면서 연민을 보이는 것이 CEO에게 중요한 일일 수 있다. 또 그다음 날에는 기업이 성장할 수 있는 기회를 얻기 위해서 중국 혹은 아시아와 동맹을 맺는 일에 전력할 수도 있다. 이 두 가지 상황에서 CEO는 어떤 행동 경로를 취할지 결정을 내려야 한다. CEO는 이러한 결정을 내려야 하는 순간마다 윗면이 있으면 아랫면도 있다는 것을 직시해야 하는데, 전적으로 알고 있는 정보의 분석에만 근거해 결정 내리는 것은 사실 불가능하다. CEO는 모험에 대해 거의 직관적인 감각을 지녀서 리스크를 줄이는 일이 가치가 있는지 혹은 경비를 줄이는 것이 가치가 있는지를 결정해야 한다. 또 그다음 날에는 지적 재산, 주주, 혹은 사원들의 불만으로 인한 소송에 직면할 수도 있다. CEO는 이러한 소송으로 초래되는 손해를 최소화하려면 제기된 문제들을 대처할 때 머리, 가슴, 배짱을 골고루 보여줄 필요가 있다.

우리가 묘사하고 있는 리더 유형이 완벽하지 않을 수도 있고 결점이 있을 수도 있다. 지능에 의지해야 하는 순간에 배짱을 부리는 실수를 할 수도 있다. 원래 머리나 배짱보다 가슴을 더 많이 보유하고 있는 성향일 수도 있다. 그러면 자신이 리더십을 발휘할 인물 됨됨이를 갖추고 있는지 돌아봐야 한다. 또한 겉으로 쉽게 알 수 있는 공감이나 의사소통 능력 또는 경청하는 능력과는 달리 표면으로 잘 드러나지 않는 두뇌와 배짱을 밖으로 더 끌어내고자 하는 노력을 해야 한다.

핵심은 리더십 목록의 세 가지 사항에 모두 접근하여 이를 유지해야 한다는 것이다. 리더들은 이미 검증을 거친 방식들, 즉 문제를 해결하고 인간관계를 형성하고 기회를 이용하는 방식(과거에는 효과가 있었던 능력이자 자질들)에 반사적으로 의존하는 경우가 많다. 자신들의 과거 경험에 지나치게 의존하여 항상 해왔던 방식으로 문제에 맞설 수 있다고 무의식적으로 유추하기도 한다. 뒤에서 살펴보겠지만 이들은 종국에는 불완전한 리더로 끝나게 되고, 이로 인해 자신의 경력과 회사에 어려운 문제를 안겨준다.

● 불완전한 효과의 문제점

불완전한 리더는 성공할 수 없다고 말하고 싶지는 않다. 대단히 수익성 있는 전략을 짜서 실행에 옮긴 뛰어난 수석 중역들도 많다.

똑똑한 사람들은 대개 혁신적인 아이디어를 구상하여 성공적인 제품과 서비스를 만들어낸다. 그들은 자료를 분석하고 협력과 협조 방안을 구상하며 여러 다양한 방식으로 신참 두뇌 집단을 이용해 자신의 조직을 이끈다.

머리 리더십을 요하는 상황이 있다. 예를 들어 회사가 시장을 주도하는 시장 지배 기업(적어도 당분간은)이 되어 강력한 전략가이자 재정적으로 빈틈없는 CEO를 필요로 할 수도 있다. 혹은 불완전한 리더십을 요하는 상황도 있다. 가령 과거에는 비영리적인 기업이 가슴 중심적인 CEO에 의해 경영되었다. 그 이유는 그들이 사람 중심적인 회사가 되는 것을 우선적으로 삼고 이윤을 남기는 것을 둘째로 삼으려 했기 때문이다. 그 결과 자금조달은 부실해지고 제반 경비는 상승했으며 신용은 하락했다. 그러나 만약 상황이 변하지 않았다면 이런 불완전한 리더십도 만족할 만했을 것이다. 그러나 모두 다 알고 있듯이 상황은 우리가 상상할 수 있는 것보다 훨씬 더 빠르게 변하고 있다.

현재의 환경은 변화와 복잡한 요구조건들로 둘러싸여 있다. 따라서 불완전한 접근은 리더의 아킬레스건을 노출시킨다. 완전한 리더십의 세 영역 중에서 한 가지 혹은 두 가지가 부족하면 사람들은 결과적으로 자신이 도전하는 목표에 효과적으로 대처할 기회가 부족한 상황으로 치닫게 된다. 리더십에 관한 여러 연구 자료들이 이러한 견해를 뒷받침한다. 셸리 커크패트릭(Shelley Kirkpatrick)과 에드 로크(Ed Locke)(두 사람 모두 메릴랜드대학 교수-옮긴이)는 성공적인 지도자는 자신의 업무에 대한 지식과 IQ가 아주 높고(머리), 성실함과 신용으로 경영하며(가슴), 끈기와 추진력을 보여준다(배짱)는 것을 알게 되었다.

이제 사람들이 주로 자신의 인지적인 힘 또는 분석적인 능력(근본적으로 두뇌)으로 리드할 때 초래되는 몇 가지 악영향을 살펴보기로 하자. 특히 CEO들이 다음과 같이 할 때 어떤 결과가 나오는지에 주의하자.

■ **지력(知力)으로 사람들을 위협하는 리더**

이러한 리더는 지적으로 뛰어나지 않은 사람들의 능력이나 용기를 냉혹하고 맹목적인 명석함으로 해석하여 자신의 성격대로 따르게 하는 조직 풍토를 조성한다. 어떤 CEO는 복잡해서 알기 어려운 자료를 요구하고, 장기간에 걸쳐서 해결해야 할 일을 당장에 해결하라고 위협적인 태도를 보인다. 그는 직속 부하들이 자신의 의견에 동의하지 않으면 수없이 많은 통계자료로 그들을 압도한다.

적극적으로 다른 사람의 말을 경청하지 않고 자신의 오만함을 다스리지 않았던 그 CEO는 결국 사원들로 하여금 매사에 자신의 분석을 따르도록 했다. 그 누구도 그에게 도전하지 않았다. 회사가 제대로 운영되어 높은 시장점유율을 보유하고 경쟁사가 전략적으로 유리한 위치를 차지하지 못했을 때는 그런대로 괜찮았다. 그러나 9·11테러 이후 경제가 침체기로 접어들고 외국 기업들이 더 우수한 기술을 들여왔을 때 이 CEO는 자기 팀을 빨리 움직여 필요한 조치를 취할 수 없었다. 그는 간부들을 잃었고 팀을 독려하여 자신의 전략을 지원하도록 이끌 수도 없었다.

■ **쟁점을 복잡하게 만들어 문제를 혼동시키는 리더**

머리로만 리드하는 사람들은 문제를 지나치게 숙고하고 기회를 지나치게 분석하는 리스크를 안고 있다. 그들은 무엇을 선택할지에 대한 윤곽을 분명하게 그리기보다는, 혹은 결정 내릴 자료를 충분히 제공하기보다는 어떤 문제에 직면하든 이를 일련의 지적인 도전으로 여긴다. 따라서 그들은 통계, 아이디어, 그리고 여러 대안으로 사람들을 당황하게 한다. 그들은 문제를 정서적으로 받아들일 용기가 부족하거나 결정 내리는 일을 다음으로 미루는 용기가 부족하다. 이들은 문제에 복잡하게 접근하기 때문에 사원들의 간단한 아이디어(흔히 더 효과적인)에도 문제를 제기하고 결국 복잡성을 따라가게 한다.

■ 대화를 주도하는 리더

흔히 주변에서 자기 자신의 목소리에만 매료되는 중역들을 만나보았을 것이다. 이들은 열변을 토하고 동시에 거드름을 피우며 얘기한다. 이들은 자신들의 박학다식한 식견을 드러내 보이기를 좋아한다. 이들은 다른 사람들이 의견을 피력하도록 내버려둘 용기가 부족하고(틀렸다는 말을 들을까 봐 두려워한다) 다른 사람들이 기여한 일의 가치를 강조하거나 인식할 만한 가슴이 부족하다. 이러한 리더들은 대단한 달변가들이어서 이들의 말은 상당한 설득력을 가지고 있다. 하지만 궁극적으로 이들의 직속부하들은 낙심해서 다시는 진실한 감정과 의견을 나누지 않게 된다. 지배하는 리더는 자신들이 매사를 조정하고 다 알고 있다는 허상에 빠져 있는데, 사실 이 허상으로 인해 높은 자리에서 불완전한 정보에 근거하여 의사결정을 하는 것이다. 종국에는 한 개인의 좁은 시각에 근거하여 내린 의사결정으로 주로 기업에 피해를 입히게 된다.

■ 불투명하게 방향을 바꾸는 리더

이러한 리더는 대단히 영리하고 또한 자신의 두뇌 안에서 업무를 관리하므로, 사원들은 그가 언제 전략을 바꿨는지도 깨닫지 못한다. 그는 사원들이 길을 잃었다는 것을 의식하지 못한다. 또한 자신이 왼쪽으로 향하고 있는지 아니면 다른 사람들이 오른쪽으로 향하고 있는지도 알지 못한다. 따라서 조직 풍토에 묻혀 있는 중요한 신호들을 놓치게 되는데, 이는 그 자신의 행동 혹은 반작용에서 일부 기인한다. 반면 가슴 리더는 사람들의 마음을 잘 헤아릴 수 있고 그들이 언제 보조를 맞추지 못하는지를 감지할 수 있다. 하지만 전적으로 두뇌로만 리드하는 사람은 다른 사람들의 마음을 헤아리는 통찰력이 없는 경우가 많다. 리더와 팀원이 협력하지 못하면 실수는 쌓이게 마련이다.

■ 회사가 지향하는 방향에 다른 사람의 경험을 연결시키지 않는 리더

이 리더의 문제는 다른 사람들이 정책이나 전략의 변화를 포용할 수 있도록 유도하는 능력이 없다는 것이다. 이 리더들은 회사의 새로운 방향을 설명하는 일은 잘하지만 사람들을 독려하여 변화를 수용하게 만들지는 못한다. 이들은 새로운 방향이 다른 사람들에게 어떻게 긍정적인 영향을 미치는지에 대한 사례를 들지 못한다. 다양한 개개인이 어떻게 반응을 보이는지, 새로운 방향 설정으로 조직, 자원, 혹은 회사에 미칠 영향에 대해서 부사장이 얼마나 걱정을 하고 있는지, 전에는 해본 적이 없는 일을 하라고 요구할 때 다른 사람들이 어떻게 대처하는지, 혹은 다른 사람이 전에 한 경험이 비록 관련성은 거의 없으나 이를 어떻게 연결시키게 할지를 모른다.

그 결과 부하직원은 반쯤 건성으로 회사의 새로운 방향을 포용하게 되는데, 그 이유는 나머지 반쯤 저항하고 있는 다른 마음이 회사의 새로운 방향으로의 변화를 이해하지 못하기 때문이다.

■ 다른 가치를 무시하고 업무를 추진시키는 리더

결과만을 추구하는 태도는 시대착오적이다. 어떤 희생을 감수하더라도 업무를 실행시키겠다고 생각하는 사람들이 운영하는 조직은 냉소적인 사원을 양산할 뿐이다. 정직, 연민, 신뢰와 같은 가치를 지니고 좋은 결과를 내는 것을 강조하면서 동시에 업무와 균형을 맞추는 일은 어렵지만, 완전한 리더는 그렇게 하기 위한 의식적인 노력을 해야 한다. 설사 완전하게 균형을 맞출 정도로 성공을 거두지는 못하더라도 균형을 맞추려는 노력은 중요하다. 그렇게 하면 서로 존중받는 환경, 시간이 지나면서 훌륭한 팀원 혹은 동료가 되는 것이 중요하다는 환경이 만들어진다. 업무 실행만을 중시하는 리더는 우수한 결과를 얻기 위해 전진하겠지만 그 밖의 다른 것은 중요하게 생각하지 않는다. 좋게 얘기하자면 결과에 집착하는 기업은 사원이 근무하기에 즐겁지 않은 곳이고, 나쁘게 얘기하자면 그러한 기업은 엔론(2001년에 파산한 미국의 거대 에너지 기업-옮긴이)과 같은 파국에 이르게 될 것이다.

■ 리더십 파이프라인을 만들지 않는 리더

우리는 최근에 불완전한 리더십의 결과로 인해 초래된 최악의 문제를 해결했다. 머리밖에 없는 리더들은 지식에 사로잡혀서 신입사원을 성공적으로 모집하는 방법 및 다른 리더들을 양성하는 방법을 모른다. 때때로 이들의 두뇌는 오만함으로 스스로 자신들이 최고라고 확신한다. 가족경영 기업인과 편협한 연고주의자에게서 이런 면이 엿보인다. 이러한 유형의 리더들은 때때로 대단히 오만해서 자신들이 영원히 리더 자리에 있으리라 믿는다. 따라서 이들은 퇴출당하거나 사직할 경우에 대비해서 자신의 업무를 인계할 사람을 미리 준비시키지 않는다. 머리밖에 없는 리더가 위기의 상황에서 자리를 떠나게 되면 그 뒤를 이을 계승자가 없는 기업은 치명적인 타격을 받는다. 이러한 이유로 지난 몇 년 사이에 상당수의 CEO들에게서 계승 문제가 대두되었다.

어떤 경우에는 머리 리더의 경영하에서 기업이 번창할 수도 있다. 그러나 그가 자리를 떠나게 되면 회사는 붕괴하고 만다. 게다가 그다음 수석 리더는 이 지배적인 리더가 없는 조직을 운영할 준비를 하지 않았다. 머리 리더가 지나치게 자신의 분석력, 판단력, 지배적인 성격에 의존했기 때문에 그의 부재로 인해 회사는 바로 진공상태에 빠지게 되며 그 공백을 메우는 데는 상당한 시간이 걸린다. 다른 사람이 그 공백을 채우는 능력이 하루아침에 느닷없이 생길 리는 없다.

| 당신이 속해 있는 조직은 완전한 리더십을 갖추고 있는가? |

사실 이 질문에 답하기가 어렵다는 것을 인정한다. 모든 조직에는 두 가지 유형의 리더가 뒤섞여 있다. 게다가 수많은 기업들은 회사 내에 불완전한 리더들이 어느 정도나 되는지, 특히 핵심적인 리더십

을 발휘해야 할 지위에 불완전한 리더가 얼마나 많이 포진하고 있는지를 모르고 있다. 다음 질문으로 당신 조직의 리더가 어떤 유형인지 진단해보자.

1. 리더십 지위에 있는 사람들 중 몇 퍼센트를 '사무실에서 가장 똑똑한 사람'의 범주에 넣는가?

2. 당신이 속한 회사는 신입사원을 모집하는 과정에서 가슴과 배짱을 고려하는가? 회사가 인지적인 능력을 갖춘 인물을 찾고 있는가, 아니면 전문성을 초월하여 여러 상황에서 입증될 수 있는 더 폭넓은 범위의 자질들을 고려하는가?

3. 조직 내에서 업무 실적 검토 과정에 가슴과 배짱의 기준이 포함되는가?

4. 간부 양성 과정에서 능력과 지식 습득만을 중점으로 삼는가, 아니면 사원의 역량, 위험 감수 능력, 경험, 멘토링, 인간관계, 실패의 인정으로 얻게 되는 감성지능에 모두 똑같은 무게를 두는가?

5. 당신의 CEO를 묘사할 때 주로 사용하는 형용사는 무엇인가? '눈부신', '훌륭한 전략가', '대단히 분석적인', '결과 중심적인', '세부사항 중심적인'인가 아니면 '다재다능한', '완고하지만 인정이 많은', '결과 중심적이면서 잘 보살피는', '정서적으로 이해력이 많은', '용감한'인가?

6 리더들이 대부분 지니고 있는 특성은 어떠한 것들인가? 머리 특성인가, 가슴 특성인가, 배짱 특성인가, 아니면 이 세 특성을 모두 갖고 있는가?

7 당신이 속한 조직의 풍토를 머리, 가슴, 배짱으로 분류할 수 있는가? 이 특징 중 하나가 지배적인가, 아니면 두 가지 혹은 세 가지 특징이 뒤섞여 있는가?

8 "이 조직에서 어떻게 CEO가 될 수 있는가?"라는 질문을 받는다면 당신은 어떻게 충고해주겠는가? (1) 리스크를 무릅쓰고 성공할 수 있는 능력을 보여주어라. (2) 사원들과 믿음으로 결속을 다져라. (3) 대단히 효과적인 전략가가 되라. 아니면 이 세 항목을 모두 포함시키겠는가?

9 당신이 속한 회사가 기업풍토와 향후 기업의 미래에 필수적인 두뇌, 가슴, 배짱 리더십의 필요성에 대해 의문을 품고 있는가?

◆◆◆

위 질문에 대한 답변들이 불완전한 리더십 성향을 보여준다면, 다음 장에서 리더십 개발 프로그램을 참고로 이 불완전한 리더십이 어떻게 단단하게 뿌리를 내리게 되는지 살펴보라. 다음 장에서는 리더십 개발 프로그램을 통해 회사가 완전한 리더십의 방향으로 나아가는 방법들을 제안할 것이다.

2장
체계적이며 통합적인 리더 양성법

 이제 완전한 리더 양성에 필요한 것이 무엇인지 어느 정도 이해했을 것이다. 그러나 불행히도 대부분의 기업들은 아직도 과거의 방식대로 리더를 양성하고 있다. 상당히 많은 회사들이 리더십 개발에 찰스 다윈(Charles Darwin)의 진화론적인 접근법을 채택하고 있다. 즉 생존자가 리드한다는 것이다. 기업은 인지적인 학습과 통찰력에만 초점을 맞추는 전통적인 교실 훈련이나 비즈니스 스쿨 과정을 통해 리더십 개발에 투자한다. 비록 과거보다는 많은 기업들이 선발, 평가에 대해, 그리고 지적인 리더의 중요성에 대해 정서적으로 인식하고 있지만 이러한 노력들이 항상 실효를 거두는 것은 아니다. 또한 머리와 배짱을 통합하여 리더를 양성하는 기업도 거의 없다고 봐야 한다.
 더 심각한 문제는 조직 안에 존재하는 심층적이며 구조적인 문제점들로 인해 리더 양성을 위해 신중하게 짜낸 계획을 달성할 수 없다는 것이다. 목표로 삼은 능력과 조직 내의 규범 간에 단절이 생기면 리더십 교육을 고수할 수 없게 된다. 리더는 리더십 개발 프로그램 중에 변화된 모습을 보이다가도 다시 조직에 합류하게 되면 조직의 풍토가 자신의 변화된 모습을 지지하지 않는다는 사실을 깨닫게 된다. 개발 프로그램 과정 중에는 혁신적인 약진을 했어도 조직으로 돌아가면 새로이 발굴한 자신의 태도가 동료와 관리자들에게 배척당하는 것이다.

다행히 이러한 점은 올바른 양성 방법과 회사의 확고한 의지, 그리고 이사진들의 관심만 있으면 해결할 수 있다. 이러한 불가피한 장애물을 극복할 수 있는 방법을 알기 위해 우선 이 지도자 양성이라는 쟁점을 역사적인 맥락에서 검토해볼 필요가 있겠다.

| 교실에서 실전으로, 그리고 그 이상으로 뛰어넘기 |

비교적 최근까지 '농업적' 교육 모델(학생들을 교실에 집어넣고 지식과 사실을 억지로 주입시키는)이 기업에서 흔히 하는 일반적인 교육이었다. 즉 훌륭한 중역을 양성하기 위하여 초빙 교수가 리더십에 관한 강연을 한다. 그리고 분석하고 토론하며 지식을 흡수할 수 있도록 역사적인 사례들을 제시한다.

몇 년 사이 리더를 위한 인지적인 연구 영역이 세계 경영의 혁신에서 성장 전략에 이르기까지 모든 부분을 총망라하면서 확실히 그 범위가 넓어졌다. 그러나 그 방법은 변하지 않고 있다. 여전히 사례 연구와 강연이 기본이며, 주어진 영역에 대한 지식기반이 굳건하면 그 영역에 정통하리라는 가정을 하고 있다.

비록 리더를 양성하자는 운동이 정서적으로는 1950~1960년대의 T그룹(사람들이 서로의 감정을 교류하도록 돕고, 또 서로에게 터놓고 얘기하며 피드백하는 과정에서 대인관계 역량을 향상시키기 위해 고안된 회의)에 그 기원을 두고 있으나 여전히 대개 인지적 접근법의 부수적인 운동이거나 이에서 분리된 운동에 지나지 않는다. 최근 한 유명한 정서 개발 프로그램에서 이국적 환경(문자 그대로도, 비유적으로도 이국적인)을 프로그램에 포함시켰다. 즉 업무현장을 벗어난 체험을 하는 프로그램이었다. 산장 휴양지에서부터 개발도상국의 열대우림지역에 이르기까지 도처에 사람들을 보내 작업현장에서 늘 그들을 방해했던 문제들(짜증, 갈등 회피 등)에서 벗어나 업무를 진행할 수 있도록 했다.

하지만 참가자들은 이렇게 업무현장을 벗어난 체험으로 일어난 변화가 실무 현장으로 전이되지는 않는다는 사실을 깨달았을 뿐이다. 사실 이들은 훈련 기간 동안 스스로에 대해 '돌파력'과 통찰력을 체험하고, 이 체험으로 긍정적인 변화를 갖게 되었다고 생각했지만 현장으로 복귀하면 이내 자신들이 업무를 처리하던 원래의 방식으로 되돌아가게 되었다. 그 주된 이유는 새롭게 선보이는 개선된 리더십 스타일을 지지하지 않는 조직의 풍토 때문이었다.

그럼에도 대기업들은 이 체험을 회사가 리더십 개발에 투자를 아끼지 않는다는 중요한 상징으로 간주할 뿐만 아니라 리더들에게 바라던 가치와 특성을 심어줄 수 있는 훌륭한 수단으로 여긴다.

UBS은행(대단히 성공한 세계적인 은행)의 경우를 살펴보자. UBS은행은 고객들에게 더 잘 봉사하고 '유일한 은행' 전략을 실행하기 위해 교차 사업 단위 업무관계를 촉진하는 데 신뢰가 주요 변수가 될 거라 생각한다. 오늘날 대부분의 은행들이 비슷한 전략과 비슷한 필요를 가지고 있으나, UBS은행은 내부 신뢰의 중요성을 직접적으로 인식하고 고객 서비스 모델을 실행하는 선두에 서 있다. UBS는 중역을 양성하는 혁신 은행이며, 최근에 휴잇(미국의 인사관리 전문 컨설팅 업체-옮긴이)은 일류 리더십 개발 회사로 UBS은행을 예로 들었다.

최근 UBS은행은 핵심 리더 500명이 알프스 산 정상에 모여 신뢰 문제에 대해 토의하고 함께 등반하며 함께 작업하고 (이는 매우 중요한데) 함께 연주하는 경험을 했다. 이들은 또한 윈튼 마살리스(Wynton Marsalis, 재즈 트럼펫 연주자-옮긴이)의 연주를 듣고, 재즈를 연주하려면 전략(음악)과 신뢰(현장에서 하는 즉석 연주 실력)를 모두 구비하고 있는 그룹이 필요하다는 그의 강의를 들었다.

이제까지는 리더십 개발에서 배짱에 관한 프로그램을 별로 다루지 않았다. 그러나 지금은 핵심 리더십 요인으로서 배짱에 대한 관심이 점점 더 고조되는 추세다. 우리는 한동안 실외에서 모험 유형의 프로그램(바위와 밧줄 코스로 알려진)을 실시하는 과정에서 이 프로그램들이 개발 프로그램과 정서적으로 일부 동일한 문제를 안고 있다고 파악했다. 급류타기, 밧줄 다리 건너기, 페인드볼 대회에서 끝까지 살아남기, 그리고 경주용 자동차 운전하기는 사람들에게 모험을 무릅쓰는 기회를 주고 거친 도전을 경험하게 한다. 그러나 이러한 것들이 서로 같은 경험을 공유하고 상대를 새로이 알게 되었다는 정도를 넘어 사무실 세트장에 새로운 양상으로 곧장 전이되지는 않는다. 이국적인 환경에서 신체적인 위험을 무릅쓰는 것과 회사의 사활이 걸려 있는 핵심 전략적인 쟁점을 강하게 견지할 수 있는 것, 혹은 몇 년 동안 함께 일해온 동료에게 그의 실적이 목표에 부합되지 않는다고 말하는 것은 별개의 문제다.

리더십 개발 프로그램은 전적으로 교실에서만 수업이 이루어지던 방식에서 진일보하기는 했지만 아직 그다지 많이 진보한 것은 아니다. 로라 타이슨(Laura Tyson, 런던비즈니스스쿨 학장), 헨리 민츠버그(Henry Mintzberg, 맥길대학교 명예교수)와 같은 경제학자들은 더 통합된 방식으로 리더십을 발휘해야 한다고 주장해왔다. 그러나 이 주장의 공동 배경을 마련하는 부분에 대해서는 이룬 바가 거의 없다. 기업들이 완전한 리더십의 필요성을 인식한다고는 하지만 여전히 이를 통합적인 방식으로 개발하지는 못하고 있다. 기업의 인지에 초점을 맞춘 코스 또는 대인관계에 초점을 맞춘 코스가 있을 수도 있으나 이들은 서로 교차되지 않으므로 이 둘을 통합하는 일은 학습자의 몫이다.

기업은 중역들이 대인관계 능력, 그리고 중요한 업무 목표를 달성하기 위하여 리스크를 감수하는 능력을 겸비하도록 도와주는 노력을 하지 않는다. 오늘날 능력 있는 글로벌 리더가 되기 위해서는 세계시장 트렌드, 가격결정력, 또는 경쟁사를 파악하는 것이 필수적이다. 그러나 효율의 측면에서 보았을 때 필요조건이긴 하지만 충분조건은 아니다. 자기 자신의 문화와 이것이 인식에 미치는 영향을 간파하고 또한 문화가 어떻게 다른 사람의 가치와 견해에 영향을 미치는지 아는 것이 세계적인 경영 업무에 필요하다.

하지만 글로벌 리더가 단순히 환경에 순응하게 되면 성공적인 리더가 될 수 없다. 그들은 자기 자신의 견해를 가지고 있어야 하고 자신의 가치를 이해해야 하며 자신의 신념에 대해 용기를 가져야 한다. 협상하기, 의사결정하기, 의사소통하기 등과 같은 세계적 혹은 국제적인 도전들을 다루려면 리더는 반드시 이 세 자질들을 모두 통합해야 하고, 배짱, 두뇌, 그리고 복잡다단하고 비교 문화적이며 모순적인 상황들에 직면했을 때 그것을 정서적으로 이해하는 능력을 보일 수 있어야 한다. 그런데 불행하게도 대개의 리더십 개발 프로그램은 이러한 세 가지 틀을 통합하는 방법을 가르쳐주지 않는다.

또한 학계와 업계에서는 이에 대해 분리하여 접근해왔다. 미국이나 유럽의 비즈니스 스쿨 커리큘럼을 살펴보면 '기술적인' 과목, 즉 재정, 마케팅 등과 같은 강좌에 중점을 두고 있다. 한두 개의 강좌에 정서적인, 혹은 리스크를 감수하는 부분(가령 '국제적인 간부 양성하기')이 들어 있는 경우도 있으나 주로 인지적인 학습에 주안점을 둔다.

마찬가지로 고용 및 포상, 보상 과정에서도 인지적인 개발을 강조한다. 일반적으로 최고학부의 우수 학생들이 일류 대기업에 채용된다. 많은 기업들이 성적, 출신 학교 등급에 근거하여 졸업반 학생을 채용하고 경력과 구직 스펙('specifications'의 줄임말로 원래는 제품명세서라는 뜻인데, 구직자들의 학력, 학점, 자격증, 토익 점수, 인턴십, 공모전, 해외연수 유무 등 수준과 위치를 객관적으로 나타내는 외적 요건의 총체를 일컫는다—옮긴이)에 부응하는 능력에 근거해서 더 경험이 많은 지원자를 선발한다.

예를 들어 글로벌 리더십 자리에 공석이 생기면 핵심적인 업무 배정 기준에는 전형적으로 두뇌 능력이 포함된다. 기업전략 및 최우선 사항을 분명하게 이해하고 있는지, 경쟁력 있는 우수한 제품 및 서비스에 대해 이해하고 있는지, 기능상의 전문 분야에서 성공한 이력이 있는지 등이 고려되는 것이다. 대부분의 경우에 현지 문화에 적응할 수 있는 가슴과 배짱, 또는 현지 시장에 맞는 제품과 서비스를 채택할 수 있는 능력, 현지 사원들을 관리 감독하고 의욕을 북돋워주며 재능을 개발하는 능력은 임무 배정 기준에 포함되지 않는다.

일반적으로 기업들은 포상 및 보상에 대해 똑같은 방식을 적용한다. 성과에 근거한 목표에 부응하거나 초과 달성했는가, 또한 예측 가능한 결과를 냈는가 등이 그 주요 기준이다. 가장 많은 보너스를 받고 일순위로 승진하는 사람은 바로 가장 훌륭한 결과를 낸 사람이다. 최근에 들어서야 일부 기업들이 결과뿐 아니라 과정에도 중점을 두는 제너럴일렉트릭(GE)식 접근법을 채택하려 한다. 즉 계승을 기획하는 토론에서 공감, 감성지능, 그리고 심지어 연민과 같은 비가시적인 자질들까지 포함시키고 있다.

그러나 대개의 기업들은 여전히 확실하고 구체적인 업무 달성을 측정하여 고용과 포상 및 보상제도를 실시한다. 경영자가 일사불란한 팀을 구성하는지, 혹은 신뢰와 책임의 풍토를 조성하는지를 측정하는 것보다 팀이 기업의 수익목표에 부응하는지의 여부를 측정하는 것이 훨씬 더 쉽기 때문이다. 이러한 측정 가능한 자질은 모두 두뇌에 관련되기 때문에 이러한 제도는 리더십 개발을 인지적인 방향으로만 밀어붙이게 된다.

| 모험 감수, 대인관계, 지능 개발 프로그램 만들기 |

대부분의 기업들은 위에서 논의한 요인들에 영향받고 있으나 그대로 따라갈 필요는 없다. 세계가 점점 더 복잡해지고 급격하게 변해감에 따라 냉정한 분석과 전략적인 업무 실행을 초월할 수 있는 리더의 필요성도 커지고 있다. 사원들이 신뢰하는 중역 임원이 없는 조직은 냉소와 이탈이 뒤따른다. 타 회사 인수, 부실해진 경쟁사의 가격 낮추기, 침체기에 접어들기 전에 수익성 없는 자산 처분하기와 같이 기회를 포착할 수 있는 리더가 없으면 대기업은 점차적으로 경영이 부실해진다. 기업들은 다음의 4단계를 고려해 볼 필요가 있다.

● 1단계: 구조적인 문제점을 다루어라

개발 프로그램을 달성하기 전에 우선 구조적인 문제점을 다루어야 한다. 이 단계는 완전한 리더십 개발을 위해 절대적으로 중요한데도 거의 매번 무시되는 경향이 있다. 사실 리더십 개발은 구조적인 질환을 치료하는 데 흔히 사용된다. 예를 들어 회사는 더 혁신적인 리더를 원하므로 그들은 사원이 혁신과 관련 있는 능력을 발현하도록 도와주는 개발 프로그램을 고안한다. 이러한 프로그램에 참여한 후에 개개인의 사원은 진정으로 뛰어난 아이디어를 창안해 낼 수 있으며, 다른 사람의 혁신적인 태도를 촉진시키는 기술을 숙지하기도 한다.

하지만 실제로 이 기술을 실행에 옮기면 이들은 구조적인 문제점의 방해를 받게 된다. 또한 혁신을 추진하는 데 필요한 리스크를 감수하기 꺼리는 조직 풍토를 접할 수도 있다. 혁신적인 리더가 획기적인 아이디어를 신상품이나 서비스에 적용하려고 하면 각처에서 온갖 방해를 받게 된다. 사람들은 다음과 같이 주장하며 반대한다.

"그렇게 하면 경비가 지나치게 많이 든다."
"그 일은 굉장히 많은 사람들의 적극적인 참여가 필요하다."
"이 프로젝트는 시기를 제대로 맞추지 못했다."
"이 일은 전략에서 벗어났다."

이렇게 혁신적인 시도가 두세 차례 방해를 받게 되면 리더는 낙담하여 과거의 태도로 다시 돌아가게 된다. 즉 덜 혁신적이었던 예전 모습으로 물러나게 되는 것이다.

사실 기업이 사전에 구조적인 문제점을 처리하지 못하면 개발 프로그램은 조직에 부정적인 영향을 미칠 수도 있다. 가령 어떤 회사의 연수에서 협동하는 직무를 강조한다고 하자. 관리자는 정보와 의견을 교환하기 위하여 직무 간 기능 및 다른 영역들 간의 업무를 서로 교차하게 된다는 생각에 흥분하여 연수를 마치게 된다. 하지만 그러한 시도를 하자마자 곧 그들의 노력은 좌절된다. 그 이유는 후계자 계승에 대한 기대감이 커서 내부적으로 경쟁이 치열한 실무 팀이 서로에게 정보를 알려주지 않고, 사일로 의식('silo'는 곡식을 저장하는 저장소로, 정보를 비밀스럽게 숨기거나 다른 부서의 직무에는 전혀 관심을 보이지 않는 조직의 부서 간 장벽을 말한다-옮긴이)을 강화할 것이기 때문이다.

그러나 어느 수준에 이르러 그들이 영역을 뛰어넘어 부서 간 협동을 하게 되면 혁신에 박차를 가하게 된다는 사실을 깨닫게 된다. 하지만 업무 실행에 관한 한 조직의 대표는 가령 원자재의 대외 구매를 전략적으로 향상시킬 수 있는 방법을 논의할 때 재무팀 리더를 관여시키기를 거부한다. 그리고 재무팀 리더는 제품개발비를 산출하기 위한 방법을 개발하는 기술팀 리더와 협동하지 않으려 한다. 이러한 암묵적인 태도는 협동 위주의 개발 프로그램 과정을 이수한 관리자들을 엄청난 좌절에 빠트린다. 그러면 이들은 자신들이 받은 리더십 프로그램이 거짓이자 위선이라는 결론을 내리고 거기서 달성한 성과가 무엇이든 간에 서서히 이에 대해 냉소적으로 변해간다. 그러면 회사는 차라리 리더십 개발 프로그램을 아예 시작하지 않았으면 더 나았을 것이라 생각하게 된다.

따라서 리더십 개발과 함께 꼭 조직의 개발이 이루어져야 한다. 조직적인 문제가 어떻게 리더십 발휘에 영향을 미치는지를 이해하는 방식으로 적합성 모델이 자주 이용되는데, 이는 공식적인 조직과 비공식적인 조직이 어떻게 작업을 하고 어떻게 아웃풋을 산출하는지에 중점을 둔다. 리더십 개발 프로그램의 조정을 꾀하기 전에 비공식적인 조직을 이해하게 되면 조직적인 장애물을 표면화하는 데 도움이 된다. 기업은 리더가 가슴, 그리고 용기 있는 배짱을 부리지 못하게 하는 장벽들, 혹은 기존의 조직적인 풍토에서 벗어난 혁신적인 생각을 방해하는 장벽들을 처리해주어야 한다. 만약 기업이 역사적으로 보수적인 조직이라면 기업 정책 과정이 기회 포착을 방해할 것이므로 이를 반드시 개선해야 한다. 그렇게 했을 경우에만 리더십 개발로 사원들이 리스크 다루는 법을 배우게 되고 또한 이를 직무 태도에 적용할 수 있다.

예를 들어 최근 어느 세계적인 기업에 중역 프로그램을 실행해보았다. 그 프로그램은 기업의 유기적인 성장을 이끌어낼 수 있도록 리더십을 발휘하는 행동에 초점을 두었다. 이 프로그램은 리더들에게 기업 성장 자원을 계측하고, 증대하고, 추진시키고, 또 이를 얻기 위해 취해야 할 행동 방침을 발표하게 했다. 그리고 그날 저녁 차를 마시면서 참가자들에게 회사의 '불문율'이 무엇인지 적어서 제출하라고 요청했다. "사장에게 도전하지 마라", "승인을 요청하기 전에 항상 이사진 옆에서 파워포인트를 실행하라"와 같은 대답이 나왔다. 대부분 악의가 없는 재미있는 내용들이었으나 회사의 풍토에 대한 중요한 메시지를 직접적으로 보여주는 것들도 많았다. 진정한 연수는 이러한 구조적인 문제들을 노출시키는 방식으로 진행되어야 한다.

● 2단계 : 이사회를 끌어들여라

두 번째, 반드시 이사회를 참여시켜 개발 프로그램을 지원하게 해야 한다. 이 말은 단지 명색뿐인 참여 혹은 책임, 그 이상을 의미한다. 이사회가 관여하지 않으면 개발 프로그램은 뒤틀어진다. 그리고 가장 심각한 문제는 조직적인 문제와는 상관없는 방식으로 개발된다는 것이다. CEO와 그의 팀이 이 과정에 참여하지 않으면 리더십 개발은 결코 의도했던 대로 이루어지지 않는다.

예를 들어 어느 세계적인 대기업이 신뢰와 관련된 문제를 안고 있다고 하자. 치열하게 경쟁하고 대단히 정치적인 그 회사의 풍토로 인해 수년 동안 상이한 기능들 간에, 그리고 다른 조직원들 사이에 적개심이 쌓여왔다. 따라서 회사가 조직의 매트릭스 구조(팀 간 상호 의존적인 협조)에 의존할수록 일은 더 더뎌지고 서로 책임을 회피하려 했다. 이에 새 중역 팀은 사내 신뢰도를 높이고자 이 목표에 적합하게 고안된 연수를 이행하도록 리더십 개발 그룹에 권한을 부여했다. 이 리더십 개발 프로그램에서 정교하고 다차원적인 신뢰 구축 요소들이 구축되고 수많은 리더들이 이 프로그램을 접하게 되었다. 그러나 그들이 직무에 복귀하면 여러 기능들 간의 긴장감, 그리고 각양 각층의 위계들 간의 긴장감은 여전히 없어지지 않는 것이었다. 프로그램에 의해 '양성된' 구성원들이 다른 사람들에게까지 신뢰감을 확장시켜 보고자 하나 결코 쉽지 않았다. 그들은 결국 기존의 서로 불신하던 방식으로 되돌아가고 말았다. 리더십 개발을 책임지고 있는 부사장과 그와 함께 일한 외부 컨설턴트는 실패를 인식하지만, 무력한 그들은 아무것도 시정할 수 없었다. 그 이유는 이사회가 조직의 변화와 리더십 개발에 관심을 보이지 않았기 때문이다.

우리는 최근에 미국의 500대 기업에 속하는 한 대기업으로부터 의뢰를 받아 업무 실행에 주안점을 두는 중역 리더십 회의를 열었다. 이 회의의 목표는 조직 내에서 업무를 실행하는 데 있어서 난제가 무엇인지 확인하고, 이를 표면화하여 해결하는 것이었다. 회의를 시작하자 문제점을 표면화시키는 대화들이 오갔으나 그다음 단계로 나아가지는 못했다. 즉 중역 팀은 문제를 만들고 있는 자신들의 역할에 대해 타협하려 하지 않았다. 이들이 선호하는 해결책은 훈련, 인식, 포상을 더 자주 하고 이견에 대해서는 페널티를 주어 문제를 '해결하는' 방법이었다.

리더십 개발은 진공상태에서 이루어지지 않는다. 개발은 종종 리더십 개발에 대응하는 기업의 조치를 필요로 하는데, 이러한 조치들이 리더십 개발과 결합하면 시너지 효과를 얻을 수 있다. 하지만 경영 팀이 리더십 개발에서 멀어지면 시너지 효과는 사라진다. 우리가 잘 알고 있는 전 세계적인 대기업 중에 분권화를 이룬 재무관리 서비스 회사가 있다. 이 회사는 자치적인 사업단위들을 통해 굉장한 실적을 거두었고 이러한 분권화는 긍정적인 성과를 낳았다. 즉 리더를 양성하기 위한 기회는 더 많아지고 더 고객 중심적인 결정을 내리게 되며 더 현명하게 자원을 할당할 수 있었다.

그러나 시장이 이 사업단위들 간의 '공백(white space)'(저자는 뒤에서 이를 책임 소재가 불분명한 임자 없는 영역이라고 언급한다—옮긴이)에서 개발된, 더 상승작용적인 해결책을 요하므로 회사의 리더들은 자연히 우선순위를 매기기 위하여 중역 팀을 바라본다. 그러나 의제 항목 중에서 어떤 항목이 기업에 중대한 기회를 제공할지, 또한 어떤 항목이 회사의 사업을 위한 최선의 해결책인지 아무도 확신하지 못한다. 수석 리더 팀은 방향을 분명하게 설정하게 되면 높은 지위에서 지도력을 행사할 수 있는 지도권이 축소되리라고 믿는다.

그러므로 리더십 개발 노력은 분권화가 무엇을 의미하는지를 사람들이 이해하고 팀을 효과적으로 리드하는 방법을 배우도록 도와주는 데 그 방향이 맞추어져야 한다. 그런데 시장의 여건과 여러 규제 요인들이 있기 때문에 중역 팀이 전면에 나서서 업무의 우선권을 일일이 설정해야 한다. 만일 그들이 개발 프로그램뿐만 아니라 우선권을 매기는 문제의 어려움을 토로한다면, 이것이야말로 리더십을 발휘하는 일임을 깨닫게 될 것이다. 따라서 개발 프로그램은 우선순위를 설정하는 부분에 주안점을 두게 될 것이다.

중역의 참여 없이 실시되는 리더십 개발은 불완전한 리더를 양산할 따름이며 개발의 초점이 특정 기술 혹은 특정 지식 분야로 빗나가게 된다. CEO나 다른 중역이 참여해서 이 문제에 대해 더 폭넓고 총체적인 시각을 제안하지 않기 때문이다. 가령 어떤 회사가 관리자들에게 성장 심리를 길러주기 위해 리더십 개발 프로그램을 이용한다고 하자. 비록 CEO가 성장 심리에 머리, 가슴, 배짱(견고한 성장 전략과 힘께 적절한 리스크를 감수해야 한나)이 필요하다는 것을 알고 있다 하더라도 리더십 개발 프로그램은 전적으로 또 다른 방향으로 바뀌게 된다. 실수를 저지르지 않고 업무를 제대로 실행하는 방법을 학습하는 일, 즉 순전히 인지적인 능력(하지만 그 어떤 경우에도 성장을 위해서 바람직하지 않은)을 강조하게 되는 것이다.

● 3단계: 리더십 개발을 진단 수단으로 활용하라

현실적으로 경영진이 기업을 약화시키는 조직적인 문제를 항상 인식하고 있는 것은 아니다. 마땅히 인식하고 있어야 하지만 기업들은 그러한 문제에 그다지 관심을 갖지 않는다. 리더십 개발의 첫 단계는 경영진이 이러한 문제에 관심을 기울여 일련의 조치를 취하는 것이다. 우리는 세계적인 기업에서 행동학습 프로그램(Action Learning program)을 실시하는데, 이 프로그램의 특성은 참가자와 수석 리더끼리 실제 문제에 대해서 실제로 대화하도록 조장하는 것이다. 행동학습은 머리, 가슴, 배짱을 통합시켜 임시 시스템을 만드는 데 유용하다. 이러한 시스템에서는 다양한 형태의 대화가 이루어질 수 있다. 만일 이 시스템이 제대로 작동하면 참가자는 편안한 기분으로 경영진에게 자신들의 의견을 피드백(통찰력을 키워주고 문제를 조명하는 정직하고 날카로운 피드백)할 수 있다.

더 의미심장한 것은 이로 인해 '완전한 리더' 양성이 실현 가능해진다는 것이다. 사람들이 문제점에 대해 토론하기를 얼마나 두려워하는지 얘기하면 다른 영역의 문제점(인지적인 문제를 뛰어넘는 영역)까지도 파악할 수 있게 된다. 예를 들어 혁신이 리더십 개발의 목표라면 리더들에게 창의적인 생각을 키우게 하는 기술을 제공하는 과정을 연수에 포함시킨다.

이 '진단' 요소를 보면 관리자는 회사가 항상 실패하는 사람에게 낙담한다고 확신하고 조직의 전통과 규범에 맞서는 생각을 조직의 구성원들이 서로 나누는 것을 불편해한다고 믿는다. 그리고 경영진은 관리자의 이러한 확신에 관심을 기울이게 된다.

● 4단계: 개발 프로그램을 상황에 맞추어라

마지막으로 회사의 상황에 맞추어 프로그램을 만들고 머리, 가슴, 배짱의 규모를 프로그램의 설계에 통합시켜야 한다. 이 책 전체에 걸쳐서 리더십 개발 프로그램에 대해 다루겠지만 지금은 두 가지 점을 강조하고 싶다.

첫째, 유행을 타거나 한물간 프로그램 혹은 '최고의 경험'이라는 관례적인 프로그램에 의존하지 말라. 비용에 대비해서 효과가 있어 보이는 건 대개 긍정적이지도 부정적이지도 않은데 문화, 기업, 산업이 저마다 다르고 또한 다층적인 요소들의 결과가 바로 리더십이기 때문이다. 회사의 강점과 약점을 염두에 두고 리더십 프로그램을 구축해야 한다. 전략적인 리더십 개발을 실행할 경우 우리는 여기에 항상 회사의 업무 상황, CEO의 일정, 경쟁적인 도전들, 역사, 경영 실적 시스템, 혹은 이와 유사한 문제들을 결부시킨다. 왜냐하면 다른 곳에서 효과가 있는(특히 상부에서) 프로그램이라고 무조건 도입하면 조직 풍토라는 저항에 부딪히게 된다는 교훈을 오랜, 때로는 힘든 경험을 통해 배웠기 때문이다.

둘째, 특정 회사의 머리, 가슴, 배짱의 조건을 평가해야 한다. 즉 어떤 회사든 상관없이 머리, 가슴, 배짱을 똑같이 강조해서는 안 된다. 회사가 모순적이나 전략적인 일련의 선택들에 직면해서 리더로 하여금 더 복잡한 결정을 내리게 하고 간단한 해결책을 피하도록 요구하는 경우가 있다. 또한 규제적이거나 환경적이거나 또는 경쟁적인 위기에 직면하여 리더로 하여금 전통적이며 보수적인 방향에 맞춰 그에 대처하라는 요구를 할 수도 있다. 따라서 리더들이 위기에 효과적으로 대처하기 위해서는 더욱 과감한 전략이 필요하다. 따라서 새로운 양상을 띤 강력한 기업풍토를 구축하는 것이 개발의 책임이라 할 수 있다.

개발 프로그램 자체는 상황적인 요인에 따라 상당히 다양하지만, 우리가 전개하고 있는 간단한 접근법을 살펴보면 다음과 같다.

첫 번째 학습 분야에는 주제가 무엇이든 그에 관한 프레젠테이션

이 포함된다. 전형적으로 오전 수업 중에 주제('혁신', '협동', '세계적인 경영'이 의미하는 바가 무엇인가)를 설명하고, 이 주제에 능숙해지는 데 필요한 여러 기술을 실례와 함께 설명한다. 이는 이 프로그램의 인지적인 부분이다.

두 번째 분야는 대개 오후 수업에서 이루어지는데, 어떤 특정 주제에 나타나는 개인적인 문제들에 대해 참가자들이 훈련하고 지도를 받는 과정이 포함된다. 만약 주제가 '혁신'이라면 참가자들에게 자신들이 얼마나 혁신적인 사람이라고 생각하는지, 그들이 근무 중에 접하게 되는 독창성을 방해하는 장애물은 무엇인지, 그리고 그들이 혁신적일 때는 언제이고 그 이유는 무엇인지에 대해 얘기한다. 그리고 수업 마지막에는 그들이 다음 몇 일, 몇 주, 혹은 몇 달 동안에 걸쳐 근무지에서 실행해야만 하는 혁신과 관련된 과제를 내준다.

세 번째 분야는 그들이 학습한 내용에 대한 테스트이다. 그들이 학습한 내용을 실무적으로 응용하게 하여 배짱 개발 단계를 구성한다. 모든 참가자들의 새로운 태도를 테스트하고 새로운 도전에 직면하게 한다. 이러한 훈련은 '이론'과 반대되는 '실제' 환경에서 일어나는 일이므로 결과가 있게 마련이다. 참가자들은 당황스럽고 어색하고 불편한 상황에서 능숙지 않은 기술을 훈련하기도 하고 때로는 실패한다. 분명 이 모든 일에는 용기가 필요하다.

네 번째는 실무 시간이 지난 후 프로그램에 복귀하는 과정이다. 참가자들의 경험을 주의 깊게 들은 다음 그들이 머리, 가슴, 배짱의 리더십을 얼마나 잘 (혹은 얼마나 형편없이) 통합시켰는지에 대한 피백을 한다.

머리, 가슴, 배짱의 리더십은 상황에 따라 다르게 결합해야 한다

앞에서 제안했듯이 우리는 프로그램을 구상하기 전에 어느 특정 수준에 맞추어서 기업의 리더십 개발 목표를 생각한다. 어떤 일은 배짱보다는 가슴이 필요하고, 또 어떤 일에는 가슴보다 머리가 필요하다. 머리, 가슴, 배짱의 리더십을 결합하는 것은 새로운 시장을 개척하는 중역보다는 업무 규모를 조절하는 리더십 팀에 따라 달라진다. 따라서 상황에 따라서 달라진다는 점을 염두에 두고 개발 과정을 고안하는 것이 중요하다.

램 차란(Ram charan), 스티브 드로터(Steve Drotter), 그리고 짐 노엘(Jim Noel)이 쓴 『리더십 파이프라인(Leadership Pipeline)』에서는 조직에서 다른 계층으로 이동할 때 태도와 가치를 새 조직에 상응해서 맞추어야 한다고 주장한다. 예를 들어 수준 있는 공헌자의 역량과 가치는 초급 관리의 그것과는 상당히 다르다. 초급 관리자가 일으켜야 하는 변화는 자신의 직무 수행보다는 다른 사람의 공헌도를 평가하는 것에 맞춰져 있다. 저자들은 초기 단계에서 관리자를 성공하게 만드는 것은 단순히 새로운 능력과 가치를 습득하게 하는 것이 아니라 오히려 이를 풀어놓게 하는 것이라고 말한다.

인재를 효과적으로 양성하기 위해서는 다음과 같은 다양한 조직 레벨에서 머리, 가슴, 배짱을 명백하게 보여주는 방법들을 고려해야 한다.

■ 머리

레벨 1 (일선 실무자) : 전문적인 능력 학습하기.

레벨 2 (초급 관리자를 관리하는 관리자) : 관리자와 프로젝트를 수평
    적으로 조정하기.

레벨 3 (중역) : 전략 짜기.

■ 가슴

레벨 1 : 일대일 관계를 관리하기.

레벨 2 : 재능을 코치하고 키워주기, 팀을 정렬시키기.

레벨 3 : 복잡성을 관리하기, 개인의 탈선을 다루기,
    모호성을 처리하기.

■ 배짱

레벨 1 : 피드백을 강경하게 하기,
    기타 어려운 성과 경영 문제 처리하기.

레벨 2 : 기업 단위 간 갈등 관리하기, 자원 할당하기,
    모험을 무릅쓰고 의사 표명하기.

레벨 3 : 어려운 직무 수행하기(공장 폐쇄, 자산과 자원 재배치 등).

표 2.1 리더십 파이프라인

출처: 램 차란, 스티브 드로터, & 짐 노엘. (2001). 『The Leadership Pipeline』. 샌프란시스코 : 조시-배스(Jossey-Bass), p. 7. 존 와일리 앤드 선즈(John Wiley & Sons)사의 허가로 발췌 인쇄함.

　이 레벨들에 대한 기술은 분명히 일반적인 것으로, 더 상세한 묘사에 근거하여, 혹은 기업의 특정 요건에 근거하여 레벨 조정을 할 수 있을 것이다. 비록 일반적인 개발 목표가 사람들로 하여금 이 세 가지 양상을 통합하도록 도와주는 것이라 하더라도 더 분명한 목표는 그들이 이러한 양상들을 올바르게 통합하도록 돕는 것이다.

| 배짱 : 가장 까다로운 개발 분야 |

명백히 얘기해서 배짱 개발은 미개척 영역이라는 점을 인정한다. 사실 우리는 지금까지 많은 CEO들로부터 용기란 가르쳐서 되는 게 아니라는 말을 들어왔다. 본래부터 모험을 꺼리는 사람을 대담한 행동을 취하는 사람으로 바꾸는 일은 거의 불가능하다. 그러나 이들도 차츰 모험을 무릅쓰다 보면 서서히 변화를 보이게 된다. 배짱을 보여야 할 분야의 사람들과 함께 일할 때 우리는 왜 그들이 (어려운 결정을 내리기를 거부하는 것과 같은) 용기를 드러내지 않는지, 그리고 이로 인한 부정적인 결과를 스스로에게 어떻게 이해시키는지에 대해 피드백을 한다. 우리는 또한 배짱을 필요로 하는 이들을 도와 그들에게 도움이 되는 방법과 기술을 제공한다. 이러한 접근으로 이들이 실무에서 더 결단력 있는 용기를 보이게 되는 경우가 여러 번 있었다.

『용기 있는 행동(The Courage to Act)』에서 저자 메롬 클라인(Merom Klein)과 로드 네이피어(Rod Napier)는 특히 다음 다섯 가지, 즉 목적의식, 의지, 기강, 모험심, 솔직함을 보이는 행동으로 접근할 경우 용기를 배울 수 있다고 강조했다. 이러한 요인들을 인식하고 이와 관련된 태도를 연습할 때 사람들은 자신의 두려움을 극복하고 모험을 감수하는 법을 배우며 전에는 결코 해본 적이 없는 일을 실행할 수 있게 된다.

비즈니스 세계에서는 같은 인물이 어떤 조직에서는 모험을 꺼리다가도 다른 조직에서는 기꺼이 모험을 감수하는 경우를 종종 보게 된다. 전자의 조직에서는 변화를 모색하면 쓸데없는 생각을 한다는 평가를 받는다. 모험을 감행해서 실패할 경우에 경영진으로부터 심하게 질책을 받는다. 후자의 조직에서는 모험을 감행했으나 실패한 경우에도 처벌을 받지 않는다. (어리석은 모험을 하고 다시 똑같은 실수를 반복하지 않는 한) 모험을 하는 사람은 결국 여러 방식으로 보상을 받는다.

리더십 개발 프로그램을 시작하기 전에, 앞에서 기업의 조직적인 문제를 인식하라고 충고했던 부분으로 잠깐 돌아가보자.

현실적으로 대개 경영진은 리더가 지나친 용기를 보이는 것을 바라지 않는다. 아니, 용기라는 것 자체를 아예 바라지 않는다. 소송 문제나, 주주 문제, 기업공개 등의 중대사에 직면한 대기업들은 항상 모험이 덜한 쪽을 택한다. 경기순환의 초기 단계를 넘어선 회사라면 고작해야 어느 정도의 순응하지 않는 태도 혹은 인습 타파적인 태도를 묵인할 따름이다. 설사 일부 기업이 거침없이 말하고 모험을 감행하는 기이한 인재를 묵인한다 하더라도, 이들은 일반적인 경우라기보다는 하나의 특징적인 존재들이다. 현대의 기업들은 대단히 복잡해서 배짱보다는 오히려 순응을 선호하는데, 그 이유는 만약 서슴없이 말하는 사람이 있거나 또는 딴전 피우는 사람이 있으면 일을 성사시키기 어렵다고 보기 때문이다.

결국 중요한 건 모든 리더가 반드시 모든 경우에 용기를 과시할 필요는 없다는 것이다. 그보다는 언제, 어떻게 자신의 용기를 보여줄 것인지를 아는 것이 중요하다. 하버드대학의 조셉 바다로코(Joseph Badarocco) 교수는 이를 '한정적인 순간'이라고 묘사했다. 이는 자신의 자아를 만들고 자신의 가치체계를 형성하는 순간으로, 보기 드물게 지도력을 발휘해서 선택하는 순간들을 말한다. 어떤 일이 부당하거나 비윤리적이라고 거침없이 토로하는 것은 확실히 배짱 있는 행동이지만, 위기에 시달려 눈이 충혈된 상관에게 그러한 태도를 취할 경우에는 반응이 좋을 리가 없다. 마찬가지로 회사의 파시즘적인 경영

방식에 대해 열변을 토하거나 회의실에서 밖으로 나가버리는 행동도 배짱을 보이는 좋은 방법은 아니다.

그러므로 어떻게, 언제 배짱을 보여야 하는지도 프로그램에 포함되어야 한다. 리더십 개발 프로그램은 언제 스스럼없이 말해야 하는지를 알려주며, 반드시 상대방의 의견을 경청해야 한다고 설득한다. 궁극적으로는 충돌을 일으키지 않고도 상대가 다른 사고방식을 지니도록 설득하는 방법을 알려주는 것을 목적으로 하고 있다.

이 책의 내용을 이해하기 쉽도록 이하 장을 머리, 가슴, 배짱 부분으로 나누기로 한다. 다음 장에서는 현대 리더들에게 비판적인 인지적 문제들에 관해 다룰 것이다('기존의 방식을 재고하기', '영역의 재설정', '임무 완수', '관점의 개발과 조정'). 실제 기업에서는 이러한 쟁점들이 분명하지 않다. 그다음 3장은 세계에 대해 재고하기 부분인데, 재고하기는 단순히 두뇌 문제만이 아니라는 점을 밝혀둔다. 그런데 이 문제를 2부 '머리 리더십' 부분에서 살펴보는 이유는 이것이 첫 단계이기 때문이다. 그러나 인지를 재구성하는 부분에 더하여 다른 문화에 공감하는 것과 같은 정서적인 문제들, 제3세계 기업과의 관계에서 모험을 무릅쓰기와 같은 배짱 문제도 다룰 것이다.

이하 본 책의 여러 장에서 머리, 가슴, 배짱의 통합에 대해 알아볼 것이다. 우선 '머리'에 집중하기로 한다.

HEAD, HEART & GUTS LEADERSHIP

2
머리 리더십

기존의 방식 재고하기
영역을 재구성하기
임무 완수하기
견해를 확립하고 표현하기

3장
기존의 방식 재고하기

일반적인 통념을 재고(再考)해보는 일은 나날이 더 중요해지고 있으나, 지금은 그 또한 점점 더 어려워지는 시대다. 날로 복잡해지고 급변하며 모호해지는 업계의 상황과 치열한 생존경쟁으로 끊임없이 새로운 관점이 필요해졌기 때문이다. 기업환경은 불확실하고 도처에 위험이 널려 있다. 이러한 예측불허의 시대에 믿을 만한 방법을 추진하는 것은 자연스러운 인간의 본성이라 할 수 있다. 이러한 모순에 직면한 리더는, 특히 강력한 풍토를 지닌 성공한 기업의 리더는 전통적인 노선을 선택한다.

재고의 능력은 리더십에 대한 전통적인 의미에서 흔히 언급하는 리더십 특성과는 거리가 멀다고 생각할 수도 있다. 하지만 '머리' 부분에서 토의하는 여러 특징과 마찬가지로, 재고하기는 시기적으로 점점 더 적절해지고 있고 특히 세계적이며 복잡한 환경에서 유용한 특성이기도 하다.

또한 재고하기는 '가슴'과 더불어 '배짱'도 포함하는 능력이다. 재고하기는 주변 동료에게 미칠 파장을 이해할 수 있는 가슴도 필요하며, 모험을 감행하고 이를 실행에 옮길 배짱 또한 필요하다. 하지만 지금은 재고하기의 인지적인 면과 리더가 재고하기를 왜 그렇게 어려워하는지에 초점을 맞추기로 한다.

새로운 관점을 찾는 일은 생각보다 훨씬 어려운 일이다

대부분의 기업 리더는 변화가 불가피하다는 것을 인식하고 있으며 또한 치열한 경쟁에서 남보다 앞서고 고객에게 제품 배송을 신속하게 하기 위해서는 반드시 참신하고 혁신적이며 개선된 방식의 태도를 연구해야 한다는 점을 잘 인식하고 있다. 이러한 인식은 의식적인 행동 혹은 새로운 케이스 이론(thoery of the case, 집단토의를 통해 여러 사례를 들어 경영관리상의 문제점을 파악하는 학습법-옮긴이)을 만드는 것으로 연결되기도 한다. 추상적인 의미에서 재고라는 개념은 이치에 맞는 말이라서 이의 필요성을 반대하는 사람은 거의 없다. 하지만 결과를 수반하는 특정 행동에 관한 한 태도, 전략, 전술, 관례, 그리고 전통을 바꾸는 일은 쉽지 않다.

과학사의 대가이자 『과학 혁명의 구조(The Structure of Scientific Revolutions)』의 저자인 토머스 쿤(Thomas Kuhn)은 '패러다임 전환(paradigm shift)'이라는 신조어를 만들었다. 일반 사람들의 예상과는 달리 쿤은 대부분의 과학자가 독립적이고 객관적인 사상가가 아니라 오히려 자신의 일정한 패러다임 안에서 사고하는 사상가라는 사실을 깨달았다. 그 예로 그는 태양이 지구 주위를 돈다(코페르니쿠스가 일반적인 통념을 '재고'하기 전까지 수백 년 동안 과학적인 사실이라고 믿었던 생각)고 믿은 프톨레미(Ptolemy)의 주장을 들었다.

요점은 바로 기업의 리더들이 스스로는 독립적인 사상가라고 확신하는 과학자같이 보이지만 실제로는 기업의 주된 패러다임에 좌우되고 있다는 것이다. 이는 위험한 자기기만에 빠지는 결과를 초래할 수 있다. 쿤은 이 문제에 대해 다음과 같이 말했다.

"기존의 지식과 기술로 규정된 문제를 해결하고자 하는 사람은 주변을 둘러보지 않는 사람이다. 그러한 사람은 자신이 얻고자 하는 바를 잘 알고 있으므로 자신의 도구를 고안한 다음 그에 따라 사고의 방향을 잡는다."

패러다임 안에 머물고자 하는 경향 외에도 다음과 같은 요인들이 리더로 하여금 재고하지 못하게 만든다.

● **좋은 결과를 내야 한다는 압박감**

좋은 결과를 창출해야 한다는 강한 압박감 때문에 대안을 고려하는 데 필요한 인지적인 여지를 찾기가 어렵다. 혹은 리더 스스로는 미래를 생각하여 향후 상황이 변하게 되리라는 것을 미리 알고 이에 대처할 생각쯤은 이미 하고 있다고 말하는 편이 더 정확할지도 모르나, 이러한 생각들은 당장 업무를 해결해야 할 일이 생길 경우에는 그만 순식간에 사라지고 만다.

기업의 수익을 책임지고 있는 중역은 만약 어떤 제품이 현재 수익을 내고 있다면 그 제품의 수명 주기가 다해 언젠가는 수익을 내지 못할 거라는 생각을 하지 않을 수도 있다. 아니, 오히려 그 원인을 판매가 부진한 탓으로 돌리거나 일시적으로 시장 요인이 작용했다고 생각하거나 혹은 심지어 날씨와 계절 탓을 할지도 모른다. 제품이 사장될지도 모른다는 가능성을 숙고한다는 말은 제품의 전반적인 상황 변화 혹은 제품의 포트폴리오를 숙고한다는 말이다. 하지만 이를 감당하기가 어려워서 뒤로 미룰 수도 있다. 그 결과, 리더는 수익을 내는 일에만 전념하여 일시적으로나마 결과에 대한 압박에서 벗어나게 된다. 이것이 한편으로는 모든 상황을 재고하는 것(엄청난 두통을 가져오지만 기념비적인 임무)보다 훨씬 나은 대안처럼 보이지만 이는 단지 착시 현상일 뿐이다.

● 배짱 부족

재고하기는 배짱을 필요로 한다. 완전한 리더는 상황을 다르게 바라볼 수 있고 또한 용기를 갖고 이에 대한 행동을 할 수 있다. 이들은 변화를 일으킬 수 있는 여지를 심사숙고하여 이런저런 기획안을 만들어본다. 새로운 비즈니스 모델을 창조하는 일은 일부 중역에게는 부족한, 대담한 행동을 요하는 일이다. 변화의 과정을 밟지 않으면 향후 몇 년 이내에 회사가 폐업하게 되리라고 생각하는 중역들과 대화를 나눠본 바에 의하면 이들은 그저 목전에 이른 사안들에 대해 최종 마감 기한 내에 자신들이 처리할 수 있다거나 뭔가 새로운 상황이 생기거나 혹은 다른 사람이 조치를 취하기를 바랄 뿐 자신들은 그러한 현실에 직면할 용기가 부족하다. 이들은 사원이 변화할 준비가 되어 있지 않다는 등으로 자신들의 용기가 부족한 것에 대한 변명을 할 수도 있다. 또한 이들은 일을 처리하는 메커니즘을 바꾸면 사원들이 크게 저항하리라는 것도 잘 알고 있다.

따라서 그들은 이러한 저항에 대처하기보다는 현실에 안주하고 유지하는 편을 선호한다. 게다가 사원들은 리더가 문제를 해결하기를 바라지, 변화하라고 사원에게 강요하는 것을 바라지 않는다. 이러한 기대를 저버리지 않기 위해서 리더는 사원들로 하여금 새로운 변화를 배우게 하는 장기적인 해결책을 제시하기보다는 즉석에서 문제를 해결하는 능력을 보일 수밖에 없는 것이 현실이다.

● 심사숙고할 시간의 부족

중역들은 활동의 덫에 갇혀 자신에게 생각할 시간을 허용하지 않는다. 대부분의 중역들은 매일 수백 통의 이메일, 계속되는 회의(동시에 두 개를 진행할 때도 있다), 홍수와도 같은 인터넷 정보, 실적에 대한 끊임없는 기업들의 요구, 집중해서 봐야 할 보고서 등 여러 복잡한 정황에 직면해 있다. 이러한 흐름 속에 있으면 상황이 급변하고 있다는 눈에 보이지 않는 신호를 감지하기 어렵다. 또한 현실이 유쾌하지 않을 때는 그 신호들을 쉽사리 부인해버리기도 한다. 중역들은 쉴 새 없이 이동하며 전 세계로 출장을 다녀야 하고 최첨단 주제에 관한 회의에 참석해야 하며 휴대폰, 블랙베리(Balckberry), 긴급 호출, 음성메일, 기타 기술적 프롬프트에 일일이 응답해야 한다.

이러한 와중에서 그들은 자신들 스스로 업무를 새롭고 흥미진진한 방식으로 처리한다고 믿는 우를 범하게 되는데 이는 다만 빽빽한 스케줄로 대체될 뿐이고, 상황이 어떻게 바뀔지, 또 그 상황이 바뀔 필요가 있는지에 대해 심사숙고하여 얻어낸 새로운 아이디어를 그저 추상적으로 생각할 따름이다. 또한 체계적인 계획과 과정을 다듬어 이를 필요하다고 알릴 뿐이다. 하지만 대부분의 리더는 새로운 아이디어를 단지 지니고 있다는 사실과 이에 반해 전력을 다해 이를 실행에 옮기는 것은 다르다는 사실을 너무나 잘 알고 있다.

● 새로운 방법을 고안하는 데 드는 고비용

복잡성이 때로는 기를 꺾기도 한다. 필요한 기량을 총동원하여 업무를 변화시키거나, 심지어 새로운 프로그램이나 방침을 이행하는 일이 불가능할 정도로 복잡하게 보일 수도 있다. 새로운 아이디어를 고안하는 데 드는 비용은 항상 올라가기 마련이며, 새로운 과정이나 프로그램을 이행하는 데 소요되는 시간은 늘 부족하고, 경쟁사들은 영역을 침범하여, 새로운 전략을 짜낼 선택의 폭을 좁힌다. 이러한 모든 것을 감안하다 보면 현재의 방향을 고수하는 편이 훨씬 수월해 보이기 마련이다.

● 관례가 지닌 영향력

기업 고유의 문화적인 관례는 매우 강력한 힘을 발휘한다. 일을 처리하는 방식을 다시 재고하고 싶은 마음이 간절할지라도 회사에 내재한 전통과 불문율의 행동 강령에 종속되는 경우가 많을 것이다. 인종상으로 서로 유사한 배경을 지닌 백인 남성들에 의해서 지금껏 운영되어온 미국기업이 비록 다양성이 중요하다는 점을 인정한다고 하더라도 이를 실제로 실행하는 일은 어려운 것이다.

예를 들어 다양한 국가의 문화에 관련이 있는 자료를 구해 분석하고 종합하는 일을 해당 국가의 당해 회사의 내부 직원에게 흔쾌히 맡기는 회사일지라도 급료 지불 명부, 계산서 청구, 기타 인적자원 및 재무 활동 등의 업무를 인도나 중국에 위탁하지는 않는다. 재고하기를 통해서 이러한 규범을 버리는 것은 신념이 변해야 가능한 일이다.

직원회의, 판매 행사, 내부 연락 메모, 월례 보고서와 같은 것들을 회사의 관례대로 처리하고 있는 리더에게 변화를 요구하는 일은 마치 어느 원시 부족의 리더에게 신의 노여움을 진정시키는 의식을 그만두라고 요구하는 것과 같다. 이들이 지난 20여 년 동안 이러한 의식을 행해왔고, 그래서 신이 비를 내려주었다면 무엇 때문에 그들이 그 의식을 자진하여 포기하려 하겠는가?

| 왜 지금이 재고하기를 해야 할 적절한 시점인가 |

현대는 경영 주기가 점점 갈수록 짧아지고 종래의 경영 모델에 과감하게 맞서 도전할 당위성이 그 어느 때보다도 많이 요구되는 시대다. 정보 혁명, 증가하는 기술적 역량, 세계화되는 시장, 기타 수많은 다른 요인들로 인해 과거보다 의사결정을 내리기가 훨씬 더 어려워졌다. 이에 따라 현대의 리더들은 모순된 상황에 잘 대처해야 하고 통합적인 세계관을 개발해야 하는데, 기존의 문제 해결책들은 이제는 더 이상 실용적이지 않다. 그리고 이전의 방식들에는 대개 스피드와 혁신이 부족했다. 전통적으로 접근했던 방법들에 대해 재고해보지 않으면 리더들은 뒤처지게 될 것이다. 경영 모델은 늘 도전을 받기 마련이라고 믿는 리더들조차도 이러한 환경은 도저히 만들 수 없다고 생각하며 또한 만들려고도 하지 않는다.

오늘날 '재고하기'가 얼마나 중요한 일인지 역사적으로 살펴보기로 하자. 오로지 제품에 근거해서 경쟁을 했던 20년 전에는 재고하는 대부분의 주안점들은 제품 자체에 관한 것(포장, 가격 등)이었다. 그러나 1980년대와는 달리 지금의 기업은 경쟁이라는 단어의 정의에 단순히 자신들이 생산하는 제품뿐만 아니라 이를 배송하는 방식까지도 포함하기 시작했다. 스피드화, 이용편의성, 고객중심화, 기타 다른 요인들이 경쟁력을 높이는 중요한 요인이라고 간주하게 되었다. 그러므로 회사가 재고하기를 할 때 우선적으로 중점에 두었던 연구 개발은 이제 더 이상 그 명맥을 유지하지 못한다. 더 광범위하고 체계적인 모험(가령 현지에 있는 자원을 더 신속하게 배송하기 위하여 회사의 구조를 개혁하는 것)을 감행할 필요가 있게 되었다. 이러한 형태의 체계적인 변화는 더 큰 위험을 수반하므로 사실 실행하기가 더욱 어려운 일이다.

그럼에도 변화는 절대적으로 필요하다. 커다란 성공을 거둔 리더들과 기업들, 가령 제너럴일렉트릭(GE), 존슨앤드존슨, 뱅크오브아메리카 등과 같은 기업들은 자신들의 고객이 누구인지, 자신이 맡고 있는 업무의 문제점이 무엇인지, 고객에게 더 나은 서비스를 제공하기 위해 어떻게 과감하게 구조를 개혁할지를 항시 재고한다. 수백 년 동안 단지 목재 회사였던 노키아는 마이크로칩과 전화를 제외한 일체의 사업을 포기하고 회사의 개혁을 과감히 단행했다. 이 개혁이야말로 오랜 역사를 통해 확립된 회사의 경영을 대폭적으로 다시 재고한 것에서 비롯되었다. IBM과 EMC도 제조 회사에서 서비스 회사로 탈바꿈했다. 타임워너도 잡지 출판사에서 복합 미디어, 통신 및 오락 회사로 변신했다. 트래블러스보험회사는 시티뱅크와 합병하여 세계 제일의 종합 금융 회사가 되었다.

그러나 이런 식으로 재개념화한다고 해서 성공이 보장되는 것은 아니다. 예를 들어 AT&T는 수십억 달러를 컴퓨터 분야에 투자했지만 거의 아무런 가치를 얻지 못했다. 수십 년 전에 동의 판결을 얻어 개혁을 단행했으나 구조적인 변화에 어려움을 겪었다. 제너럴모터스는 EDS와 다이렉트TV를 인수했다가, 이를 철수하는 과정에서 또 데이터 회사가 되려 했고, 그다음에는 위성 회사가 되려 했다. 소니도 수년에 걸쳐서 오렌지 주스 사업에서부터 영화 제작 스튜디오에까지 손을 대면서 사업인수 및 철수를 계속했다. 그러므로 기업을 그저 가상 조직하는 것만으로는 충분하지 않고 반드시 적절한 방식을 이용해서 가상 조직해야 한다.

조직은 당장의 현상에 과감하게 맞서고, 과거에 엄청난 성공을 거두게 했던 것들일지라도 오늘의 현실에 합당한 대안을 마련해낼 수 있는 그러한 리더를 원한다. 이러한 리더야말로 매일 여기저기서 터져 나오는 예기치 못한 불안정한 상황을 원만하게 해결하는 능력을 발휘할 수 있는 것이다. 이들은 다양한 방법으로 다양한 사람들을 합리적으로 다루는 수완이 있으며, 회사의 전통적인 규범에 굳이 순응하지 않으려 한다. 또 회사가 예전에는 시도해본 적이 없는 모험을 감행하라고 요구하는 똑똑하고 젊은 전문진을 쉽사리 다룰 수 있는 능력이 있다. 이들은 기존의 규칙이 더 이상 적용되지 않는 세계에서 능률적으로 일하는 방법을 배우게끔 하고 세계 속에서 주도권의 배를 타고 항해하도록 조력하는 사람들이다.

재고하기가 가능한 리더를 필요로 하는 회사는 결코 사라지지 않을 것이다. 세계가 급속도로 변화하고 아시아와 유럽의 시장, 그리고 전통적인 방식을 적용하지 않는 개발도상국으로 세계의 주도권이 넘어감에 따라 이들에 대한 필요성은 더욱 커지게 될 것이다.

| 새로운 관점을 촉진시키는 방법 |

분명코 구성원 중의 일부는 필시 자신들의 시각을 바꾸려 들지 않고 기존의 믿음을 재평가하지 않으려 할 것이다. 이러저러한 이유(선천적으로 보수적인 성향 또는 현상유지로 인한 기득권)를 들어 그들은 새로운 방향의 시각이나 행동을 고려하지 않는다. 그 결과 그들은 재고하기를 거절하거나 혹은 단지 재고하는 척만 할 뿐이다.

하지만 대다수의 리더는 재고하기를 능히 익힐 수 있다. 아마 그들은 더 나은 형태로 두려움을 뛰어넘어 사물을 다르게 바라볼 수 있게 될 것이다. 이미 앞에서 논의한 바 있는 재고하기를 방해하는 장애물들, 즉 기를 꺾는 복잡성, 관례가 지닌 영향력, 바쁜 활동의 덫은 올바른 개발적인 접근법을 통해서 극복될 수 있는 장애물들이다.

여러 회사와 기업들에 실시한 결과 간부 코칭 및 티칭 모두에 효과적이었던 장애물을 극복하는 방법들을 소개하면 다음과 같다.

● **데이터로 반격하라**

새로운 관점으로 사물을 바라보는 일이 대단히 중요한데 이를 논리적으로 설명하기는 어렵다. 새로운 관점으로 세계적인 트렌드를 바라보기 위한, 또는 기존의 과정을 대체할 대안을 고려하기 위한 가장 납득할 만한 사례를 들 수도 있겠으나 새로운 사고에 맞서는 외부 방어기재를 뚫기란 쉽지 않은 일이다. 때로 사람들은 자신의 사고를 바꿀 만한 설득력 있는 자료를 요구한다. 이러한 자료들은 주관적이거나 혹은 시장에 근거한 자료일 수도 있다.

예컨대 이 자료는 개개인의 미세한 사항까지 통제하는 방식이 더 이상 효과가 없다는 직속부하의 피드백 형식을 취할 수도 있다. 어떠한 형식을 취할지라도 이 자료는 하나의 강력한 메시지, 즉 "당신이 일을 처리하는 방식이 이제는 더 이상 효과가 없다."라는 메시지를 전달해야 한다. 실패에 대해 이렇게 분명하게 알릴 경우, 특히 자신의 현재 접근법이 성공적이라고 자부하는 사람에게는 심한 불쾌감을 일으킬 수도 있다. 하지만 이러한 메시지를 전달하게 되면 계속 기존의 노선을 고집하겠다는 논리를 아예 펴지 못할 것이다. 또한 세세하게 통제한다며 이에 항의할 수도 없을뿐더러 시장점유율에 대한 근거가 확실치 않은 조사를 리더에게 제출할 수도 없다. 따라서 제시하는 일체의 자료는 뚜렷한 근거가 있어야 할 것이다. 그리하여 납득할 만한 사실에 직면하게 되면 아무도 이를 부인하지 못할 것이다.

우리 회사가 실시하는 대부분의 리더십 프로그램은 리더로 하여금 현실을 직시하게 하는 일부터 시작한다. 자신의 기업을 가장 혹독하게 비판하는 사람들을 초빙하여(월 스트리트 분석가가 될 수도 있다) 사원들과 상담을 하게 하고 신랄히 공격하는 외부의 시각으로 한결 진지하게 업무의 기본 원리를 고찰하도록 한다. 이런 식으로 주의를 환기하는 일깨우기는 대단히 가치 있는 활동이라 할 수 있다.

● 모호성을 묵인하라

역량이 있고 뛰어나지만 자신의 관례적인 태도에 몰입되어 있는 중역을 코칭한 적이 있다. 그는 매우 조직적이며 여러 회의를 대단히 효율적으로 진행하고 있었다. 그러나 회의를 이용하여 실질적인 대화를 이끌어내거나 혁신적인 사고 및 문제 해결을 유도해내지는 못했다. 우리 회사는 그에게 고정된 결과를 미리 염두에 두지 말고 회의에 참석해보라고 조언했다. 사실상 이러한 의미는 서류로든, 생각으로든 그가 회의에서 이끌어내고 싶었던 목표를 사전에 작성하지 말라는 뜻이었다. 심지어 그에게 의제, 재무제표, 파워포인트조차 없이 회의에 참석해보도록 권하기도 했다. 반대급부로 그는 결말이 없는 또 다른 여지를 남기는 토론과 어느덧 자유로이 오가는 분분한 의견들의 모호성을 참아내야만 했다. 그러나 그는 이내 알게 되었다. 직속부하들이 더욱 과감하게 여러 의견들을 제시하고 대안을 조사하며 과거보다 창의적이고 모험적인 아이디어를 제안한다는 사실을. 그가 20여 년 동안 효과적인 미팅이라고 생각했던 것에 대한 고정된 관념이 바뀌게 되었던 것이다.

● **기업문화 전통의 틀을 깨라**

흔히 리더십 개발이 기업의 내재적 풍토를 답습하고 기업에 지배적인 견해를 보강한다고 해서 효과 있는 것은 아니다. 지나치든 혹은 미미하든 개발 과정은 원래 조직의 규범과 상반되는 자료와 사고들을 저지하는 태생적 한계를 지니고 있다. 중역들은 진정으로 리더들이 새로운 사고방식이나 태도를 개발하기를 바라지만, 개발 과정은 암암리에 기업의 풍토적인 규범들을 양산한다. 하지만 창의적으로 리더십 개발을 설계하면 대개는 업무를 수행하면서 학습하는(예를 들어 업무 문제 해결을 자신 및 그룹의 인식과 결합하는) 형태로서 문화적 전통의 틀을 깰 수 있다.

창의적인 개발의 방법은 개개인의 피드백을 종합하기, 업무 상황에 맞서 도전하기, 그리고 새로운 시각 및 정보를 통해 이루어질 수 있다. 부연하면 사람들을 익숙한 환경에서 벗어나게 하고 사물을 바라보는 새로운 시각 및 방식에 의존하도록 강요하여 복잡한 업무 문제를 해결하도록 한다. 한편 자신들이 종래의 신뢰하던 방법에 더 이상 의존할 수 없게 되었을 경우에도 사물을 다르게 바라봐야 할 것이다. 한번 전통의 틀을 깨게 되면 또다시 그 틀을 깨는 일은 그다지 어렵지 않다. 때때로 틀을 깨는 경험이 공식적인 개발 프로그램을 통해서라기보다는 절로 자연스럽게 일어나기도 하는데, 해외 임무 혹은 새로운 조직 업무로 재평가 및 재고를 할 때 이러한 기회가 발생하기도 한다.

또한 컨설턴트의 코칭이 익숙한 상황을 바라보던 방식에서 벗어나 별개의 차선책을 촉진시키기도 한다. 어쨌든 이것의 요지는 어떤 두드러진 경험을 하고 난 후 이를 재고하는 태도를 계속 유지시켜 나가는 것이다. 따라서 활동 학습(Action Learning)과 같은 공식적인 프로그램이 이 목표를 달성하는 데 도움이 되는 훌륭한 프로그램이라 할 수 있다. 이 프로그램은 장기적인 효과가 있는 머리, 가슴, 배짱 훈련의 유형을 제시한다.

위 세 가지 방법은 변화를 바라는 타오르는 열정이 없고, 부정적인 피드백에 사탕발림을 하거나 제반 문제에 맞서지 못하게 하는 대단히 보수적이며 정중한 조직의 문화에는 효과가 전혀 없다. 이러한 기업은 재고하기(새로운 정보와 아이디어에 대해서)를 위한 촉매제를 제공하지 못하는 회사다. 그 결과 사원은 자신의 기존 사고방식을 그대로 유지하고, 논쟁의 여지가 있거나 논의할 여지가 있는 생각을 조직에 건의하지 않게 된다. 이러한 환경에서 '재고하기'는 단지 '혼란스러운 생각하기'에 불과하기 때문이다. 다음의 예를 보자.

칼은 상품 포장 회사의 중역으로 그에게는 두드러진 장점들이 있다. 인력개발부를 통해 승진한 그는 대단히 정서적이며 지적인 리더다. 그는 오랫동안 직원들의 조언자였으며 코치였다. 하지만 최근에 회사의 시장점유율과 주가가 떨어졌다. 회사는 아직 건재했지만 리더들에게 더 성과지향적인 접근법을 접목시켜 능력을 개발하고자 한다. 이 개발 과정의 방편의 하나로서, 혁신적인 팀 분위기를 조성하기 위해 칼이 성과지향적이며 혁신적인 리더가 될 수 있도록 그에게 코치 한 명을 투입했다.

그런데 그 코치가 칼의 경영 스타일에 관해 사내에서 수집한 피드백 자료는 모두 칭찬 일색이어서 그 어떤 부정적인 면도 찾아내기가 어려웠다. 사실상 직원들은 모든 사람들로부터 호감을 사고자 하는 칼의 성격 때문에 때때로 그가 갈등을 바로 보지 못하고 마감 일자를 맞추지 못하며 결국 좋은 결과를 내지 못한다는 사실을 잘 알고 있다. 하지만 대단히 예의 바른 분위기에 속해 있는 그의 팀원들은 아무도 선뜻 나서서 이 사실을 알리려 하지 않았다. 심지어 칼의 상사조차도 사실대로 말하기를 꺼렸다. 그 결과 칼은 코치의 의견, 즉 칼의 팀 리더십을 다른 방식으로 보아야 하고, 실적이 저조한 사람을 그대로 자리에 남아 있게 하는 호의를 베풀지 말아야 하며, 사람들로부터 좋은 평가를 받고 싶어하는 바람으로 그가 어렵지만 필요한 결정을 내리지 못한다는 코치의 의견을 받아들이지 못했다. 칼은 자신이 속한 조직 문화가 이러한 문제를 재고하도록 자극을 주지 않았기 때문에 그렇게 할 수 있는 능력이 없었던 것이다.

다음의 예는 위와 반대되는 경우다.

오토데스크의 CEO인 캐럴 바츠(Carol Bartz)는 회사에서 사원들의 업무 처리 방식을 재고하는 데 탁월한 능력을 보인다. 1992년 CEO가 된 이래 바츠는 여러 차례 조직의 핵심적인 개념을 재고하는 데 지대한 공헌을 끼쳤다. 그녀가 이 컴퓨터 보조 디자인 소프트웨어 회사에 입사했을 당시 이 회사는 오직 한 가지 품목의 주종 제품만을 보유하고, 디자이너와 건축가로 한정된 시장을 점유하고 있었다. 그러나 마침내는 제조업자, 빌딩 건축 산업, 하부구조 사업(도로 및 다리)을 포함하는 다양한 사업 기반을 마련했다. 1999년도에 그녀는 회사를 새로운 방향으로 다각화시켜 디스크리트로직사를 4억 1000불에 인수하여 할리우드의 애니메이션 및 특수효과에 사용되는 기술을 습득했다. 비교적 단기간 내에 오토데스크는 영상매체 분야에서 두각을 나타내는 회사로 성장했다. 디스크리트의 제품들이 〈타이타닉〉, 〈반지의 제왕〉과 같은 영화에서 사용되었는데, 이는 오토데스크 수입의 15%에 이르는 것이었다. 몇 년 후 경기침체기에 직면한 바츠는 회사를 다시 재개념화하여 이번에는 소프트웨어 예약 판매에 주력했는데, 고객에게 일정 기간 동안 소프트웨어를 사용하게 한 다음 무료로 업그레이드해주는 개혁적인 판매 방식을 도입했다. 이 혁신적인 경영 모델의 구조 변경으로 수입 경로를 예측할 수 있었을 뿐만 아니라 더 빠른 주기로 새로운 소프트웨어를 생산할 수 있었다.

〈포천〉지와의 인터뷰에서 바츠는 이런 형태의 재고하는 능력을 다음과 같이 피력하였다.

"저는 회사를 세 차례나 뒤집었어요. 마치 돛단배 같았죠. 날씨가

변했기 때문에 나도 바뀔 수밖에 없었어요. 그리고 경영체제가 바뀌었고, 그리고 기술이 바뀌었어요. 다행히도 저에게는 잘 견뎌주는 판자가 하나 있었죠."

| 재고하기는 상대적이다 |

끊임없이 자신의 업무를 재고하고, 가장 신뢰할 만한 아이디어와 접근법까지도 재평가한 다음 새롭고 개선된 개념을 얻기 위해 급기야는 이를 기꺼이 내던져버리는 리더들이 있다. 그러나 경험으로 비추어 보건대 이러한 오롯이 열린 마음을 가진 리더는 실제로는 흔치 않다. 또한 다행스럽게도 매번 처리 방식을 끊임없이 재고하는(rethinking) 리더를 필요로 하지도 않는다. 그리고 회사의 경영 모델, 가치, 혹은 진정성이 있는가에 대한 가정에 맞서는 데에는 굉장한 배짱과 가슴이 필요할 터이고 마침내 이 목표를 달성할 수 있는 리더는 대단한 효과를 보게 될 것이다.

부디 간과해선 안 될 것은, 리더가 재고하기 위해서는 자신의 결점을 찾아내는 방법을 시급히 배워야 한다는 것이다. 극단적으로 얘기하면 재고하기는 역효과를 낳을 수도 있다. 재고하는 사람은 다분히 충동적이며 변덕스러우며 심지어 기이한 사람이라고까지 단정해버리는 사람들이 있다. 만일 매일매일 새로운 방법을 기계적으로 끊임없이 생각해낸다면 팀원들은 먼젓번 아이디어를 이내 재빨리 머릿속에서 지워버릴 것이다. 이에 반하여 다른 사람들과 다르게 상황을 바라보면 사리에 맞는 절호의 기회들이 생길 때가 있다. 그러한 기회는 리더십 개발 프로그램에서 얻을 수도 있고, 코칭 과정을 통해서 얻어질 수도 있다. 더구나 리더가 좌절을 겪고 있을 때, 또는 열린 마음으로 일을 처리하는 새로운 방식을 찾고 있을 때도 호기가 찾아올 수 있다. 회사가 침체기에 있거나 성과가 떨어지고 있을 때 호기가 찾아올 수도 있고, 시스템이 새로운 사고에 경직되어 있거나 이와 반대로 새로운 사고에 열려 있을 때 찾아올 수도 있다. 따라서 어떤 기회가 오든 리더는 반드시 사전에 대비하여 더욱 넓은 시야로 집중하여 기회를 살펴봐야 한다.

한편 재고하기가 머리, 가슴, 배짱 리더에게 꼭 필요하지 않은 경우도 있다. 어떤 리더가 열다섯 명의 사람들로부터 자신이 그릇된 전략을 쫓고 있으며 융통성이 매우 중요한 시점에서 융통성을 발휘하지 못한다는 지적을 받은 바 있다. 다수의 일치된 의견임에도 그 리더는 이를 부인하며, 그들이 자신의 비전과 조화를 이루지 못하는 사람들이라고 반박했다.

자기 앞에 놓여 있는 명백한 증거를 무시하고 경영 전략을 재고하지 않는 이 리더가 바보인가? 아니면 데이터 대신 직관을 따르다가 이에 저항하는 조직을 서서히 납득시키는 사람이 용기 있는 리더인가?

마지막으로 기업이 컨설턴트를 고용하여 이들로 하여금 회사의 경영을 재고하게 하는 경우도 많이 있다. 현실적으로 기업은 경영자원이 부족하여 회사를 폐쇄하는 상황이 있다. 그러나 이들에게는 재기하기 위한 방편으로, 기존의 관행을 180도 바꿀 만할 시간도 여유도 없다. 하지만 동시에 이들은 새로운 사고에서 새로운 이윤을 창출해 낼 수 있을 것이라는 사실을 깨닫게 되고 바로 이때 컨설턴트를 찾아간다. 그리하면 그들은 새로운 방향으로 기업을 자극하고 격려받게 될 것이다.

리더들이 재고하지 않을 수 없는 부분은 자신들의 역할, 업무, 그리고 조직의 영역을 설정하는 방법이다. 급변하는 세상은 리더로 하여금 자신들의 입지와 역할을 분명히 하게 될 영역을 재구성하기를 요구하고 있는데 다음 장에서 그 방식을 살펴보기로 한다.

4장
영역을 재구성하기

 기업은 활동 영역에 의해 규정된다. 단단히 고정된 영역이 비록 과거의 소산이라 인식하더라도 조직 내 구성원들은 기존의 영역을 새로운 방식으로 고찰하지는 못한다. 관리자는 영역과 영역을 분리하는 경계선 혹은 고객과 회사를 분리하는 경계선을 고수하는데, 그 이유 중 일부는 기업의 문화적 전통 때문이며 또한 당장의 결과에 대한 압력 때문이다. 만약 재구성한 영역이 좋은 결과를 내지 못하면 시간과 노력을 들일 가치가 없을 것이다.

 또한 갈수록 혼란이 가중되는 세계에서 영역은 질서에 대한 환상을 품게 한다. 혼잡하고 급변하는 시대에 사람들은, 기존의 질서에 집착하고 무의식적으로 전통적인 방식을 고수하려 한다. 예를 들어 장차 경쟁사가 될 회사와 손을 잡는 일은 향후 사업관계가 좋지 않게 될지도 모른다며 싫어한다. 개발도상국에서 경영을 할 경우에는 많은 혼란스러운 문제를 조정해야 하는데, 영역을 재구성하여 업무를 훨씬 더 혼란스럽게 하고 복잡하게 만드는 일을 어느 누가 나서서 하겠는가? 하지만 리더는, 완전한 리더는 그렇게 한다. 그들은 활동 영역을 재구성할 뿐만 아니라 새로운 스타일로 일을 할 때 느낄 수 있는 불안감에 대해 정서적으로 거부감을 느끼지 않는다. 이들은 또한 '낯설고 이국적인' 관계를 올바로 형성하고 유지하는 모험을 감행할 능력이 있다.

그 무엇보다도 영역이 이동 가능하다는 개념을 이해하는 것이 그 첫 단계이다. 그다음 리더가 취해야 할 태도는 재구성해야 할 영역의 다섯 가지 유형을 인식하는 것이다.

| 다양한 방향과 범위의 영역들 |

영역을 설정하는 일의 어려움 중 하나는 폭넓은 범위의 영역들이 존재한다는 것이다. 따라서 리더는 새로운 지리적인 관계 등에 적응할 수 있어야 하지만 무엇보다도 자신의 영역이 아닌 다른 영역의 사람들과 정보와 경영자원을 공유하는 데 어려움을 겪는다. 일반적으로 사람들은 선을 그어 영역을 나누고, 무시 못할 위험에 처할 경우에만 간혹 이 선을 넘나든다. 영역은 흔히 심리적인 문제이기도 하다. 때때로 리더들은 영역을 교차시킬 경우 실제로는 결코 문제점들이 가시화되지는 않을 거라고 가정한다. 그러나 비록 한 영역을 두려움 없이 교차시키더라도 또 다른 영역을 불안감 없이 교차시키는 것은 무척 어려운 일이다.

그러나 지식이 있으면 어느 정도 두려움을 없앨 수 있다. 이제 다섯 가지 유형의 영역, 즉 외부적, 수직적, 수평적, 지리적, 개인적 영역에 대해 살펴보기로 한다.

● 외부적 영역

외부적 영역은 기업과 환경 사이에 존재하는 눈에 보이지 않는 선에 의해 규정된다. 리더는 더 이상 금년도의 회사 실적과 전년도 실적을 비교만 하면서 고립된 상태를 유지해서는 안 된다. 회사에서 누가 최고의 성과를 내는지, 혹은 어느 기업 단위가 더 나은 성과를 내는지는 더 이상 중요하지 않다. 이제는 세계적 등급 기준에 의해서 매사를 판단해야 하는데, 이 말은 조직의 경계선을 뛰어넘어 세계를 바라봐야 한다는 뜻이다.

물론 여기서 두려움이 생길 수도 있다. 하지만 성과가 최고 수준에 훨씬 못 미친다는 것을 아는 것보다 재고의 회전을 아는 것 혹은 제품의 주기가 그 전년도에 비해 5% 빨라졌다는 것을 아는 것이 훨씬 더 중요하다. 그렇다면 현재의 성과와 전 세계적인 기준 간의 차이를 인정하는 것 자체를 두려워하며 계속 고립되어 있을 것인가? 토머스 프리드먼(Thomas Friedman)은 『세계는 평평하다(The World Is Flat)』에서 상당히 명쾌하게 자신의 주장을 밝혔다. 과학기술, 정보의 흐름, 낮아진 장벽들로 인해 치열했던 경쟁의 세계가 평평해졌으며 한층 좁아졌다는 것이다. 거의 모든 전문적인 일들을 세계 어디에서든 24시간 할 수 있고 인도, 중국, 그리고 아프리카에 있는 미래의 경쟁사가 될 야심만만한 기업들이 생산성과 비용 대비 효과를 내기 위해 새로운 기준들을 준비하고 있다.

그러나 비록 기업들이 세계가 평평하다는 총체적인 인식을 한다 하더라도 이러한 인식이 반드시 구성원의 정신 자세로 곧장 전이되지는 않는다. 오늘날 문자 그대로 세계 도처에서 경쟁이 일어나고 있고 여기서 살아남을 수 있는 유일한 길이 끊임없이 도전하고 성과를 극대화하는 일임을 인식하고는 있으나, 이를 단지 '다른 사람 일로 생각하는' 리더들을 많이 보아왔다. 자신을 위한 암시로 받아들이지 않는다는 것이다.

● 수직적 영역

관리자와 직속부하의 관계는 보고든 지시든 과거에는 매우 분명한 영역이 있었다. 하지만 오늘날에는 보고 및 지시라는 용어가 어색하고 직속부하와 상사와의 관계도 변했으며 향후에는 더 많이 변화할 것이다. 관리자는 직속부하에게 조언 및 지도를 해야 하는데, 이 말은 더 이해심이 있는 태도를 보여야 한다는 것이다. 관리자는 지도자 및 조력자로서 자신의 직속부하들에게 계속해서 권한을 부여해야 한다. 하지만 동시에 관리자는 직속부하에게 상세한 정보를 알려주어야 할(정보의 올바른 전달을 위해서 이들은 대시보드와 미터법을 깊이 있게 알아야 한다) 책임이 자신에게 있으며, 또한 직속부하에게 권한을 부여하되, 자신은 프로젝트의 세부사항에 밀접하게 관여하지 말라는 상사의 말에 혼란스러워하기도 한다.

이렇게 영역을 바꾸는 일은 특히 사람들에게 지시하는 일에 익숙해 있고, 또 그들이 자신의 지시 내용을 따르기를 기대하는 관리자에게는 어려운 일이다. 게다가 흔히 결과에 중점을 두는 관리자가 특히 일을 빨리 처리해야 하는 긴급한 상황에서 자신들의 더 유연한 면을 제대로 파악해내기란 쉽지 않다. 그들은 코칭, 멘토링, 투명성이 가치가 있다고 인정은 하지만 대개 상호작용에 더욱 높은 가치를 두므로 이러한 가치를 따르려 하지 않는다. 그리고 "이게 중요한지는 알고 있지만 내가 맡고 있는 당장의 일들을 우선해야 한다."라고 생각한다. 또한 자신의 리더에게 세부적인 사실을 알리는 것이 고객(customer)과 클라이언트에게 제품을 판매하고 이들을 관리하는 업무에 방해가 된다고 생각한다. 하지만 세부사항까지 일일이 관리하지 않는다면 어떻게 프로젝트의 전반적인 사항을 상세히 알 수 있겠는가라고 반문하고 싶다.

● **수평적 영역**

1980년대의 종합적 품질경영(TQM: Total Quality Management) 운동 이후로 수평적 관계의 중요성이 커져왔다. 공급사슬관리(SCM: supply-chain management)를 이해하고 고객 통합 솔루션을 실시하는 일은 고객과 제조업자 간의 동등한 공동협력을 필요로 하는 일인데 그 이전에는 이러한 전례가 없었다. 비록 TQM운동이 도입된 지 20년 이상이 지나고 월마트, 페더럴익스프레스, 델 등 많은 기업들이 제조업자와 경계가 없는 통합의 선구자 역할을 해왔다 하더라도 오늘날 상당한 비율의 리더들은 여전히 판매업자와 긴밀하게 공조해야 한다는 생각을 거부하고 있다. 혹은 공조한다 하더라도 열의나 헌신이 없이, 또는 진실하게 마음을 열지 않은 채 공조하고 있다. 마찬가지로 조직 내 여러 팀과의 '이해의 일치'가 커져 그 어느 때보다도 동료관계가 중요해졌지만, 직권보다는 동료의 영향력 행사로 일을 처리하겠다는 생각은 그 어떤 관리자도 하고 있지 않다.

관리자들은 이러한 수평적 영역을 관리해야 한다는 것을 잘 알고 있지만 제대로 관리하지 못하는 경우가 흔하다. 이들이 상사와 부하직원 간의 수평적 관계에 대한 부정적 사고에 익숙해 있는 것과 마찬가지로, 납품업자와 동료 간의 관계를 본질적으로 동등한 관계로 간주하지 않다. 이들에게는 파트너가 되어 공조한다는 개념이 부자연스러운 것으로 보였다. 어쩔 수 없이 공조한다 하더라도 다만 명목상으로만 그렇게 할 뿐이다. 수평적 영역의 재구성을 거부하는 이들은 팀에 공헌하지 않고, 정보와 생각을 공유하기를 꺼리며, 또는 다른 사람들에게 이를 공유하라고 이해시키지도 못한다.

● 지리적 영역

언뜻 보기에 이 영역에서 이동하는 일은 비교적 쉬워 보인다. 기업들이 점점 분권화, 다양화되고 조인트 벤처(joint venture)에 참여하며 비공식적인 마케팅을 하고 개발 제휴를 맺고 그리고 전 세계에 걸쳐 기업 인수 및 합병을 할수록 오래된 영역들은 도중하차하게 된다. 낯선 문화에서 일하고 업무에 다른 문화적인 접근을 할 때 융통성을 보인다면 리더십과 교섭은 도전해볼 만한 일이 될 수도 있다.

일부 관리자는 피상적인 대화를 넘어서는 교차문화적인 관계로 인해 크게 고심한다. 이들은 다른 나라의 지배적인 문화가치에 적응하는 데 어려움을 겪으며, 업무관계가 왜 늘 그렇게 똑같은 조건으로 세계 어디서나 공통적으로 실시되지 않는지 의아해한다. 일부 관리자는 미국식 관리 방식이 최상이라고 여기며 사람들에게 다른 접근법을 강요하려 든다. 어느 경우든 이들은 전 세계적으로 네트워크화된 세계에서 영역들을 재구성해야 한다는 사실을 받아들이지 않는다.

● 개인적 영역

지금보다 단순한 시대에는 리더들의 특이한 성격, 심지어 기능이상(dyfunction)을 일으키는 부분도 허용이 되었다. 호평을 받는 CEO

들 중 일부, 자신들의 철학과 성공에 대한 책을 썼던 일부 사람들조차도 흔히 성과라는 명목을 내세운 폭군 또는 악당(?)과도 같은 존재였다. 그러나 오늘날과 같이 훨씬 투명하고 가차없는 복잡다단한 환경에서 살아가려면 사람들은 어두운 부분과 개인적인 약점을 잘 관리해야 한다. 만약 『CEO가 실패하는 이유』(이 책의 저자의 또 다른 저서-옮긴이)에서 논의했던 방해물, 즉 냉담함, 오만함, 다혈질의 성격들을 인정하고 관리하지 않는다면 개개인 및 기업의 성공을 위태롭게 할 수도 있다. 우리는 앞에서 보브 호건의 저서를 인용한 바 있다. 그는 리더가 성공하는 개인적인 특질들의 중요성을 분명하게 강조한다. 정직과 성실성, 추진력과 포부, 새로운 생각을 받아들이는 열린 마음, 에너지와 열정, 그리고 높은 정서지능은 지력과 마찬가지로 성공적인 리더십과 밀접한 관련이 있다. 개인적인 특질들이 더 이상 금지된 특질이 아니며 관리자로서, 그리고 리더로서, 업무를 이행하는 방법에 영향을 미치는 사람으로서 자신이 누구인지를 정확하게 인식하는 일은 아주 중요하다.

 어떤 사람들은 자신들의 지도자적인 성격이 직원들을 이끄는 조직풍토를 어떻게 만들고 있는지를 강하게 부인하기도 한다. 그 영향을 부인할 수도 있고 이런 식의 자기분석을 한다고 해서 업무에 영향을 미치지 않는다고 믿을 수도 있다. 효과적인 리더가 되기 위해서는 자신들의 취약한 점 및 어두운 면이 어떻게 업무의 효율을 떨어트리고 있는지를 반드시 인식해야 하고, 또한 이를 관리하는 법을 배워야 한다.

| 재구성하라, 파괴하지 마라 |

중요한 것은 영역을 재구성하는 것이지 제거하는 것이 아님을 강조해둔다. 영역이 없는 매트릭스 조직에 대한 설명을 모두 했지만 이는 혼동하기 쉽다. 마치 영역은 영악한 시스템의 산물인 것처럼 영역을 무시하는 아나키스트는 전인적인 리더라 할 수 없다. 전인적인 리더란 영역의 모순을 포용하는 리더이다. 그리고 한편으로는, 영역은 목적과 중점을 규정하는 데 도움이 되는데, 그러나 그 이면으로는 영역이 사람들의 마음속에 지나치게 고정 및 고착되어 있으면 계획을 실행하는 선택권을 제한하게 된다. 영역이란 상호 자유롭게 침투하고 변동이 가능한 것임을 알아야 한다. 그리하여 필요한 경우에는 지금 현재의 영역들을 노련하게 교차시켜야 할 것이고, 또한 수직적·수평적 경계와 다른 경계선들이 언제 바뀌는지 잘 파악해야 할 것이다.

일부 매트릭스 조직에서는, 어떤 일에는 그룹 차원의 결정을 내려야 하고 가능한 한 많은 사람들이 참여하는 노력을 해야 한다. 그리고 의견이 분분한 견해들을 공유하기 위해서, 그리고 타당한 수준에 맞추어 결정을 내리기 위해서 영역들이 무시되기도 한다. 하지만 영역이 없으면 혼란이 뒤따를 수도 있다. 매트릭스 조직에서는 흔히 책임을 지우지 않는 협의를 하게 되는데, 즉 일을 하기 전에 모든 사람과 다 협의를 해야 하지만 누가 책임을 지고 있는지는 아무도 모른다. 하지만 효과적으로 운영하는 데에 필요한 구조 및 프로토콜(protocol)과 마찬가지로 영역은 책임감을 부여한다.

따라서 영역을 재구성하는 일은 위험하다고 생각하게 된다. 관리자와 직속부하 사이의 경계선 혹은 기업과 판매업자 간의 경계선이

흐려지고 역할(곧 책임감)이 불분명해지면 영역이 없는 조직은 혼란스러워질 거라고 생각한다. 리더는 이런 의문을 품게 된다.

"만약 나의 직권이 사라지면 어떻게 내가 사원들에게 일을 처리하게 해야 하나?"

"정보를 공유하는 납품업체를 어떻게 믿을 수 있지?"

"어느 회사의 어떤 분야와 제휴하다가 제휴를 맺지 않은 그 회사의 또 다른 분야에서는 어떻게 경쟁하지?"

모두 제기할 수 있는 타당한 질문이지만, 영역을 재구성한다는 것이 위 질문에 대한 답변을 무시한다는 뜻은 아니다. 그 말은 영역을 존중한다는 뜻이자 동시에 상황이 타당하면 기꺼이 영역들을 뛰어넘는다는 의미이다. 어떤 때는 상관이 자신의 팀에 매우 지시적이어야 하고, 또 어떤 때는 직원을 코치하고 영향을 줘야 하며, 직원들 자신의 방법을 통하여 목표를 자유로이 달성할 수 있게 해야 한다.

이 모순을 바라보는 또 다른 방법은 사일로(silo) 조직을 포함시키는 것이다. 경영의 권위자에서부터 여러 매스미디어에 이르는 모든 사람들이 자신의 직무적인 사일로 상태에 심리적으로 계속 갇혀 있는 관리자를 가혹하게 비난한다. 하지만 특정한 업무 부서 혹은 사일로 조직에 대한 헌신을 이끌어내는 것도 여전히 리더의 책임이다. 따라서 사람들이 업무적인 기능을 확인하여 자신들이 하는 일에 자부심을 느끼고 전문적인 분야를 분담하는 사람들에게 동지애를 가져야 할 필요도 있다는 것이다. 동시에 리더는 사원들을 격려하여 사일로 상태를 뛰어넘게 하고 더 폭넓은 전문 분야의 일원이 되게 해야 한다. 리더는 사람들이 편안한 마음으로 영역들을 넘나들고 전문적인 목표 달성에 도움이 된다면 아이디어와 정보를 다른 직무에 제공할 수 있도록 의사소통을 해야 한다.

영역을 관찰하고 재구성할 수 있는 능력이 있는 리더는 기업에 어마어마한 이익을 가져다준다. 가령 어떤 리더들은 회사의 내면적 목표를 염두에 두면서 고객의 눈으로 사물을 바라본다. 이에 따라 이들은 사원에게도 도움이 되면서 동시에 고객의 욕구에도 중점을 두는 시스템과 절차를 고안해낼 수 있을 뿐만 아니라 회사는 회사 나름대로 회사의 목표를 위한 최상의 절차를 고안해낼 것을 명령하면서 오래된 영역을 통과할 수 있는 능력이 있다. 따라서 영역을 재구성하게 되면 이 절차들이 외부 주주들에게 어떻게 영향을 미칠지를 고려하게 된다.

마찬가지로 수평적인 영역을 재구성할 수 있는 리더들은 공급망을 조직에 통합하는 일에 탁월하다. 따라서 이들은 재고 비용을 줄일 수 있고 배송 속도를 단축시킬 수 있다. 이것은 치열한 글로벌 경쟁에서 대단히 유리한 점이지만, 이들은 고객이 알고 있는 정보와 납품업체가 알고 있는 정보를 모두 수용해야 한다. 일부 중역은 납품업체와의 제휴를 이론적으로는 시인하지만 공유 웹 사이트를 통해 납품업체가 민감한 정보에 바로 접속하는 것에는 회의적이다. 설사 이윤이 높을 수 있다 하더라도 납품업체가 경쟁 회사에 정보를 넘기는 최악의 상황이 생길 수도 있다는 시나리오를 상상하며 중역은 이러한 생각을 아예 받아들이지 않는다.

아마 가장 큰 수혜는 수직적 영역을 재구성하는 데서 생길지도 모른다. 인재 모집에 의존하기보다는 사내의 인재를 개발하는 것이 그 어느 때보다 중요한 시점에서 관리자는 코칭 및 멘토링하는 자신들의 책임에 더 중점을 둬야 한다. 관리자가 이 영역을 개발하면 할수록 더 많은 인재들을 조직에 두게 될 것이다. 그러나 만약 관리자가 코칭 및 멘토링하는 책임과 단기적인 결과를 내야 한다는 압박감을 조정하지 못하면 이로 인한 이득은 얻기 힘들 것이다.

| 무엇이 영역을 고정시키고 다루기 까다롭게 하는가 |

다른 상황에서라면 똑똑하고 기지 있는 사람들이 쉽사리 영역을 재구성하지 못하는 것은 이것이 사람의 본성 이상의 것을 요구하기 때문이다. 사람은 모두 어느 정도까지는 변화에 대해 저항을 한다고는 하지만 영역이 바뀌는 과정에서 그 자체에 부속된 부가 장애물들이 뒤따라온다. 이러한 장애물들과 이를 제거하기가 왜 어려운지 그 이유를 살펴보고자 한다.

● 인센티브 시스템 장애

대개 조직의 인센티브 시스템은 예전에 성공적인 것으로 검증된 행위를 포상한다. 대체로 성과 목표에 부응하는 것이 표준 평가인데, 다섯 가지의 영역(오로지 하나의 영역이라도)(외부적, 수직적, 수평적, 지리적, 개인적 영역 등 다섯 가지-옮긴이)을 재구성하도록 조장하는 인센티브 시스템은 좀처럼 찾아보기 쉽지 않다. 문제점 중의 하나는 새로운 방식으로 영역들을 보는 능력을 평가하기가 어렵다는 데 있다. 하지만 더 중요한 것은 기업의 사활이 걸린 성공에 기여한 것으로 증명되지 않은 행위들, 예를 들어 리더를 양성하는 능력 및 이를 자진해서 하는 마음 등을 라인 리더(line leader)들이 포상하기를 꺼린다는 것이다.

게다가 중역이 영역을 재구성하는 일을 승인한다 해도 승인과 인센티브 시스템을 구축하는 사이에 시간이 지체될 것이다.

● 기업문화 장애

앞에서 논의했듯이 어떤 기업문화에는 영역 재구성을 방해하는 규범과 가치들이 있다. 특히 성공한 기업에는 어떠한 행동에 엄청난 영향력을 행사하는 풍토가 있다. 만약 이 기업이 오랫동안 판매업자와의 불평등한 관계를 누려왔다면 이러한 패턴을 깨기는 어려울 것이다. 내재적 풍토의 영향이 이렇게 공공연하게 드러나지 않고 무의식적인 수준으로 작용할 때도 있다. 예를 들어 이토록 치열한 현대의 경쟁적인 문화가 사람들에게 대단히 강력한 승패의 경쟁주의적인 태도를 주입시켜서 거의 반사적으로, 어떤 경기장의 선수들처럼 언젠가 경쟁할지도 모르는 기업과는 어떠한 형태로든 제휴를 맺지 못하게 할 수도 있다. 이러한 유형의 기업에서 중역은 제휴를 '우리 회사에는 단지 맞지 않는' 것으로 간단히 거부할 수도 있다. 하지만 그가 진정 재구성을 하지 못하는 이유의 저변에는 그러한 기업풍토가 깔려 있어서다.

● 오만한 태도 장애

이것은 일부 국가의 외국인 혐오증과 비슷한 장애이다. 일부 조직은 대단히 우월한 태도를 지니고 있어서 수직적으로, 수평적으로, 혹은 어떤 식으로든 자신에게 이익이 될 새로운 관계를 믿지 않는다. 리더들은 이미 자신과 자신의 회사는 최상이기 때문에(최소한 그들이 생각하기에는) 다른 기업과 제휴를 맺는 일 혹은 개인적인 장애를 다루는 일이 가치가 없다고 생각한다. 그들은 스스로에게 "우리가 얻을 수 있는 게 뭐지?"라고 자문하고는 "별로 없어."라고 답변한다. 자신의 결함을 다루지 못하고 주위에서 보내는 경고 메시지를 무시해서 파산한 엔론사의 경우가 대표적이다.

● 업무에 압도된 장애

이 장애는 대단히 스트레스를 받아서 리더가 영역을 재구성할 시간과 에너지가 부족한 경우다. 재구성이라는 어휘를 생각만 해도 기력이 다 소진되는 듯이 느낀다. 리더는 업무 실행에 대한 압박을 많이 받고 있어서 정신을 산만하게 하는 것은 그 어떤 것이든 하려 하지 않는다.

이러한 장애들은 다루기 까다롭긴 하지만 다양한 방법을 시도해서 극복할 수 있다. 경험상 다음 세 가지 조치가 영역의 재구성을 촉진시킨다.

| 세 가지 촉진제 |

사람들이 영역을 재구성하는 능력을 채택하도록 돕는 데는 인센티브 시스템을 재구성하는 것과 같은 분명한 전략을 포함하여 여러 가지 다양한 선택사항들이 있다. 하지만 모든 조직이 다 이러한 '급진적인' 단계를 취할 수는 없다. 그러므로 재구성의 촉매제 역할을 하고 이의 실행을 더 쉽게 도와주는 접근법을 소개하고자 한다.

● **영역이 변하고 있다는 인식을 확대시켜라**

얼마나 많은 리더들이 조직 밖의 상황을 제대로 파악하지 못하고, 그들이 관찰한 바를 능히 자기화하지 못하며, 자신의 회사에 어떠한 영향을 미칠지 고려 혹은 예측하지 못하고 있는지 모른다. 업무로 압도되는 장애를 감안한다면 이는 그리 놀라운 일이 아니다. 그럼에도 영역이 변하고 있다는 인식은 여러 방법으로 전해질 수 있다. 리더십 개발 프로그램이 프레젠테이션을 통해 영역에 대한 새로운 정보와 아이디어를 소개할 수도 있고, 리더들이 관련 주제에 관한 세미나나 워크숍을 통해서 배울 수도 있다.

가장 이상적인 것은 다섯 가지 영역 문제에 대한 인식이 커져 사례 이론을 형성하게 하는 것이다. 영역이 변하여 초래되는 문제들을 관리 혹은 처리상의 문제로 간주해버리는 경우가 아주 흔하다. 그러나 좀 더 깊이 파악하여 만약 전통적인 영역에 대한 접근법을 바꾸게 된다면, 혹은 제휴, 조인트 벤처, 다른 직무와의 공조 혹은 외부와의 공조를 기업 목표와 무관한 것으로 보기보다는 성장의 수단으로 보게 된다면 상황이 어떻게 변할지에 대해 생각하기 시작할 것이다. 어떤 상황이 벌어지고 그 추이를 이해하게 되면 사람들은 이에 대해 더 빠른 속도로 반응한다. 사례 이론을 알게 되면 조직에 어떻게 이익이 되는지 6장에서 자세히 살펴볼 것이다.

● **영역을 벗어나지 못해 낭패를 당한 사람을 거울로 삼아라**

사람들, 특히 성공한 사람들은 대단히 고집이 세다. 실패하고 나서야 그들은 변해야 한다는 사실을 인식하기 전에 영역을 재구성하지 않았다는 것을 깨닫는다. 그러나 사람들이 이탈의 가장자리에 서 있을 때가 바로 코칭 혹은 리더십 개발을 할 때인 것이다. 그들은 변하지 않는다면 사장될 위기에 처한다는 메시지를 받아들여야 한다. 이즈음에서 그들은 영역을 재구성하는 것이 자신들에게 득이 된다는 사실을 알게 된다.

● 기업의 오만함과 개인의 오만함 사이에 분명한 선을 그어라

앞에서 오만함이 재구성의 장애가 될 수도 있다고 말했다. 확실히 대단히 거대하고 성공한 일부 기업은 이런 오만함을 조장하기도 한다. 따라서 그들은 경쟁에서 자신들에게 아주 유리한 방식으로 공급망을 통제하고 싶어한다. 델, 뱅크오브아메리카, 월마트와 같은 기업들은 여러 규칙을 정해놓고 시장에서의 우위성을 리더와 관리자의 태도에 젖어들게 한다. 바로 이럴 때 사람들은 영역을 새로운 방식으로 바라보지 못한다. 그들은 자신들이 그 어느 누구보다도 매사에 일처리를 잘한다는 입장이 확고하므로 새로운 지리직 혹은 개인적인 영역을 아예 고려하지 않는다.

물론 여기에서 그들이 깨닫지 못하는 것은 만약 자신들이 상황에 따라 영역을 재구성하지 못하게 되면 그들이 속한 기업의 우위성이 계속되지는 않을 거라는 사실이다. 그러므로 이러한 일류 기업들은 구성원의 오만함에 주의를 기울여 이들의 기세를 꺾도록 많은 노력을 기울여야 한다. 그리고 회사 내부 및 외부와의 관계에서 오만함 때문에 융통성을 발휘하지 못하는 사람들을 지적하는 피드백을 해야 한다. 또한 업무의 성취로 인해 자부심을 갖는 것과 다른 사람이 이룬 성취에 대해 안하무인으로 뽐내는 것을 분명히 구별해야 한다.

사실 영역이 미치는 힘을 과소평가하지는 않는다. 범세계적으로 그 어떤 위정자라도 세계의 정세를 파악하고 있듯이 국가들은 자신의 영역이 침범당하지 않도록 심사숙고한 다음 만일 다른 국가가 이 영역을 재구성하고자 할 경우에 전쟁을 일으킨다. 어느 시기에, 어느 상황하에서 영역에 대하여 융통성을 발휘해야 하는 것은 리더의 당연한 의무다. 그러나 새로운 유리한 위치에서 영역을 바라보게 되면 과거에는 존재하지 않았던 잠재적으로 이익이 되는 관계를 구축할 수 있게 된다.

◆◆◆

다음 장에서 살펴볼 테지만, 영역을 재구성하고 다른 인지적인 태도를 연습하는 일은 인지적인 기술, 즉 실행(혹은 임무 완수하기)을 위한 단계를 설정하는 것이다.

5장
임무 완수하기

근래에 업무 완수에 대한 토론이 자주 있었다. 앞서 거명된 래리 보시디와 램 차란의 베스트셀러 『업무 실행(Execution)』은 확실히 전략은 잘 짜지만 실행은 잘하지 못하는 리더에 관한 논의를 촉진시켰다. 그러나 리더의 능력에 관해서 여전히 혼란스러운 점이 있다. 때때로 주제를 지나치게 간소화하고 사람들을 겁주어 지배하고 동시에 닦달하면 되는 것으로 업무를 실행하는 리더가 있다. 또 어떤 리더는 이와 반대의 입장을 취해 사람들이 효과적으로 업무를 실행하도록 영향력을 행사하기도 한다.

그러나 대부분의 리더십 자질과 마찬가지로 업무 실행도 어떤 식으로 접근하든 상당히 복잡하다. 업무를 완수하기 위해서 리더는 일의 복잡성을 파악하고 그 일을 실행하는 데 예상되는 어려움에 대처할 방법을 찾아내야 한다. 머리, 가슴, 배짱 리더는 부분적으로 이렇게 할 수 있는 능력이 있다. 이들은 인적 요소의 문제와 리스크가 업무 달성에 영향을 미칠 수 있다는 것을 인지하고 있기 때문이다.

아마도 이 인지적인 힘을 시험해보는 최상의 방법은 흔히 볼 수 있는 두 가지 유형의 리더십과 이 유형들(전략적이거나 조직적인)이 업무 실행에 접근하는 방법을 검토해보는 것이다.

전략적이거나 운영적인, 그러나 이 둘을 모두 갖추는 일은 드물다

리더 중에는 훌륭한 전략가이자 탁월한 자료 분석가, 방향 설정가들이 있다. 더러 이들은 비현실적일 때도 있으나 일반적인 통념을 뛰어넘을 수 있고 조직을 위하여 신선하고 색다른 것을 창출해낼 수 있다. 이들은 자신의 전략에 신뢰를 갖도록 다른 이들을 고무시키고 동기부여를 하는 데는 탁월하지만 그것을 실천에 옮길 방법을 찾아내는 능력이 부족하다. 흔히 이들은 업무를 실행하는 세부적인 사항들에 싫증을 내어 이를 다른 사람들에게 떠넘긴다. 이들은 또한 전략이 훌륭하면 실행은 거의 저절로 이루어지는 일이라고 믿어버린다.

이에 반하여 일부 리더는 조직에 사로잡혀 있기도 한데, 그들은 자기 손이 바빠지는 것을 마다하지 않는다. 이들은 어려운 문제에 대한 해결책을 찾는 데 탁월하고 일의 세부적인 사항들을 즐긴다. 이들은 가능한 한 빨리 비용 대비 효과를 거둘 수 있는 방법을 항상 생각한다. 이들은 실무적이며 포커스는 잘 맞추지만 대개는 '탁월한 아이디어'를 내지 못하는 사람들이다. 업무를 완수하기 위해서 이들은 열심히 일에 매달리고 다른 이들에게도 열심히 일할 것을 독려한다. 그러나 이들은 어떻게 아이디어가 사람들의 상상력을 이끌어내고 전보다 더 열심히, 그리고 더 창의적으로 일하도록 분발하게 하는지를 고려하지 못한다.

 1980~2000년까지 경영 신문의 화두는 비즈니스 스쿨의 중역 프로그램에 의해 고양된 것으로, 리더는 전략적이어야 하며 기업 운영은 일련의 리더십을 발휘하는 일이라기보다는 하나의 기능으로 봐야 한다는 관점이었다. 분명히 리더는 충분히 견고한 전략을 짜내기도 한다. 사실 강력한 리더라면 업무를 실행하는 세부사항에 관여하지 않는 것이 더 나으며, 관여하는 것은 오히려 일에 방해가 될 뿐이라는 것이 통설이었다. 비전이 있는 리더십에 중점을 두었던 이 시기의 많은 CEO들은 전략적인 비전으로 유명했다.

 앞서 말한 보시디와 차란의 저서는 이 개념을 변화시키는 데 도움을 주었는데, 이 책에서 그들은 만약 리더가 성공적으로 업무를 실행하고 싶다면 반드시 운영의 세부사항을 모두 알고 있어야 한다고 주장했다. 과거보다 훨씬 성과 중심적이며 리더에 대한 요구사항이 많아지는 실행을 위한 틀을 부각시킨 것이다. 차란은 전략을 수립할 때 그것에 적당한 인재를 두는 것만으로는 충분하지 않다고 말한다. 업무를 효과적으로 수행하기 위해서는 적임자와 적절하고 타당한 대화를 나누어야 하며, 이들이 합당한 업무를 맡아야 하고, 또한 적절하며 철저한 메커니즘이 필요하다는 것이다.

 그러나 이는 운영적인 사고방식은 아니다. 비록 운영상의 세부사항들이 중요하긴 하지만 이러한 세부사항들에 지나치게 중점을 두게 되면 업무에 방해가 될 수도 있다. 어떤 중역은 자기 팀에 목표를 설정해준 다음 그 목표에 도달할 수 있는 방법들을 알려준다. 비록 세부사항을 알고는 있어야 하지만 조직에 권한을 부여하지 못할 정도로 세부사항을 이용하지는 않아야 한다는 것이 핵심이다.

물론 이것이 어려운 제안이라는 것은 인정한다. 만일 여러분이 어느 기업의 CEO인데 핵심 기업 단위 혹은 최고의 성과자가 내리막길을 향하고 있는 것을 본다면 당신은 중간에 끼어들어 지시 체계를 위반하겠는가? 아니면 한발 뒤로 물러서서 일이 개선되기를 바라겠는가? 사람들은 이에 대해 양극단의 입장을 취하거나 혹은 이 사이에서 한발 앞서거나 뒤에 선다는 답변을 한다. 대개는 세부사항(운영적인 극단)을 선택하거나 아니면 이와 관련 짓기를 거부하는 입장(전략적인 극단)을 취한다.

그러나 훨씬 더 효과적인 방법은 이 두 입장 사이에서 균형을 유지하는 것이다. 균형을 유지하려면 과연 언제 업무를 운용하고 언제 전략을 수립하는지를 아는 능력이 중요하다. 임무를 완수한다는 말은 언제 책임을 지고 지시를 하며 임무를 완수하는지, 그리고 언제 뒤로 물러서서 사람들을 신뢰하며 방향을 알려주어야 하는지를 아는 것이다. 또한 두 입장 사이에서 민첩하게 앞뒤로 이동할 수 있는 능력을 의미한다.

뱅크오브아메리카의 CEO 켄 루이스(Ken Lewis)는 운용과 전략 사이에서 균형을 유지하는 일에 정통하여 임무를 완수하는 능력이 탁월한 사람이다. 그는 비전 중심인 회사를 인수하여 사람들이 약속한 바를 실천하고 사람들이 기대하는 바를 정확하게 파악하는 6시그마(Six-Sigma : 제품설계, 제조, 서비스, 품질 불량을 최소화해 규격 상한과 하한이 목표로 정한 품질 중심으로부터 6시그마 거리에 있도록 하겠다는 21세기형 기업 경영전략-옮긴이)에 중점을 두는 회사로 전환했다. 사내의 다양한 레벨의 사람들에게 6시그마 방법론에서 얻은 여러 특정 방식과 미터법을 제공함으로써 루이스는 사실에 기반을 두어 결정을 내리도록 강요했다. 각 리더들은 서로에 대한 약속을 존중하고, 통제된 회의에 참석하고, 사실 기반의 결정에 중점을 두고, 정해진 목표에 비해 향상된 부분을 평가한다.

이 은행의 풍토 변화는 놀라울 정도이며 이는 바로 그 회사의 시장 가치에 반영된다. 게다가 루이스는 간부진의 절반 이상을 교체하여 전에 어떤 은행에 근무했는지 여부와는 상관없이 적임자로 대체했으며, 치열하게 경쟁하고 성장 지향적이며 업무 실행 중심적인 풍토를 이뤄냈다. 그리고 계속 새로운 은행들을 인수하면서 이들을 통합하는 일, 그리고 금융가에 내건 약속을 이행하는 일 등에 다소 어려움을 겪기도 하였으나 가장 최근에 플리트뱅크와 MBNA은행을 성공적으로 인수하여 결국 그의 능력을 입증했다.

루이스는 운용에만 치중하지 않고 조직의 전략을 교묘하게 전환하여 유기적인 성장에도 힘을 기울였다. 초기의 운영적인 방법으로 '재무 서비스에서 가장 찬단빛는 회사'라는 목표에 도달했고, 그의 다음 목표는 뱅크오브아메리카를 세계에서 가장 찬탄받는 회사로 만드는 것이었는데, 이를 위해 그는 자신의 전략적인 시각을 바꿀 필요가 있었다. 즉 업무를 실행하는 일에서 인수에 전적으로 의존하지 않고 은행의 수익을 증가시키는 방법으로 전환하는 것이었다. 그 결과 그가 전력을 다해 치중한 일은 리더를 개발하는 일, 영역을 가로지르는 일, 그리고 유기적 성장에 도달하기 위한 방식으로서 '전 세계적인 은행' 모델과 정신자세를 만들어내는 일이었다.

게다가 리더인 루이스의 스타일이 이러한 변화를 반영한다. 그는 과거의 세부사항에 중점을 두는 운영적인 리더라기보다는 직접 실무에 참가하며 더 숙고하고, 더 장기적인 전략에 중점을 두어 성과를 많이 올린 사람에게 합당한 보상을 주었다.

앞으로 만약 운영적인 방식을 적용하는 것이 타당한 상황이 오면 루이스는 자신의 초기 운영적인 스타일로 돌아갈지도 모른다. 하지만 요점은 바로 운영적인 방법과 전략적인 방법 사이를 오가며 임무를 완수하는 그의 능력이다.

| 무엇이 루이스적인 사고방식을 방해하는가 |

모든 리더에게 영향을 미치는 아래의 네 가지 요인만 없다면 운용적으로도 전략적으로도 사고할 수 있는 능력을 개발하는 일과 불분명한 목표를 달성하는 일은 수행하기가 훨씬 더 수월할 것이다. 이러한 요소들, 즉 직무상의 편견, 지나친 통제, 스타일과 취향에 대한 강요, 지나치게 많은 과정들에 대해 살펴보고 이들이 왜 업무 실행을 방해하는지 그 이유를 알아보자.

● **직무상의 편견**

다수의 사람들은 초기 개발 경험을 근거로 하여 운용적 방식 혹은 전략적 방식 중 한 가지로 기우는 경향을 보이기도 한다. 이른바 마케팅 부서에서 일하는 사람은 고객의 트렌드와 패턴을 조사해서 세부사항보다는 더 폭넓고 장기적인 견해를 지니게 되며 더 전략적으로 생각하게 된다. 반면 회계부서에서 일하는 사람은 복잡한 재무 문제를 관리하고 계산 혹은 평가하는 자신의 업무 경험으로 더 운영적인 태도를 취하게 된다. 마케팅 부서에서 일하는 사람은 자신의 직무상의 경험 렌즈를 통하여 세상을 바라보고 상황을 분석하고 문제를 해결하기 위한 아이디어를 만들어낸다. 또한 자신이 개념적으로, 전략적으로 생각하여 영향을 미치는 일에 익숙해 있으므로 다른 사람에게 지시를 내리지 않는다.

회계 부서에서 일하는 사람은 재무 분야에서는 아주 사소한 실수라도 엄청난 계산착오를 일으킬 수 있으므로 전형적으로 평가에 중점을 둔다. 작금의 경제지향적이며 규정적인 풍토에서는 숫자를 올바르게 계산하고 단기재무목표를 제대로 맞추는 일은 대단히 압박을 준다. 따라서 실수하지 않을 수도 있지만, 한발 물러서서 창의적인 생각을 하여 문제를 해결하도록 조장할 필요가 있다.

 직무상의 편견은 또한 다른 사람을 동원해 임무를 완수하는 일을 방해하는 것이다. 오늘날에는 과학기술이 팀워크와 생산력의 촉매제라 할 수 있다. 오로지 이메일과 인터넷을 사용하는 정도가 기술적인 문맹이라면 이전보다 한층 전문적인 기술진에 의존해야 한다. 사실 직무 간 교차적인 협조가 대단히 중요해져서 만약 사일로 상태를 계속 유지한다면 자신의 좁은 전문적인 입지를 넘어서는 더 광의의 일을 성취하는 데 큰 어려움이 있을 것이다. 전략적인 편견을 가지고 있든, 운영적인 편견을 가지고 있든 다른 직무에 있는 사람들뿐만 아니라 판매업자(vendor), 고객, 그리고 경쟁업자와도 상호 신뢰하는 수평적 관계를 쌓아야 한다. 직무상 폭이 좁아서 이러한 관계를 구축하지 못하는 리더는 실제로 협동을 요하는 상황에 놓이면 바로 곤경에 처하게 된다.

● **지나친 통제**

근래의 지식기반 경제를 향한 전면적인 운동에도 기존의 산업화 시대 경영 관행이 여전히 사라지지 않고 있다. 예측불허의 복잡하고 상호의존적이며 비가시적인 산출물의 세계에서 통제를 가하는 일은 오히려 역효과를 가져올 수도 있다. 극단적으로 말하면 '통제광(狂)'은 사람들에게서 진취성과 독창성을 앗아갈 수 있는데, 세부적인 사소한 일까지 일일이 통제하게 되면 냉소주의와 리스크 혐오증을 유발한다.

설사 전략적인 방식보다 운영적인 방식에서 통제를 지나치게 더 많이 한다 하더라도 통제는 두 유형의 리더 모두에게 영향을 미친다. 전략적인 유형의 사람들은 전략이라는 말에 내재된 일체의 미묘한 차이에도 집착을 하여 전략의 양상을 띤 것은 모두 지원하고자, 정보라는 정보는 모두 다 수집하고자 마치 달팽이처럼 느리게 움직인다. 설사 이들의 비전이 아무리 훌륭하다 해도 속도는 너무도 느리고 조사와 연구로 지나치게 과적되어 적정한 효과를 이끌어내지 못한다. 통제에 중점을 두는 운영적인 유형은 이탈을 초래한다.

변덕스러운 운영적인 리더는 심지어 사소한 실수에도 화를 내거나 세부사항에 대단히 연연해서 더 큰 목적을 간과한다. 가령 그들은 새로운 오리엔테이션 과정의 달성에는 심혈을 기울이지만 사람들이 이해하고 지지할 수 있는 회사 전반에 걸친 정책을 전달할 수 있는 최상의 방식을 생각해내지는 못한다.

통제하지 않는 것이 업무 실행의 핵심이라고 말하는 것이 아니다. 세부사항에 계속 정통해 있기 위해서는 통제를 해야 하고 과정을 평가하기 위해서는 평가 기준을 제대로 정해야 한다는 것은 명약관화한 일이다. 하지만 통제가 더 큰 목적에 대한 수단이 아니라 목표 자체가 될 경우 업무 실행에 방해가 된다는 것이다.

조직의 세부사항에 집착하는 어느 뛰어난 리더는 철저한 의제로 회의를 주재하고 모든 사람의 세부적인 운영방식을 모두 다 통달하는 자기 스스로에게 자부심을 지니고 있으며 또한 예산을 철저하게 파악하고 있다. 하지만 사실 그는 서투른 리더로서 '기계를 잘 조정만 하면' 조직도 제대로 생산을 해낼 것이라고 생각한다. 그가 간과하고 있는 것은 진정한 동기부여를 일으키게 하는 인간다운 에너지다. 결과만을 평가하고자 하는 그의 시도는 독창성을 억압하고 실제 업무 실행을 추진시키는 열정과 헌신의 문을 열게 하지는 못한다.

● 스타일과 취향 강요하기

이 요인은 자신의 스타일과 취향을 직무에 자연스럽게 적응시키는 경우와 반대되는 요인이다. 역사적인 맥락에서 볼 때 경영 리더들은 자신의 취향에 상응하는 스타일을 강요했다. 원래부터 고집이 센 구성원이 관리자로서 그리고 리더로서 이러한 완고함을 보였는데, 대개의 경우에는 임무를 완수하는 데 주된 장애물은 아니었고 오히려 어떤 목표를 달성하는 데 도움이 되기도 했다.

하지만 오늘날에는 이와 같은 고집을 부리면 주된 장애물이 될 수가 있다. 상호의존적인 환경에서 리더는 자신의 스타일과 취향이 언제 업무 실행에 방해가 되는지를 인지해야 한다. 굳이 180도로 성격을 바꿀 필요는 없으나, 자신의 주된 스타일로 효과를 거두지 못할 상황에 대해서는 조심해야 한다. 자신의 외곬의 성격으로 인하여 해결될 수 있는 중요한 문제가 해결되지 않을 수도 있다는 것을 바로 인식하여 한발 뒤로 물러나 자신의 성격이 어떤 상황에서는 플러스가 아닌 마이너스가 될 수도 있다는 것을 알아야 한다. 이렇게 하면 본래 자신의 성격을 항시 염두에 두며 난국을 해결하고자 더 열심히 노력할 것이다.

리더에게는 모두 일종의 스타일이 있기 마련이나 예전에 성공했던 바에 힘입어 직접적으로 이러한 스타일이 더 강화되었거나 아니면 그 영향을 인지하지 못해서 대개는 자신의 스타일을 바꾸려 하지 않는다. 융통성을 보이는 일과 자신의 스타일을 인식하는 일은 오늘날 효과적인 해결책을 찾는 데 대단히 중요하다. 다수의 기업들은 리더로 하여금 취향 테스트, 즉 MBTI(Myers-Briggs Typology Inventory) 성격유형 조사, FIRO-B(Fundamental Interpersonal Relations Orientation-Behavior) 심리검사 등의 선호도 조사 혹은 기타 여러 방식의 테스트를 거쳐 리더 스스로 자신들이 선호하는 스타일을 이해할 수 있도록 많은 투자를 하고 있다. 이러한 평가는 리더에게 융통성과 폭넓은 자질이 없다면 자신이 선호하는 리드 스타일이 모든 상황에 효과적이지만은 않다는 것을 이해하도록 도와주고 합리적인 스타일을 직무에 적응시키지 않고 오히려 자신이 선호하는 스타일로 강요하여 운영할 경우 이는 주요한 결함이 될 수도 있다는 것을 리더에게 각인시켜 준다.

끝으로 흔히 리더는 상황에 따라 다른 유형의 스타일이 필요하다는 인식을 하지 못한다. 180도 획기적인 방향전환을 하여 위기 상황에 필요한 접근법을 조직, 즉 성장을 추진시키는 아이디어를 산출하는 조직에게 사용한다면 절대로 기대를 충족시키는 효과가 나지 않을 것이다. 마찬가지로 지위에 걸맞은 권한이 거의 부여되지 않는 직무를 운영하는 일과 재정적인 실적에 대해 부서 책임 및 궁극적인 책임을 지는 일과는 근본적으로 별개의 문제다. 전자의 경우는 업무 운영에 영향을 미치는 능력을 강조하며 리더십에 적용할 때는 전적으로 다른 접근법을 사용해야 한다. 운영방식을 바꿔야 할 상황에 처해 있을 때 이에 고군분투하는 탁월한 리더들도 있다.

● 지나치게 많은 과정

CEO와 리더들이 평가와 실적을 늘리거나 개선하기 위해 새로운 과정이나 시스템을 설치하고자 하는 것은 이해할 수 있다. 눈부신 기술적인 발전에 의해 새로운 제조과정, 향상된 고객 데이터베이스 접근, 혹은 회계 계산 방법이 가능해졌다. 표면적으로는 새로운 소프트웨어와 절차에 투자하여 더 빨리, 더 나은 품질로 일을 처리하게 되었다. 그러나 지나치게 많은 절차로 인해 조직이 압도될 수 있으며 업무 실행을 강화시키기보다는 오히려 산만하게 할 수도 있는 것이다.

일반적으로 절차상의 과부하를 겪고 있는 조직들을 보면 흔히 내부적인 면에 관심을 기울인다. 즉 그들은 과정 및 측정 기준에 지나친 주의를 기울이는데, 이 과정 및 측정 기준은 성공으로 이끄는 데 필요한 근본적인 태도를 무시하는 경우도 있다. 예를 들어 이들은 좀처럼 외부적인 면에 중점을 두지 않으며 고객과 성공 기회 등에 관심을 기울이지 않고 새로운 절차를 세우는 일에만 매진한다.

과연 얼마나 많은 절차들이 있어야 지나치다는 것인가? 정확하게 짚어줄 수는 없으나 이즈음의 수많은 기업들이 절차의 과부하에 시달리고 있다. 만일 현재 적극적으로 관계하고 있는 과정의 수를 정확하게 셀 수 없을 정도라면 지나치게 많은 과정에 관여하고 있을 가능성이 높다. 따라서 조직을 진단하고 실태 조사를 실시하면 기업이 실행하는 새로운 시스템들 간의 상호의존과 각종 통신 조건에 사람들이 압도되는지의 여부를 알 수 있다. 만약 그렇다면 기업이란 사외 주주들을 위해서 업무를 처리하고자 하는 측면도 있는데 정작 이들에게서 시선을 돌리게 되는 결과를 초래하므로 임무를 효과적으로 수행할 수 없게 된다. 현재 여러 기업들의 실태 조사를 실시해보면, 절차가 지나치게 많아 이로 인해서 업무가 불필요하게 복잡해진다는 불평들을 하고 있다.

| 무질서하고 가차없는 세계에서 업무 처리하기 |

기업은 위에서 논의한 네 가지 장애를 극복할 수 있다 하더라도 여전히 효과적인 업무 수행을 방해하는 여러 가지 환경적인 도전에 직면하게 된다. 시간은 한정되어 있고 기준은 높으며 이전 분기의 성과를 초과해야 한다는 압박 역시 더 높아지고 비교 자료는 항상 쌓여 있다. 실수를 용인해줄 여지는 더욱 줄어들고 리스크의 확실성은 늘고 있어서 리더는 전년도 혹은 심지어 직전 분기의 재무제표를 기준으로 업무를 실행할 수도 없다.

이에 대해 리더가 우선적으로 취해야 할 전술은 앞서 제안한 권고에 따라 전략적이며 운영적인 사고방식 사이에서 균형을 찾아내는 것이다. 만약 자신의 주요한 사고방식을 잘 모르겠으면 직속부하에게 피드백을 해달라고 부탁하라. 이들은 대개 당신이 선호하는 방식을 잘 알고 있다. 스타일에서 균형을 찾게 되면 업무 실행의 주된 방식이 효과가 없을 경우 상황에 따라 여러 다른 선택을 할 수 있다.

두 번째 전술은 수평적 관계를 통해서 일을 처리하는 영향력을 개발하는 것이다. 이는 수직적으로 일을 처리하는 데 익숙한 전통적인 리더들의 직관에는 어긋나는 듯이 보이지만 다른 사람들을 포함시키되 직접 권한을 행사하지 않은 상태에서 영향력을 미칠 수 있는 능력이 바로 복잡한 요즈음의 환경에서 성공하는 핵심적인 요인이다. 교차직무 팀들 내에서 일하고 납품업체와 윈-윈 협력을 이끌어내며 관련 산업의 기업들과 제휴를 맺고 심지어 경쟁사와 조인트 벤처를 구성하는 일 등은 굳이 자원을 소유하거나 관리할 필요 없이 생산적인 결과를 낳는 방법이다.

세 번째 전술은 책임감 있는 풍토를 조성하는 것이다. 사람들이 어쩔 수 없이 해야 한다고 생각해서(회사가 사람들에게 하라고 강요하는 것) 마지못해 일하는 것은 그들에게 업무를 효과적으로 실행하는 데 필요한 책임과 독창성을 인정하지 않기 때문이다. 어떤 리더는 이를 '악의적인 유순함'이라고 언급했다. 책임을 완수한다는 말은 결과가 상당히 좋은 성과를 창출한다는 말이다. 또한 리더가 책임을 지고 결과를 수용하는 모델을 본뜬다는 말이기도 하다. 리더는 사람들에게서 이러한 헌신과 책임감을 요구한다. 아동심리학의 개념, 즉 '자기목적적인 아동'이라는 개념이 바로 이에 들어맞는 적절한 표현이다. 많은 아동들은 부모님이나 선생님을 기쁘게 해주고자 하는 바람 혹은 부모님의 위협에 상응해서, 즉 이와 같은 외부적인 동기가 있기 때문에 학교 생활을 잘해나간다는 것이다. 또한 '자기목적적'이라는 의미는 동기가 내재적이라는 것을 말하기도 하는데, 내부에 있는 그 무엇 때문에 바라는 바를 성취하고자 한다는 것이다. 조직에서도 이와 똑같은 내재적인 동기를 개발하는 것이 바로 책임이라는 것이다.

자기목적적인 사원에게는 일처리를 위한 뛰어난 역량이 있기 때문이다.

  네 번째 전술은 인내를 중시하고 이를 보여주라는 것이다. 끈기 있게 고수하라는 말 이외의 적당한 다른 대체할 만한 단어는 없다. 리더가 외부 자극, 각종 통신, 요구사항, 정보, 그리고 선택 등으로 시달리게 되면 쉬이 정신이 산만해지고 이는 바로 업무에 반작용을 일으킨다. 아마도 프로젝트를 시작하여 종국에는 끝내지 못하는 리더들이 많이 생길 것이다. 리더들은 제대로 업무를 완수하고 싶다면 자신들이 확신하고 있는 일에 대해 그들 스스로 용기를 보여줘야 한다. 가장 맘에 드는 프로젝트 개발이 갑자기 중단되거나 정책적 우선순위에서 밀리게 되면 리더들은 뒤로 물러나서 이를 포기하고 싶어한다. 하지만 리더들이 그 프로젝트의 가치를 진실로 믿는다면 당연히 이를 고수해야 한다. 이렇게 하는 것이 그들이 수고할 가치가 있다고 믿는 목표를 달성하게 하는 것이며 끈기야말로 그들이 높이 평가하는 자질이라는 메시지를 부하직원에게 전달하게 되는 것이다. 한편 회사에서 혁신적인 제품과 획기적인 아이디어에 대해 연구를 해보면 나사로효과(Lazarus effect, 새로운 방법이나 제품에 대한 아이디어가 사그라지는 것을 거부하고 결국 불분명한 시작과, 초기의 반대를 딛고 엄청난 성공을 거두는 아이디어 챔피언을 일컫는다)라는 명백한 증거가 있다.

  다섯 번째, 약점을 개선하도록 도와주기보다는 오히려 강점을 강화시켜라. 이것이 업무 실행에 유용한 주요 특성이다. 사람들을 개선시키는 것에 관한 리더십 개발 프로그램이 상당히 많다. 물론 일부 리더는 확실히 개선시킬 필요가 있다. 그러나 이는 태도의 문제다. 일단 리더가 사람들에게 무엇인가 잘못되어 있다는 시각을 갖게 되고, 그래서 그들을 조력하고자 할 때조차도 역시 그들에게 권한을 부여하지 않는다.

대부분의 구성원들은 자신들을 관리해주고 자신들을 양성할 가치가 있는 자산으로 여기는 조직을 위해 기꺼이 헌신한다. 하지만 자신들을 결함 있는 유약한 존재로 여기는 조직을 위해서는 헌신하지 않는다. 대단히 냉혹한 중역 자신이 바로 '프로젝트에서 이탈해서 아무렇게나 실행하기'를 초래하는 원인을 제공하게 되는데, 이러할 즈음의 그는 사원이 프로젝트에 관심을 기울이지 않는다고 불평한다. 두렵게 하고 냉정함이 배어 있는 말을 들은 사원들 또한 마찬가지이다. 직속부하들의 강점을 강화시킨다는 말은 이들과 협동한다는 것을 의미하는데, 이들이 잘하는 것을 이끌어내어 공통의 목표를 달성하도록 해야 한다. 개선해야 할 점이 있거나 바꿀 필요가 있는 태도를 부각시켜 대처하는 것도 중요하지만 이것이 중점이 되어서는 안 된다.

제약회사 및 생물공학 관련 기업 컨설턴트인 샌더 플롬(Sander Flaum)은 임무를 완수하는 방법을 잘 알고 있었다. 비록 아래 이야기는 몇 년 전에 일어난 일이지만 현재 우리가 논의하고 있는 특징을 잘 나타내주고 있다. 특히 인내심과 사람들의 강점을 강화시켜 목표를 달성하게 하는 점에서 그러하다.

> 플롬은 건강관리 광고대행회사인 로버트베커의 CEO가 되고 나서 회사의 최대 광고주를 둘이나 잃은 심각한 위기에 처하게 되었다. 그 후 회사는 실질적으로 단 하나의 광고주, 즉 브리스톨마이어만 남게 되었고, 게다가 회계가 매우 불안정해졌다. 처음에는 아무도 플롬의 전화조차 받으려 하지 않았다. 모든 사람들이 더 늦기 전

에 그가 사직해야 한다고 말하며 괜히 베커사에 합류하는 실수를 저질렀다고 비난했다.

하지만 플롬은 업무를 처리하는 방법을 이미 알고 있었던 완전한 리더였다. 그는 그가 '불굴의 정신'이라고 칭한 바를 실천하기 시작했는데, 그것은 사원들에게 언젠가는 제약회사들이 그들의 주종 제품들을 들고 오는 광고주들을 위해 일을 많이 하게 될 거라는 생각을 주입하는 것이었다. 그는 비록 처음에 거절당하더라도 부디 초연함을 보이라고 강조했으며, 브리스톨마이어사가 제품 부스파(Buspar: 항 불안제)에 대한 광고를 의뢰하지 않았을 때에도 그는 이러한 초연함을 끝까지 잃지 않았다. 플롬과 그의 팀은 그들의 거절을 순순히 수용하기보다는 브리스톨마이어사의 제품 담당 이사와 끊임없이 아이디어를 교환하는 로비활동을 벌였는데, 결국 그들은 광고를 제작해달라는 요청을 받게 되었다. 그들은 임무를 훌륭히 완수했고 이어서 부스파에 대한 광고는 제품 판매량의 증가로 이어져 드디어는 극적인 성공을 거두게 되었다.

플롬이 아이디어 창출자인 사원들의 강점을 강화시키는 데 예리했다는 것 또한 분명해 보인다. 이것이 광고대행사에 해당하는 이야기일지라도, 플롬은 사원들에게 기회가 생길 때마다 독창성을 추구하라고 격려한다면 더 많은, 그리고 더 훌륭한 아이디어를 얻을 수 있다는 것을 알게 되었다. 이미 플롬은 "아이디어가 없는 상태에서는 결코 고객에게 전화하지 말라."고 언급한 바 있다. 결국 이 말은 그 회사의 모토가 되었다. 그 결과 로버트베커사는 뛰어난 독창성으로 명성을 얻게 되었고, 대행사로서 낮은 인지도 때문에 전화 한 통 없었던 광고주들의 이목을 끄는 데 성공했다. 결국 로버트베커사는 그해 올해의 광고대행회사로 거듭나 매출 상위 열 개의 제약회사 중 일곱 개 회사를 광고주로 얻게 되었다.

플롬이 〈파마슈티컬 타임스(Pharmaceutical Times)〉 기사에 피력한 "우리는 머리와 가슴으로 해냈다. 하지만 대개는 땀방울로 해낸 것이었다."라고 한 말은 결코 예사롭지 않은 얘기다. 이 '땀방울'이라는 말은 플롬이 자신이 확신하는 일에 용기를 가졌다는 말로, 목표를 달성하기 위해 믿을 수 없을 정도로 끈기를 갖고 일을 했다는 말과도 바꿀 수 있을 것이다.

| 낡은 모델 버리기 |

업무를 완수하는 방법에 대해서 모두 알게 되었음에도, 필사적으로 실적을 향상시키고자 할 때에는 여전히 '터프한', 즉 통제하고 지시하는 리더를 찾는 기업들이 있다. 이들 기업들은 행동을 취하는 것을 두려워하지 않고 앞으로 계속 전진하며 약점을 보이지 않는 리더를 원한다. '행동'은 대개 예산과 사원을 감축하라는 말이며, 또한 더 나은 다른 전략을 추진시켜 결과를 산출하도록 사원들을 밀어붙이라는 말이다. 이러한 기업들에게 선빔의 운명을 떠올려보라고 권고하고 싶다. 선빔은 '전기톱'이라는 별명의 알 던랩(Al Dunlap: 터프하며 동시에 경비를 삭감하는 것으로 유명한 사람)을 영입한 후 채 2년도 안 돼 사원의 절반을 해고하여 경영을 더욱 심각한 상황에 빠트렸다. 그리고 던랩이 해고된 지 몇 년 후에 선빔은 도산하였다.

비록 임무를 완수하는 일과 실적을 높이는 일이 사원과 경비를 삭감하라는 의미라 할지라도, 이것이 무릎 반사작용(knee-jerk reaction)이 되어서는 안 된다. 가슴과 배짱이 균형을 이루어야 하는데, 무자비한 혹은 불안해하는 CEO는 배짱과 따뜻한 가슴을 보이지 못한다. 기업들은 업무 수행을 잘하는 켄 루이스(Ken Lewis), 빌 엘딘(Bill Weldon), 그리고 안드레아 정(Andrea Jund)을 리더의 모델로 삼아야 한다. 이들은 업무를 처리하는 능력이 뛰어날 뿐만 아니라 사원들을 격려하여, 일을 더욱 열심히 하게 하고 또한 업무 처리 과정에 필요한 용기를 보여주며 임무를 완수하는 완전한 리더들이다.

업무를 실행하는 리더를 양성할 수 있지만 개발 과정에서 낡은 모델 대신 새로운 모델을 대체해주는 경우에 한해서다. 아마 이렇게 하는 것이 직관에 반하는 것일지는 모르겠지만 강제 및 두려움에 의존해서는 업무를 완수하지 못한다. 개발 과정은 이 점을 잘 보여주는 사내의 실례를 들어 참가자들에게 사내 업무별 단위를 이해할 기회를 줘야 한다. 혹은 사원들이 업무를 잘 처리할 수 있는 풍토를 조성하기 위하여 리더가 머리, 가슴, 배짱을 혼합하여 업무를 잘 처리하는 외부 회사를 방문할 기회를 줘야 한다.

또한 모든 리더에게 기회를 주고 업무 실행 방법에 대한 각자의 케이스 이론(사례를 들어 경영관리상의 문제점을 파악하는 방법-옮긴이)을 수정하게 해야 한다. 이는 도전해볼 만한 방법으로, 실제 현장에서 체험(행동학습 프로그램에서의 체험과 같은)을 하게 하는데, 이때 사람들에게 야심적인 임무를 주어 완전한 리더의 세 가지 자질만을 사용하여 업무를 성취하게 한다. 여기서 사람들(특히 완고한 사람들)은 상황에 따라 리스크와 공감대가 필요하다는 것을 배우게 된다. 때로는 구성원 각자가 자신의 방법을 재고하기도 전에 공공연히 접하게 되는 실패(고집 센 결정으로는 어떤 임무도 완수하지 못하는 실례)를 겪기도 한다. 하지만 실패하게 될 경우에도, 어떤 리더는 자신의 목표를 끝내 달성하기 위해 다른 방법을 시도하는 것 같다.

다음 장에서는 견해 개발이 어떻게 회사에 가치 있는 일이 될 수 있는지를 기술하면서 리더십의 인지적인 부분(머리 리더십)을 마무리하고자 한다.

6장
견해를 확립하고 표현하기

인지적인 부분의 마지막 특성인 이 장의 내용이 다른 특성보다 우선하지 않는 것같이 보일 수도 있다. 그러나 어느 모로 보아도 이는 다른 특성 못지않게 중요하다. 언뜻 보면 견해를 개발하는 일은 필요성에 의한 것이라기보다는 오히려 사치스러운 것처럼 보일 수도 있다. 임무 완수하기, 영역의 재설정과 같은 인지적인 능력과 비교해보면 견해를 개발하는 일이 시기적절하지도, 유용하지도 않은 것처럼 들린다. 그러나 실은 기업에서 리더의 견해는 닻이자 추진기 역할을 한다. 리더가 불확실하다고 느낄 때, 혹은 어떤 일을 행동에 옮기지 않고 있다고 느끼는 시기에 견해는 내면적인 안도감을 선사해줄 뿐 아니라, 때로는 정치적이며 복잡하고 불확실한 기업 환경에서 결정을 내릴 수 있는 토대를 마련해준다. 한편 견해는 리더가 일관되고 믿을 만한 인물이라는 생각을 유지히게 해준다. 또한 야심만만한 목표를 달성하는 데 필요한 책임과 열정을 낳게 하고, 리더가 경력을 쌓아갈 때도 목적의식을 갖게 하고, 계속 동기부여를 할 수 있게 해준다.

불행히도 뚜렷한 견해를 구축하지 않고 그저 정책적으로 가장 옳거나 혹은 약삭 빠른 시각을 선택하는 리더들이 많다. 단지 앞서 간다는 명목으로 자신이 믿지도 않는 태도를 취하는 리더가 많다. 이들은 견해가 없으면 사람들을 고무시키지 못하지만 견해가 있으면 사람들의 동의를 얻을 수 있다는 것을 깨닫지 못한다.

그들은 '적당히 자신의 견해를 상황에 끼워 맞추기'가 자신의 경력에 도움이 되리라고 생각하는 우를 범하고 종국에는 능력 있는 리더로 인정받지 못하게 된다.

| 왜 자신의 신념을 확립하여 입장을 견지하지 못하는가 |

다음 예에서 우리가 의미하는 바를 짐작할 수 있을 것이다.

> 캐럴은 대기업 중역이다. 비교적 젊은 나이에 대단히 성공했고 매우 똑똑하며 기지 있는 캐럴은 회사의 중역 위원회에서 중요한 프레젠테이션을 하기로 되어 있었다. 그녀는 프레젠테이션을 열심히 준비했다. 그녀는 자신의 직무 전략을 중심으로, 그리고 이 전략을 더 높은 경영 목표에 부합하게 하는 방법을 중심으로 프레젠테이션을 전개했다.
>
> 캐럴은 자신의 프레젠테이션을 흡족하게 생각했다. 말솜씨도 좋았고 내용도 분명하게 발표했다. 그런데 파워포인트 자료가 깨지고 말았다. 그녀는 계속 발표를 하지 못하고 몇 가지 중요한 부분을 건너뛰고 넘어갔다. 하지만 그녀는 발표했어야만 하는 그 부분이 바

로 CEO의 철학 및 접근법과 일치한다는 것을 알고 있었다. 그녀는 그 CEO를 대단히 존경했는데, 그는 국내에서 최고 리더로 손꼽혔고, 회사의 경영을 회복시켰던 몇 가지 우선사항들에 중점을 두고 있었다. 따라서 그녀는 그가 자신을 '팀의 일원'으로 발탁해주기를 바랐다. 그녀의 프레젠테이션은 회사의 방향에 대한 그의 생각에 전적으로 부합했다.

사실 캐럴의 프레젠테이션은 회의실에 있는 사람들을 거의 모두 소외시켰다. 그들은 그녀의 발표를 단순히 CEO의 입장을 선전한 것에 불과하다고 생각했다. 만약 눈을 감고 여자의 목소리가 아닌 남자의 목소리라 생각한다면 CEO의 발표를 듣고 있는 것이라 생각할 수 있을 정도였다. 결국 캐럴이 그녀 자신의 견해를 개발하지 않았다는 것이 그대로 드러났다. 그녀는 다만 견해를 빌려온 것에 불과했다. 만약 캐럴이 자신의 아이디어와 주장을 발표하고 그다음에 CEO의 아이디어를 포함하여 그녀의 주장들이 다른 업무의 우선사항들과 어떻게 연계될지를 보여주었다면 발표는 성공적이었을 것이다. 그러나 그녀는 정략적인 동기를 지닌 자기중심적인 프레젠테이션을 하는 바람에 중요한 순간에 중역 위원회의 신용을 잃고 말았다.

캐럴처럼 똑똑한 사람이라면 충성이 반드시 리더십이 아니라는 것쯤은 익히 알고 있으리라 생각할 것이다. 그녀의 지성과 경험이라면 거의 무의식적으로 분명한 견해를 확립할 수 있으리라고 가정할 것이다. 하지만 캐럴은 그녀 자신보다 더 큰 지배적인 요인들의 희생자가 되었다. 사람들이 견해를 확립하여 그에 따라 행동하지 못하게 하는 지배적인 요인들을 살펴보기로 한다.

● **리더는 조직의 정책을 대변해야 한다는 잘못된 인식**

사람들은 조직에 대한 충성과 목표 추진력을 혼동한다. 목표에 대한 추진은 회사가 지향하는 것을 모두 다 맹목적으로 포용하지 않고도 도전과 연구로 달성될 수 있다. 분명히 리더는 자신이 믿고 있는 회사를 위해서 일해야 한다. 만약 어느 구성원이 회사의 모든 것과 의견이 일치하지 않는다면 그가 회사를 떠나는 것이 바람직할 것이다. 그러나 분별없이 회사의 견해에 동의하며 자신의 견해를 확립하지 못하는 리더들이 많다. 이러한 정신자세가 회사를 위한 최상의 길이며 회사를 위한 충성을 나타내는 방식이라고 그들은 확신한다. 그들은 상관이 자신들을 어떻게 평가할지에 대해 지나치게 염려해서 좀처럼 이견 보이기를 두려워한다. 하지만 이들은 자신의 책상 혹은 사무실을 뛰어넘는 획기적인 기획에 대해서는 생각할 시간을 내지 않는 것 같다. 자신은 그 밖에 처리해야 할 일이 너무 많아서 다른 사람들에게 미루고 방관하는 건지도 모른다.

● **조직의 정책에 완전히 부합하기를 요구하는 기업환경**

설사 이러한 유형의 기업들이 공공연하지는 않다 하더라도 경쟁이 치열한 환경에서 재빠르게 움직이는 기업 문화적 풍토로 인해 사람들이 '대세에 합류하기'를 요구한다. 여러 리더에게 회사의 불문율에 대해 물어보면 어김없이 나오는 불문율이 "상관에게 이의를 제기하지 말라."이다. 강력한 풍토로 간부들의 다른 의견을 꺾는 회사는 지위가 올라갈수록 이러한 불문율이 더 많이 적용되기도 한다. 물론 '의견의 일치'가 훌륭한 결정을 내리는 것보다 더 중요할 때도 있다. 이때 강력한 견해를 가진 리더는 논쟁을 불러 일으키기 좋아하고 주의를 흐트리는 사람으로 간주되기도 한다.

일부 기업은 사람들이 전략과 정책에 대해서 절대적으로 이의를 제기하지 않기를 바란다. 일이 그릇되기 전까지는 사람들이 회사의 가치를 엄격하게 고수하기를 바라다가 일이 그릇되면 그때서야 '왜 더 많은 사람들이 자신들의 의견을 밝히지 않았지?'라는 생각을 하게 된다. 이런 회사의 사람들은 당연히 자신들의 견해를 확립하고 있으나, 이를 감히 표현하지는 않는다. 혹여 표현한다면 인터넷 토론장에서나 주장을 하게 되는데, 대개의 토론은 통찰력, 정보, 그리고 아이디어들이 넘치는 매우 활기찬 의견들이다.

● 외부 세계에서 일어나는 일들에 대한 관찰, 연구, 분석의 실패

견해를 형성하기 위해서는 다양한 외부 자료들과 마찰을 일으켜야 한다. 즉 이 말은 최고의 실행, 고성과 기업, 탁월한 리더 등에 관한 서적들을 많이 읽어야 한다는 말이다. 또한 콘퍼런스에 참여하고 다른 리더들을 만나며 세계를 둘러싸고 있는 여러 파워들, 가령 거시경제, 정치, 환경문제, 지정학적인 영향 및 인구통계학 등을 파악해야 한다는 말이기도 하다. 그리고 마지막으로 심사숙고, 즉 자신의 시각을 구축하기 위해서 독서하고 경험한 모든 것에 대해 한발 물러서서 곰곰이 생각해야 함을 의미한다. 경험과 지식이 전무한 진공상태에서는 견해를 구축하기가 어렵다. 그러므로 다양한 자료에서 얻은 정보와 아이디어를 통합해야 한다.

우리가 리더를 코칭할 때 묻는 첫 번째 질문은 "무슨 책을 읽으시나요?"이다. 이러한 질문으로 다양하고 이견이 있는 출처들에서 어떻게 그들이 자신의 견해를 찾아가는지 알게 된다. 자신의 아이디어는 다른 사람의 아이디어와 마찰을 일으켜야 열과 빛이 생긴다. 이러한 정신적인 에너지를 가지고 있으면 리더로서 자신에게 진정 중요한 것이 무엇인지, 그리고 어떻게 업무를 운영해야 하는지 그 이론을 확립하게 될 것이다.

● **견해를 형성하는 자신의 능력에 대한 회의**

리더들은 어떤 분야(가령 직무상의 전문적인 분야)에서는 자신감을 보이지만 리더십 주제에 대해서는 스스로를 강력한 의견을 지니고 있는 사고가 명석한 사람으로 보지 않는다. 견해를 개발하는 일은 단순히 학자나 수석 리더가 하는 일만은 아니다. 불행하게도 비즈니스 스쿨 과정을 마치게 되면 비판적인 사고 및 분석을 더 이상 하지 않는 리더들이 많다. 사람은 원래 회사에서 일처리하는 방법, 사람들을 따르게 하는 리더십의 유형, 그리고 어떤 특정 전략이 성공적인 이유에 대한 자신만의 이론을 가지고 있다. 하지만 대개의 경우 이러한 이론들이 무의식적이라서 자신의 경험과 사고 과정에 충분한 신념을 갖고 이를 표출시키지는 못한다. 오히려 견해를 확립하는 일을 다른 사람에게 일임하고 자신은 그저 일만 할 따름이다.

많은 리더들은 실생활에서 리더 훈련을 받기보다는 리더십 양성 프로그램에서 즐겁게 더 많은 것을 배운다. 리더십 양성 프로그램의 훌륭한 강사는 리더로 하여금 생각하고, 도전하고, 숙고하고, 논의하고, 그리고 토론하게 한다. 이러한 프로그램은 흥미진진한 과정으로, 실제로 오랫동안 중요한 기획에는 많이 참여했으나 이러한 프로그램은 처음 밟아보는 리더들이 많이 있는데, 이들은 이 과정에 아주 흡족해한다.

'견해'가 의미하는 바는 무엇인가

'견해'에 대한 사전적 정의는 분명해 보이지만 실용적인 용어로 정의 내리는 것은 다소 까다로운 일이다. 견해는 어떤 한 주제(가령 리더십에는 세계적인 경험이 필요하다는 믿음)에 대한 하나 이상의 폭넓은 의견이라고 할 수 있다. 또한 어떤 특정한 믿음(가령 영화 〈월 스트리트〉에서 주인공 고든 게코는 자신의 경영철학을 "탐욕은 훌륭하다."라고 요약한다)보다 더 특별한 것일 때도 있다. 견해는 개개인의 행동부터 기업의 전략적 가치에 이르기까지 모든 것에 적용되는 것으로, 그 무엇보다도 중요하며 강력하게 자리 잡고 있는 신념 체계다. 리더는 자신의 견해를 이용하여 특정한 견해나 기회에 대해 평가하고, 새로운 성장 전략이 성공할지의 여부를 결정하며, 기업 관행이 비윤리적인지의 여부를 평가하고, 그리고 어느 직속부하가 승진할 만한지를 평가한다. 다시 말하면 견해는 분석과 결정을 내리기 위한 뼈대를 제공한다.

이미 언급한 리더 중에서 두 리더, 즉 뱅크오브아메리카의 켄 루이스와 에이번사의 안드레아 정은 강력한 견해를 가지고 있다. 루이스는 뱅크오브아메리카가 세계 최고의 금융기관이 될 수 있으며 세계에서 가장 존경받는 기업이 되리라는 자신의 신념에 따라 행동했다. 따라서 그가 전략적으로 선택하는 사항들은 이러한 확신에서 출발한다. 직접 판매와 브랜드의 가치를 믿는 안드레아는 자신의 믿음에 추호도 동요하지 않고, 그러한 믿음을 이용하여 회의적인 사람들을 납득시키고 많은 사람들이 포기했던 회사를 다시 살렸으며 자신의 대의명분에 맞는 인재를 모집했다.

하니웰사에서 데이비드(이 책의 저자 중 한 명—옮긴이)의 전임 상관이었고 후에 메드트로닉사의 CEO가 된 빌 조지(Bill George)는 자신의 견해를 확립하여 '진실한 리더십'이라는 개념으로 표현했다. 그의 이러한 개념(그는 이 주제에 관한 저서를 쓰기도 했다)은 사람들과 더 뜻 깊은 관계를 맺어 임무를 주어 동기를 부여하고, 보살피는 관심을 나타내고, 가치대로 행동하는 것으로 구성되어 있다. 리더로서 그는 '진실'하고 솔직하게 행동하는 것을 강조했다.

그 결과, 비록 자신의 진실성이 일반적인 통념과 들어맞지 않는다 하더라도 그는 이에 부끄러워하지 않고 자신의 진실성을 전달했다. 어떤 순간에 그는 "주주는 우선순위가 세번째"(언론에서 널리 보도된 인용구임)라는 말을 한 적이 있다. 회사는 고객을 가장 우선시해야 하고 그다음 사원에게 권한을 부여하여 고객의 요구사항을 충족시키게 해야 한다고 믿었다. 만약 고객의 요구사항을 충족시키게 되면 무엇보다도 월 스트리트에 주로 신경 쓰는 회사보다는 주주를 위해 더 많은 이익을 얻을 것이라고 믿었다. 12년이라는 빌의 재직기간 동안 메드트로닉사가 이룬 성장과 이윤(시가 총액이 11억 달러에서 4600억 달러로 올라갔다)을 감안한다면 그의 분명한 견해 덕택으로 이익을 배당했다는 것이 자명해진다.

이러한 개념을 지나치게 단순화하고 싶지는 않다. 예를 들어 빌은 어느 날 갑자기 자신의 견해를 깨달은 것이 아니며 이를 견고히하는 데에는 오랜 시간이 걸렸다. 그는 환경의 변화에 근거해서 견해의 관점을 조정했다. 비록 진실한 리더십이 바로 그의 힘이라 하더라도, 그는 이를 다양한 상황에서 다양한 방식으로 적용했던 것이다. 바로 이러한 점이 절대적으로 중요하다 할 수 있다. 견해란 돌틈에 끼어 있어 단단하게 자리는 잡고 있으나 독단적이지도 완고하지도 않은 것이다. 역설 경영론(paradox management)은 견해를 효과적으로 '견지'하는 방법에 대한 통찰력을 가져다주는데, 배리 존슨(Barry Johnson)이 『양극화 경영(Polarity Management)』에서 이를 효과적으로 기술했다.

역설을 다루기 위해서는 자신의 주장과 정반대되는 주장을 올바르게 이해해야 하며 자신이 이해한 바를 전달해야 한다. 그리고 정반대의 견해를 인정하게 될 경우 상대가 자신의 입장을 더 잘 받아들일 수 있게 된다. 만약 흑과 백의 입장을 서로 계속 견지한다면 역설을 다루기가 불가능한 것처럼 보인다. 하지만 심리적인 융통성을 지니고 외관상 정반대 개념을 염두에 둔다면 역설은 의외로 다루기 쉽다. 상대의 정반대되는 시각을 인정하고, 자신이 그것을 이해하고 공감하고 있다는 것을 보여주면 자신의 견해도 상대의 구미에 맞게 될 것이다.

역설 경영에서는 타협을 하지 않는다. 마찬가지로 뚜렷한 관점을 지니고 있는 리더도 "자, 당신의 아이디어를 설명했으니 그중 일부를 택해 전체로 결합하겠소."라는 식으로 말하지 않는다. 이것은 다만 견해를 축소시킬 따름이다. 그렇게 하는 대신 리더는 "지금 나는 이러한 견해를 가지고 있지만 앞으로 어느 시점에서 당신의 견해가 타당할지도 모르죠. 하지만 지금으로서는 이것이 내가 상황을 바라보는 바요."라고 인정한다.

다른 인지적인 특징의 경우와 마찬가지로 견해 또한 가슴과 배짱을 필요로 한다. 견해를 확립하는 일은 대개 하나의 사고 과정, 즉 다양한 개념과 경험을 하나의 더 큰 시각으로 통합하는 일로 출발한다. 하지만 견해를 지닌 사람들이 꼭 이를 표현하는 것은 아니다. 노엘 티치(Noel Tichy)는 '가르칠 수' 있는 견해를 지니는 것이 중요하다고 강조하는데, 이는 가슴 부분으로 통합된다. 그렇다면 다른 사람을 설득하여 자기가 세계를 바라보는 방식으로 보게 하는 능력은 무엇인가? 사물을 바라보는 자신의 방식이 주변의 사물에 활력을 주어 목표를 달성해야 하는 책임을 보장해주는가?

그렇다면 자신의 견해를 가지고 자신이 하는 일에 문제가 있겠는가? 자신의 견해대로 행동하는 일에는 무엇보다 용기가 필요하다. 자신의 견해를 고수하려다가 치명적인 재정상의 위기에 처하게 될 수도 있다. 우연히 회사의 영향력 있는 세력들의 기분을 상하게 할 수도 있고 필수불가결하다고 판단해서 내린 결정으로 인해 고객을 잃을 수도 있다.

대기업 부사장인 론은 회사 사원 수를 10% 줄이는 계획에 대해 잘 알고 있었다. 그런데 그 감원 계획은 론의 견해와는 일치하지 않았다. 그 계획은 직원 감원이 대부분 경제적인 방식, 즉 저비용 인력보다 고비용 인력(임금 및 수당을 기준하여)을 퇴출시켜야 한다는 것이다.

론은 사람다워야 한다는 생각이 먼저이고 리더다워야 한다는 생각이 그다음이라는 것을 확고하게 믿었다. 직장 생활 내내 그는 조직이 관료주의자들 또는 스스로를 과장하는 쇼맨보다는 인간다운 리더에 의해 운영될 때 결국에는 생산성이 높아진다는 것을 깨달았다. 그는 경제적인 방식의 감원은 윤리적으로 그릇될 뿐만 아니라 남아 있는 90%의 사람들에게도 상처를 준다고 확신했다. 감원 계획을 마무리 짓는 회의에서 론은 그 계획을 반대하는 의견을 피력하고 대안을 제시했다. 비록 론이 자신의 방해로 인해 일부 적을 만

> 들기는 했으나 그는 여전히 회사에 남아 있었고, 지금은 퇴직하는 CEO를 계승할 가능성이 있는 세 사람 중 하나이다.

만약 열 명의 톱 리더들이 철저하게 다른 열 가지 견해를 가지고 있다면 그 기업은 효율적으로 운영되지 않을 것이다. 다행히 이런 경우는 흔하지 않다. 지속적으로 오랫동안 근무하는 대부분의 리더들은 적어도 공통된 입장을 서로 나누고 있는 경향이 있다. 유능한 실무 팀에서 리더들은 악감정이나 어젠다(agenda)를 숨기지 않고 서로 도전하면서, 때로는 사물을 다른 시각으로 바라보지만 이러한 다양성을 생산적으로 이용하는 방법을 배운 바가 있을 것이다. 오늘날 수석 중역이 되는 일은 가장 어려운 도전이라 할 수 있다. 강력한 의견들과 이를 다루는 리더십 사이에서 균형을 유지하는 방법은 리더 각자가 수석 팀의 멤버로서 의견들을 경청하고 결합하며 통합하는 일이다.

유능한 실무 팀은 결정을 내리는 과정에서는 독립적인 견해를 유지하지만 결국에는 순종하며 CEO의 견해를 인정한다. 우리 머서델타사의 컨설턴트들은 "의사 교환 이론을 물결치게 하라."를 이용하여 어떻게 아이디어와 전략들이 폭포처럼 쏟아지게 하는지를 설명한다. CEO가 회사의 미래를 위한 자신의 아이디어를 내놓으면 그다음 지위에 있는 사람은 CEO의 견해를 받아들여 다음 아래 지위의 사람을 위해 이를 재해석한다. 계속하여 그다음 지위에 있는 사람은 차례로 아래에 있는 사람들을 위해 아이디어를 다시 재해석한다. 폭포처럼 쏟아지는 메시지는 CEO가 전달한 메시지와 정확하게 똑같지 않은 것이 이상적이다. 그보다는 재해석으로 각 지위에 있는 사람이 자신의 견해를 주입하여 그 메시지와의 관련성을 회사뿐만 아니라 바로 아래 지위의 사람에게도 설명하게 한다. 원래의 메시지는 일관된 상태에 있으나 재해석에 의해 이를 다양한 그룹들에게도 관련되게 하는 것이다. 그러므로 이렇게 조직의 메시지를 재해석하여 리더들이 원래의 메시지에 자신의 견해를 주입하여 이를 혼합한다.

| 5단계 과정 |

기업은 사원들이 그들의 견해를 개발해서 이를 촉진할 수 있도록 도울 수 있어야 하고, 각 구성원이 견해를 개발하고 이를 생산적으로 활용하는 일반적인 과정들을 인지해야 한다.

● **1단계 : 도전의 개념을 정의하라**
사람들은 어떠한 환경적인 변화에 의해 사물을 바라보는 방식을 분명하게 하라는 자극을 받을 경우 그제서야 자신의 견해를 형성하거나 수정한다. 그러면 아마 매출 증대를 위한 새로운 아이디어가 떠오를지도 모르는데, 이럴 경우 현재의 경영 모델에 맞서 정면 도전할 가능성, 다시 말해 판매, 마케팅, 향후 전망에 대한 새로운 방법이 모색될 가능성이 있다. 그러면 그 동안의 지배적인 견해를 재평가할 필요성이 부각되는 것이다. 인지적인 도전 또는 모험을 수반하는 도전 역시 사람을 주춤거리게 하고, 또한 어떤 특정 상황에 대해서 자신의 사례 이론이 어떻게 부합될 수 있는지에 대해 심각한 의구심을 품게 한다. 어떠한 도전을 하든지 간에 도전은 자신의 평소 사고방식에서 벗어나게 하고 더 넓은 개인적인 시각을 갖추도록 요구한다.

● 2단계 : 외부 정보를 조사하라

두 번째 단계는 도전과 관련된 외부의 정보 자료를 조사하는 것이다. 바꿔 말하면 정보를 읽고 흡수하라는 것이다. 자신의 견해를 형성하기 시작할 때 반드시 정보와 아이디어의 외부(즉 자기 자신의 밖) 자료를 통해서 견해를 여과할 줄 알아야 한다. 도서, 각종 기사, 그리고 웹 사이트 등이 견문이 넓은 방향으로 시각을 형성하는 데 도움이 될 것이다. 여러 중역들은 오로지 자료만, 특히 정기 간행물과 신문만을 읽는 나쁜 습관을 개선해야 한다. 오늘날 쉽게 얻을 수 있는 홍수와도 같은 정보들 속에서 스스로를 헤매게 하여 자신의 편견과 가정에 도전하라.

● 3단계 : 다양한 아이디어를 하나의 견해로 집중시켜라

일단 다양한 아이디어를 흡수한 후 그다음 단계는 스스로에게 "내가 믿는 바가 무엇이지?" "왜 내가 그것을 사실이라고 믿는 거지?"라고 자문하는 것이다. 이 단계는 유용한 정보를 통합하게 해주고 자신의 견해에 집중하게 해주며, 자신의 가치와 시각을 통해 명쾌하고 분명한 방식으로 문제를 바라보게 해준다.

● 4단계 : 다른 사람과 함께 자신의 견해를 점검해보라

자신이 업무를 바라보는 방식에 대해 다른 사람들과 대화와 토의를 하라. 특히 직속부하를 포함하여 자신이 존경하는 사람에게 기획, 방향, 경쟁, 가치 및 전략에 대해 얘기해주고 이의를 제기하게 하

라. 그들은 어떻게 반응하는가? 그들이 고무되어 자신이 제안하는 바에 대해 전적으로 동의하는가? 어떤 부분에 대해서 그들이 숙고하는가? 중요한 것은 실제 대화를 통해 자신이 믿는 바를 표현하는 연습을 하는 것이다. 리더십 개발 프로그램에서 연수기간 내내 '가지고 있는 견해 모두 토로하기'를 연습하게 하여, 이를 통해 간부들이 업무에 대한 자신의 견해를 형성하고 표현하고 발표하게 한 다음 동료들의 피드백을 얻게 한다.

● 5단계 : 견해를 조정하라

견해를 조정한 다음 그 견해로 모험을 감행해보라. 피드백 및 대화를 해보고 시각을 수정해야 할 수도 있다. 일단 견해를 수정하면 이를 활용할 준비를 하라. 몇 가지 중요한 업무에 대한 자신의 관점을 이 견해로 이끌게 하라. 언제 그리고 어떤 일에 이 모험을 감행해야 할지에 대해 판단을 해야 하지만, 분명한 것은 자신과 회사에 모두 이익이 되는 일이어야 한다는 점이다. 회사는 확고하게 자리잡은 신념에 근거하여 그에 따라 행동하는 리더를 필요로 한다.

따라서 이렇게 하는 것이 그러한 리더가 될 수 있는 기회다. 마지막으로 스스로에게 도전하여 자신의 견해를 활용하라. 하지만 독단적인 견해가 되지 않도록 하고 상황이 변하는 것을 고려하여 마음을 열고 수정하라.

기업은 리더가 이러한 다섯 단계를 취하도록 가능한 한 모든 도움을 주어야 한다. 이는 견해 개발에 도움이 되는 환경을 조성해주는 일에서부터 이 다섯 단계를 용이하게 취할 수 있도록 코칭 및 워크숍을 제공해주는 일을 망라하여 전폭적인 지원을 해주어야 함을 의미한다.

예를 들어 이 목표를 염두에 두고 수석 간부를 코치할 때 우리는 다음과 같은 질문을 한다.

- 경제적이고 기술적이며 경영상의 일정한 트렌드라는 차원에서 볼 때 세계에서 일어나고 있는 일은 과연 무엇인가?
- 특별히 관심을 갖는 분야는 무엇이며 그 이유는 무엇인가?
- 그 분야가 자신 혹은 자신이 속한 조직이나 회사에 의미하는 바가 무엇인가?

또한 그들에게 다음과 같은 상황에 처해보라고 요청하기도 한다.

- 회사에서 그 누구보다도 당신을 잘 알고 있는 사람 열 명을 소집했다고 가정해보자. 리더로서 당신이 대표하는 바가 무엇인지 물으면 그들은 무엇이라고 말할 것인가? 그들이 그것을 표현할 수 있는가?
- 그들은 각자 다른 의견을 지니고 있는가?
- 그들이 당신의 견해를 충분히 납득하는가? 그들이 당신의 견해와 그에 대한 당신의 열정 및 헌신에 고취되는가?

그 밖에도 사람들에게 스토리텔링과 자신의 견해를 표현하는 방법을 통합시키도록 코치하는데, 실제(fact) 및 수치를 통해서, 혹은 자신의 아이디어를 무미건조하게 표현하여 시각을 표현하는 리더들을 자주 보게 된다. 그러나 사람의 마음을 끌어당기도록 자신의 견해를 표현해야 효과적인 것이다. 흔히 사람은 열정과 목적을 가지고 전달하는 견해에 강하게 반응한다. 따라서 스토리는 이러한 반응을 일으키는 수단이 될 수 있다. 『스토리텔링 중심의 가상 학습(Virtual Learning)』의 저자인 로저 섕크(Roger Schank)는 사람들의 학습 방법에 관한 한 세계의 최고 권위자 중 한 사람으로, 스토리가 강의보다 훨씬 더 효과적인 교수법이라고 굳게 믿고 있다. 스토리에 고유한 드라마와 결합된 정서적인 구성성분이 강의를 훨씬 더 잘 기억하게 한다는 것이다.

노바르티스사의 CEO 댄 바셀라(Dan Vasella)는 스토리텔링을 통해서 자신의 견해를 강력하게 전달한다. 암을 이겨내는 효과적인 약을 개발하는 것이 노바르티스사의 중심 전략인데, 그는 이를 위하여 납득할 만한 운영 사례를 만드는 한편 약제사로서, 그리고 암으로 여동생을 잃어버린 사람으로서 능숙하게 자신의 견해를 함께 나눈다. 그가 이야기하는 스토리는 감동적이고 강렬한데, 이러한 스토리들은 노바르티스사가 올바른 방향으로 나아가고 있다는 증거다. 흔히 사람들은 CEO의 진정한 모습이란 그 스스로 하는 일에 확신을 갖고 추진하는 사람이라는 점에 대해 추호도 의심하지 않으며, 그의 이야기를 들은 사람은 누구나 다 함께 그가 하는 일에 참여하고 싶어한다.

견해를 개발하도록 도와줄 때 강조하는 또 다른 분야는 성찰이다. 성공한 중역들은 흔히 자신의 신념을 재고할 만큼 시간이 충분하지 않다. 이들은 대단히 바쁘고 일정이 빼곡히 잡혀 있어서 한걸음 물러나 조망하며 아래와 같은 어려운 문제들을 곰곰이 생각할 시간이 없다.

- 우리가 운영하는 방식이 좋은 성과를 내는 면에서는 옳을지라도, 윤리적인 시각 혹은 인간적인 시각으로 보았을 때 혹시 틀린 것은 아닐까?
- 일을 처리하는 우리의 전통적인 방식이 새로운 기술 및 효과적인 경영모델을 포함하여 충분히 시장성이 있는가?
- 규범과 가치만 주어진다면 이러한 풍토에서 일하는 것이 편하다고 느끼는가?
- 내가 진실로 상사의 생각을 믿기 때문에, 아니면 그가 단순히 나의 상사이기 때문에 회의석상에서 그에게 동의하는가?
- 사람들이 동의할 것이라고 생각하는 것에 근거해서, 아니면 반드시 해야 할 옳은 일이라고 믿기 때문에 제안을 유보하거나 또는 이에 반해 의사결정을 내리는가?
- 회사를 발전시키고 좋은 결과를 만든다고 믿는 일에 진정으로 시간과 에너지를 투자하고 있는가, 아니면 단순히 내가 맡은 이 역할에서 당연히 해야만 하는 일에 대해 사람들이 지니고 있는 기대를 달성하고자 노력만 하고 있는가?
- 이것이 내가 운영하는 회사라면 나는 과연 무엇을 할 것인가?

이러한 질문에 대한 답은 금방 얻어질 리가 없다. 이러한 질문들은 더 오랜 시간 동안 방해받지 않고 끊임없이 지속적으로 생각해야 한다. 사실 몇 일, 몇 주, 혹은 몇 달에 걸쳐 일련의 성찰 기간이 필요할 수도 있다. 스스로 따로 시간을 내어 생각하는 리더들이 필시 강력한 견해를 형성하고 이를 표현하는 리더들일 것이다.

마지막으로 기업은, 사람들이 흔히 견해를 두 가지 방식으로 형성한다는 점을 인지해야 한다. 오늘날 대부분의 리더들은 세계에서 가장 널리 사용되는 성격조사 중의 하나인 MBTI(Myers-Briggs Type Indicator) 성격유형조사를 잘 알고 있다. MBTI 유형에는 사람들이 정보를 저장하고 결정을 내리는 주요한 두 가지 방식이 있는데, 사람들은 분석적이며 합리적인 T유형과 자신의 가치와 신념을 이용하는 F유형 중 하나를 선택한다.

T유형은 분석과 결정을 통해서 견해를 형성한다. 이들은 아이디어를 조사하고 토론하고 보충하며, 이러한 행동을 통해서 자신들에게 무엇이 중요한지 결론을 얻는다. 반면 F유형은 자신들의 신념을 특정 상황에 적용하며 다른 사람들, 즉 동료, 직속부하, 고객 등에게 미치는 영향을 관찰한다. 이 유형의 사람들은 어떤 제안 혹은 프로그램이 사람들 사이에서 지지를 받고 이내 동요를 일으키는 모습을 볼 때 더욱 인지적이 되며 무엇이 그토록 강력한 지지를 이끌어냈는지를 알게 된다.

요컨대 문제는 T유형이 제한된 영향을 지닌다는 것인데, 그 이유는 F유형이 생각하기에 이들의 견해가 냉정하고 감정에 지배되지 않고, 따라서 인적 요인에 대해 관심이 부족하다고 느끼기 때문이다. 마찬가지로 F유형에도 한계가 있는데, 왜 자신들의 견해가 합리적이 되는지를 T유형에게 명쾌하고 논리적인 용어로 설명하지를 못하기 때문이다.

그러므로 기업은 자신의 시각을 논리적으로, 동시에 설득력 있고 납득할 만한 논리로 설명할 수 있는 완전한 리더를 개발해야 한다. 또는 달리 표현하자면 기업은 자신의 견해에 대해서 법정에서와 같은 팽팽한 논쟁을 펼칠 줄 아는 리더, 그러나 또한 자기 의뢰인의 무죄를 믿는 변호사와 같은 달변의 열정을 지니고 의사표현을 제대로 할 줄 아는 리더를 필요로 하고 있다.

7장은 3부 '가슴 리더십', 즉 자신의 기분과 감정이 업무 결정에 이익이 되도록 어떻게 영향을 미치는지 알아본다.

HEAD, HEART & GUTS LEADERSHIP

3
가슴 리더십

사람들의 요구사항과 업무의 요구사항 사이에서 균형잡기
신뢰를 통하여 통합된 해결책 개발하기
다양한 문화를 지닌 사람들과 협동하고 리드하기
사람들과 함께 일할 때 개인의 일탈행위 극복하기

7장
사람들의 요구사항과
업무의 요구사항 사이에서 균형잡기

　사람들의 요구사항과 업무의 요구사항 사이에서 균형을 잡으려면 따뜻한 가슴이 필요하다. 전형적인 리더, 즉 추진력이 있으며 숫자 지향적이고 경쟁적이며 목표 중심적인 사람은 결코 균형을 유지하지 못한다. 이러한 리더는 사람을 키우는 것과 기업을 키우는 것이 상관관계가 있다는 것을 모른다. 따라서 이러한 유형의 중역은 단기적인 업무의 요구사항은 충족시킬 수 있지만 장기간에 걸쳐 높은 성과를 유지하지는 못한다. 궁극적으로 이렇게 결과만 중시하게 되면 사원의 이직이나 열정 저하를 초래하여 회사의 사기는 떨어지고 업무에 대한 충실한 참여를 유도해내지 못하게 된다. 이런 '가슴 없는' 리더가 사원들을 무자비하게 몰아붙이면 그들의 노력을 억제시키고 조직에서 쫓아내는 셈이 될 것이다.

　동시에 오로지 가슴만 있는 리더 역시 이 균형을 이루지 못한다. 사실 사람들의 요구사항을 만족시키는 것에만 관심이 있다면 얼마 지나지 않아 자신의 후임자를 위해 일하게 될 그저 매우 행복한 팀을 만든 것으로만 끝날 수도 있다. 우리 동료 중 하나가 표현한 대로

"만약 당신의 성향이 감정이입이 쉽게 되는 성향이라면 곧 당신의 감정이입을 받아줄 사람이 아무도 없게 될 것이다."라는 말이다.

리더는 매일 사람들과 업무 사이에서 어려운 선택을 해야 한다. 지금 채용을 동결시켜 내년에도 계속 이 사원들이 근무할 가능성을 높여야 하는가? 재능은 있지만 결함이 있는 사람들에게 솔직하게 말하고 이들을 설득해야 하는가, 아니면 경쟁사에 인재를 뺏길 모험을 감행해야 하는가? 장래가 유망한 젊은 인재를 비전도 없으며 나이 많은 사람에게나 적합한 임무에 투입해야 하는가?

이러한 어려운 문제들에 맞서려면 배짱이 필요하다. 이제 결과에 대한 엄청난 압박감에 처하여 따뜻한 가슴을 보여주지 못하는 여러 가지 이유를 살펴보기로 한다.

| 가슴과 결과를 연결시켜라 |

분기마다 더 나은 실적을 내야 한다는 리더들의 압박감이 시종일관 커지고 있다는 것에 대해서는 굳이 언급할 필요도 없다. LGE시스템사의 잭 그로펠(Jack Groppel)은 『기업의 운동선수(The Corporate Athlete)』라는 뛰어난 저서를 썼는데, 그는 기업 리더들이 직면해 있는 실적에 대한 압박감을 진솔하게 기술했다. 잭은 기업 리더의 정신적, 신체적, 정서적인 어려움을 연구하여 이를 프로 선수의 어려움과 비교했다. 프로 선수들이 받는 압박감은 대단히 심한데다 시종일관 계속된다. 그런데 프로 선수와는 달리 기업 선수에게는 '오프 시즌'도 없다. 이들에게는 주간 시합이나 경기를 준비하기 위한 연습시간이 무한히

있는 것이 아니다. 압박감은 끊이지 않고 무자비하게 계속된다. 누구든 결과에 대한 압박감에 신경 쓰지 않는 사람은 자신의 생사를 걸고 그렇게 하는 것이다. 그러나 결과에 집중하는 것 이상으로 사람들의 관심사를 살피는 것도 중요하다.

언뜻 보아서 명백하지는 않지만 포괄적인 태도를 키우고 감정이입이 될 수 있는 능력은 특히 프로젝트의 마지막에 가서는 성과에 극적인 영향을 미친다. 예를 들어 팀의 일원에게 진정한 관심을 보이고 또한 그들을 믿고 신뢰한다는 것을 알리는 일은 더 큰 헌신으로 보답 받을 수 있을 뿐만 아니라 어려운 문제에 대해 한층 더 혁신적인 해결책을 찾는 데 그가 반드시 필요하다는 자신감을 심어줄 수도 있다. 이를 피그말리온효과(Pygmalion Effect)라고 하는데, 직원들에 대한 높은 기대가 성과에 긍정적인 영향을 미친다는 뜻이다. 이 현상은 연극으로 대중화되었고, 후일 영화 〈나의 아름다운 아가씨(My Fair Lady)〉로 제작되기도 했다. 이 영화에서 헨리 히긴스(Henry Higgins) 교수가 엘리사 두리틀(Eliza Dolittle)에게 기대를 갖고 믿어주자 그녀는 높은 성과를 거두게 된다. 로버트 로젠설(Robert Rosenthal) 교수는 교실에 있는 학생들에게 기대를 하든 혹은 팀의 일원인 직속부하에게 기대를 하든, 이들에게 높은 기대를 가지면 가질수록 성과에 긍정적인 영향을 미칠 수 있다고 입증했다.

최근에 정서지능 그리고 조직의 구성원에게 열정, 자신감, 신뢰, 낙관주의를 불어넣는 리더의 능력과 이의 연관성에 대한 저서들이 많이 나오고 있다. 자기 스스로를 알고 정서적으로 다른 사람과 연결 지을 수 있는 능력은 분명히 사람들을 리드하고 영향을 미치는 능력과 관련이 있을 것이다. 그럼에도 많은 리더들은 사람들의 욕구와 업무의 요구사항이 별개라고 생각한다. 야심에 찬 경영목표를 달성해야 한다는 엄청난 압박감 때문에 어떤 리더는 실제로는 따뜻한 가슴을 지니고 있으면서도 이를 의도적으로 드러내 보이지 않는다.

진실한 감정이나 배려에 관해 눈곱만큼의 관심도 보이지 않는 리더는 경영 실적에 부정적인 영향을 미친다. 예를 들면 리더가 예상하고 있는 성과에 걸림돌이 되는 문제를 귀담아 듣고 이를 인정한다면 결정을 내리지 못해 이러지도 저러지도 못하는 모험을 감행하도록 용기를 북돋워주는 일에 관심을 갖게 될 것이다. 대부분의 리더들은 "이 일은 될 리가 없는데요."라고 말하는 사람에게 "방법을 찾아보시오."라고 말한다. 또한 다른 사람들의 관심사를 코치하고 개발하거나 혹은 심지어 집중하여 경청하기 위해 일부러 시간을 내는 일은 고객 판매 혹은 서비스 등 자신이 중점을 두어야 하는 일로부터 주의를 산만하게 할 뿐이라고 생각하는 리더들도 종종 있다. 대부분의 기업에서는 실수에 대한 용납의 여지를 남겨주지 않고 대화할 시간을 주지 않으며 장기적인 계획을 위해 코치하는 시간도 거의 내주지 않는다. 아마 나름대로 타당한 중대사들이 있겠지만 따뜻한 가슴을 보여주지 않을 때 무슨 일이 생길지를 생각해보라. 그러면 리더는 균형을 제대로 유지하지 못하게 된다.

> 테리(Terry)는 세계적인 기업의 큰 부문의 CEO인데, 그는 훌륭한 재무 전략가이며 강력한 의사전달가 및 도덕적인 리더로서의 명성을 지니고 있다. 테리는 또한 인정이 있는 리더로서의 능력을 갖추고 있으나 좀처럼 자신의 연민을 겉으로 드러내지 않는다. 모 회사에서 지시받은 메시지와 결합시켜 단기 결과에 꾸준히 집중하는 그

로 인해 사원들은 무엇보다도 두려움 자체에서 동기를 부여받았다. 이 때문에 그는 다른 사람들에게 손해를 끼치는 결과를 초래한다. 사원들이 목표에서 벗어나면 그는 징벌을 하거나 품위를 떨어트리는 행동을 한다. 이렇게 지킬 박사와 하이드의 양면성을 보이자 사람들의 불신을 사게 되고 테리에게 중요한 것은 오직 결과뿐이라는 믿음이 강하게 뿌리박혔다.

이것이 바로 그가 팀을 잃게 된 이유였다. 사원 중 일부는 다른 부서로 전출을 희망했고 또 다른 일부는 사실상 회사를 그만뒀다. 남아 있는 팀원들도 '악의적인 순응'은 했지만 정서적으로는 활기와 독창성을 잃어버렸다. 이와 못지않게 중요한 것은, 테리의 동료들이 그가 운영하는 업무 방식과 이 방식이 조직에 미치는 부정적인 영향을 못마땅해한다는 것이었다. 비록 조직이 강경한 태도와 강력한 업무 중점의 풍토를 지지한다 하더라도 조직은 반드시 사람들을 존중하는 것도 포용해야 할 것이다. 테리는 인간 존중의 가치를 무시해서 동료에게 해를 주었을 뿐만 아니라 업무의 효과도 떨어트렸다.

아시아에 있는 자회사의 금융 담당 부사장인 테리의 한 직속부하는 그의 리더십 스타일에 대해 다음과 같이 언급했다.

"전 지역에 걸쳐서 실적을 높이려는 노력의 일환으로 우리는 저예산의 구조하에서 일부를 포기하면서까지 실적이 오를 만한 곳에 그 비용을 광고에 투자하기로 했다. 아시아의 전 지역에서 실적이 좋으면 좋을수록 우리 모두를 위해서도 당연히 좋을 거라고 생각했다. 테리가 우리 사무실에 찾아왔다. 그는 우리가 전보다 더 적은 비용으로 일을 진행하고 있다는 사실을 잊은 듯했다. 변명하고자 하는 것은 아니지만, 우리가 곤경에 처해 있는 상황에 대해 그는 공감과 이해를 보여주지 않았으며 자신이 창출하고자 한 성과에 이르지 못한 것에 대해서 비난만 함으로써 전 사원의 사기를 꺾었다."

부사장이 기대하고 있었던 것은 좋은 결과를 내지 못한 곤란한 상황에 대한 면제가 아니라 이해심이라는 점에 주목해야 한다. 공감하지 못하는 테리의 무능으로 그가 바라던 바로 그 결과, 즉 더 나은 결과를 얻을 수 있는 토대를 위태롭게 했다는 것은 아이러니컬하다.

P&G(프록터앤드갬블)사의 CEO이자 회장인 앨런 라플리(A. J. Lafley)는 사람과 결과와의 관계를 잘 파악하고 있는 전형적인 사람일 것이다.

> P&G사에 재직할 당시 라플리는 지지부진한 조직을 혁신적이고 진취적인 조직으로 탈바꿈시킨 것으로 극찬받았다. 매사에 훌륭한 결과를 창출하는 정열적이며 적극적인 라플리는 대개 '저자세'와 '겸손한' 사람으로 알려져 있다. 사치앤드사치 광고대행사의 CEO 케빈 로버츠(Kevin Roberts)는 라플리를 "겸손하지만 자신감이 있고 부드럽지만 강건한 사람으로, 상대의 말을 주의해서 듣지만 그러나 단호한" 사람이라고 표현한다. 그리고 라플리 자신은 "나는 사람들의 업무 환경을 더 낫게 만드는 방식으로 그들을 감동시키는 일에 관심을 갖는다."라고 말한 바 있다. 다정하고 따뜻한 가슴 지향적인 이 리더는 또한 합목적적인 데 필요한 일은 어떤 것이든 단행할 수 있는 능력이 있다. 라플리가 사원들에게 오로지 헌신만 하는 것처럼 보이지만 그는 실제로 경비를 줄이기 위해 P&G사의 사원을 무려 9600명까지 해고하라고 승인한 사람이기도 하다. 또한

> P&G사가 클래이롤을 인수하면서 공장 세 곳을 폐쇄할 때 750여 개의 일자리를 없애기도 했다.

라플리가 사람과 결과 사이에서 잡기 어려운 균형을 유지하고자 부단히 노력한 것은 분명하다. 확실히 그는 이 균형(지속적인 유지, 혁신, 네트워킹)을 유지하여 얻게 되는 이득을 잘 파악하고 있었다.

● 지속적인 유지

앞에서 이야기했듯이 기업이 단기적인 업무 결과에만 중점을 두면 경쟁에서 살아남거나 더불어 번창할 수도 있지만 장기적인 문제를 피해갈 수는 없다. 기업의 역량을 쌓기 위해서, 즉 인재를 양성하고 다수의 고급 인재를 보유하고 사람들이 근면하고 열정과 창의성을 지니고 일할 수 있는 환경을 조성하기 위해서 기업은 사람들의 욕구를 충족시키며 신뢰할 만한 노력을 해야 한다. 지금까지 이 주제와 관련하여 수많은 연구를 해왔는데, 그 결과를 보면 존중받지 못하는 사원은 존중받는 사원보다 훨씬 더 쉽게 직장을 그만두려 하는 경향이 있다는 것을 알 수 있다. 마찬가지로 공동체의식을 양산하지 못하는 리더는 사원들에게서도 헌신과 독창성을 불러 일으키지 못한다.

하지만 이러한 일은 단번에 이루어지지는 않는다. 관리자가 직속부하와 관계를 구축하는 데에는 오랜 시간이 소요될 수 있고 나아가 강력하고 신뢰할 만한 관계를 형성한 후에도 이것이 성과로 이어지는 데에는 오랜 시간이 걸릴 수 있다. 하지만 우리는 직속부하와 굳건한 결속을 맺어 그들로 하여금 평균을 뛰어넘는 높은 성과에 도달할 수 있게 하는 관리자를 많이 목격했다. 이와는 반대로 단기적인 기간 동안 높은 성과를 요구하여 이를 달성하게 하는 냉담하고 무심하며 억제된 리더들도 있으나 오랜 기간 동안 일관되게 성과를 계속 유지하게 하는 능력은 없다. 그 예를 기업의 최고 중역 위원회에서 찾아볼 수 있는데, 서로에 대한 공동체의식과 진정한 관심이 없는 이들의 태도는 원하든 원치 않든 회사 전반적인 시스템에 반영된다. 기능이상장애를 일으키는 중역 팀은 자신들의 문제가 조직의 하위층 전반에까지 투영된다는 점을 알고는 대개 놀라운 기색을 보인다.

● 혁신

혁신은 대부분의 기업에게 성배(聖杯 : 포착하기는 어려우나 이상적인 것-옮긴이)와도 같은 것이다. 혁신은 어느 기업이든 활력의 근원이지만 관료주의적인 시스템에서는 무의식적으로 독창성보다는 순응을, 성장보다는 리스크 기피를, 창의성보다는 일관성을 조성하는 경향이 있다. 일을 처리하는 새로운 방식, 즉 전통적인 방식보다 신속하고 저비용의 방식을 견인하는 혁신은 기업에게 활력을 주는 원천일 것이다. 따라서 관료적인 조직 내에서 일을 처리하는 새로운 방식을 구축하는 일은 변화를 모색하고자 꾸준히 노력해야 하는 열정을 필요로 한다.

하지만 만약 사람들의 정서적인 욕구가 충족되지 않는다면 대부분의 경우에 사람들은 혁신적인 태도를 잉태하는 동기부여도, 여유로움도 가질 수 없게 된다. 리처드 플로리다(Richard Florida)와 짐 굿나잇(Jim Goodnight)은 최근 〈하버드 비즈니스 리뷰(Harvard Business Review)〉(월간 경영학 전문 잡지-옮긴이)의 기사에서 이러한 생각을 '창의성 다루기'라고 밝힌 바 있다. 이들은 창의적인 재능을 보유하여 지적으로 도전하게 하는 일의 중요성을 서술했다. 리더가 사람들을 끌어안고 지지해주는 환경을 조성하면 그들은 기탄없이 의견을 토로하고 일을 처리하는 기존의 방식에 맞서 과감히 도전하며 모험을 감행할 것이고, 비록 결과가 실패하더라도 이들은 계속해서 가치를 인정받는 팀의 일원이 되리라 느낄 것이다. 설사 실수를 하더라도 여전히 가치를 인정받고 응당한 보답을 받는다고 느끼게 되면 그들은 기존의 관행에 맞서는 아이디어를 더 편하게 제안할 것이다.

두려움과 리스크를 기피하는 풍토보다 더 빠르게 혁신과 독창성을 억제하는 것은 없다. 창의성이란 단지 누구에게 그것을 명령한다고 해서 얻을 수 있는 것이 아니다. 당장의 목표를 충족시켜야 할 압박감에 시달리며 실패를 두려워하거나 변화를 보이지 않는 상황에 처한 사람에게 변화하라는 압력을 가한다고 해서 이에 고쳐지는 사람은 아무도 없다.

● **횡적 네트워킹**

작금의 기업환경은 그 어느 때보다도 구성원의 노력보다 단위조직 간의 연계를 통해서 목표를 달성하는 경우가 더 많아지고 있다. 대부분의 기업들은 공식적인 팀뿐 아니라 횡적인 의사 교환 및 비공식적인 네트워크를 요하는 과정들을 분명히 밝히고 있다. 횡적인 네트워크는 엄청난 양의 조직 업무를 수행한다. 그런데 문제는 구성원을 다루기보다 횡적인 팀을 다루는 것이 훨씬 더 어렵다는 것이다. 팀원들은 자신들이 이용만 당하고 진가를 인정받지 못하거나 혹은 위협받는다는 기분이 들면 그 횡적 네트워크에서 등을 돌려 합작할 다른 팀을 찾게 된다. 관리자와 직속부하 간의 일대일 관계를 숨기는 것보다 팀이나 횡적인 네트워크 안에서 미미한 실적이나 이탈을 숨기기가 훨씬 더 쉽기 때문이다.

『팀이 빠지기 쉬운 다섯 가지 함정(The Five Dysfunctions of a Team)』에서 패트릭 렌시오니(Patrick Lencioni)는 팀의 욕구가 충족되지 않았을 때 어떻게 되는지를 설명한다. 그는 팀원들이 서로 불신하고 정보와 아이디어를 교류하지 않을 경우 어떠한 상황이 벌어지는지를 적나라하게 보여준다. 팀원들이 솔직하게 자기를 드러내지 않으면 이들은 문제를 해결하기보다는 충돌을 회피하고자 한다. 이들이 의견차이를 좁히지 못할 경우 자연히 이들은 팀의 결정 사항들에 매진하지 못하게 된다. 이는 다섯 가지 중 세 가지 기능이상장애들로, 이른바 요점은 사람들의 욕구를 충족시켜야 한다는 것이다. 그러지 않으면 팀 및 다른 그룹들이 제대로 그 기능을 하지 못하게 된다는 것이다.

| 점잖게 행동하기 vs 친절하게 행동하기 |

기업은 사람들의 욕구에 대한 개념을 단순화하는 경향이 있는데, 이에 근거하여 사람들의 주요한 욕구들을 충족시키기보다는 오히려 명색뿐인 제스처를 보이는 것으로 그친다. 이러한 욕구의 단순화는 리더가 점잖게 행동함으로써 사람들의 욕구를 충족시킨다는 것이다.

우선 '점잖게 행동하기'와 '친절하게 행동하기'의 차이를 생각해 보자. 만약 당신의 넥타이에 눈에 띄는 얼룩이 있는데 이를 본 사람이 당신이 무안해할까 우려하여 말해주지 않는다면 그 사람은 점잖게 행동하는 사람이다. 그러나 그가 당신을 따로 불러내어 얼룩이 묻었으니 바꿔 매든지 하라고 알려준다면 그는 친절하게 행동하는 사람이다. 이 사람이 바로 당신에게 지대한 관심을 갖고 행동하는 사람이며, 필시 당신이 알고 싶어하는 것을 알려주는 사람일 것이다.

후자의 경우 단순히 점잖게 행동하는 것으로는 도달할 수 없는 긍정적인 결과를 얻게 된다. 그렇다면 사람들의 욕구를 충족시킨다는 것은 직속부하에게 잘 대해주기 혹은 공손하게 대해서 갈등과 대립을 피하기 그 이상의 것을 요한다는 말이다. 이는 단순히 어떤 태도가 아니라 행동을 의미한다. 사실 오직 의미 있는 행동을 통해서만 사람들의 욕구와 업무상의 필요 사이에서 균형을 유지할 수 있다.

나이키와 P&G와 같은 강력한 매트릭스 기업에서는 글로벌화에 대처하는 방법에 대해 빈번하게 열띤 토론을 한다. 나이키의 수석 간부들은 끊임없이 전 세계적인 제품 기준과 현지의 요건에 대한 균형을 맞춘다. 매트릭스 조직에서는 실제로 항상 갈등이 일어날 소지가 잠재되어 있는데, 그 이유는 강력한 리더들이 조직에 대해 강한 견해를 지니고 있고 또한 조직에 대해 다양한 시각을 지니고 있기 때문이다. 나이키의 수석 팀은 자신들의 이견을 효과적으로 다루고 악의나 비난을 하지 않고 이견을 토론하며 연간 계획과 목표에 도달할 수 있는 능력을 갖추고 있다. 이들이 이렇게 할 수 있는 이유는 나이키사가 '팀의 일원이 되기'를 기업의 큰 가치로 삼는 풍토를 조성했기 때문이다. 나이키사의 모든 계층의 리더들은 팀의 성공이 없으면 구성원 혼자 성공하는 일도 불가능하다고 생각하며 이러한 방법이 바로 상호의존 및 갈등이 필수 불가결한 매트릭스 조직에서 효과적으로 토대를 잡을 수 있는 초석이 되었다.

나이키, 뱅크오브아메리카, 콜게이트, 존슨앤드존슨, 그리고 기타 여러 기업에서 상호의존적인 매트릭스 조직의 수석 팀은 그들끼리 설혹 의견이 일치하지 않을 때에도 서로를 존중하겠다는 약속을 한다. 하지만 중역 팀은 이러한 약속을 지키지 않는 경우가 많다. 이들은 지나치게 인지적인 부분에 치중해서 서로 치열한 논쟁을 하고자 한다. 흔히 이들의 주장은 대단히 논리적이어서 어떤 리더의 얘기를 들어보면 이들의 의견에 동의를 하게 되고, 후에 이와 반대 의견을 지닌 또 다른 리더의 얘기를 들어보면 다시 그에게 동의를 하게 된다. 얼마 지나지 않아 그 팀은 대화와 문제해결로 통하는 토론의 미로에서 길을 잃고 만다. 가슴을 보일 때, 즉 스스로 다른 사람의 견해에 감정이입하여 귀를 기울일 때, 다른 사람을 신뢰할 경우 나타나는 융통성을 보일 때만이 문제를 해결할 수 있으며 계획을 달성할 수 있고 성과를 보게 된다.

그러므로 사람들의 욕구를 충족시키게 되면 진실로 다른 사람을 존중하는 태도를 보여 그들의 의견에 적극적으로 귀를 기울일 수 있게 되며, 확고하게 뿌리를 내린 자신의 입장도 기꺼이 바꿀 수 있게 되는 선순환 작용을 한다.

물론 사람과 업무 사이에서 균형을 맞추는 일이 불안정할 때도 있다. 거의 날마다 리더들은 사원과 함께 업무를 제대로 처리하고 싶은 바람으로 고군분투한다. 이들은 회사를 위해 진실로 헌신하는 수많은 사람들을 해고하는 일은 '옳지' 않으며 잘못하지 않은 일로 일자리를 잃게 해서는 안 된다는 것을 알고 있다. 하지만 신속하게 경비를 삭감하지 않으면 장차 회사가 살아남지 못하는 위험에 처하게 될 수 있다는 것 또한 알고 있다. 회사의 가치를 증명하고 향상에 지대한 공헌을 한 구성원을 승진에서 제외시키는 것이 '옳지' 않을 수도 있지만, 또한 좋은 결과를 내지 않을 수도 없다는 것을 알고 있다. 균형을 효과적으로 유지하려면 리더는 계속해서 외관상 공평하고 인간적이지 않은 것처럼 보이는 조치도 취할 수 있어야 한다.

대부분의 리더에게 가장 어려운 문제는 실적 문제에 대해 자신의 직속부하와 대립하는 것, 혹은 해고하는 것이다. 서투른 리더는 단지 자신들이 좋은 사람으로 행동하고 싶다는 이유로 실적이 미비하거나 저조한 사람을 그대로 계속 자리에 있게 해서 회사에 큰 손실을 입힌다. 실적 문제와 관련해서 사람들과 맞서는 것을 두려워하는 리더들이 많다. 용기를 수반하는 어려운 업무 결정을 내리는 강력한 중역들이 실적이 저조한 사원들의 혹독한 피드백을 제시하면 이들은 그들과 대화하기를 회피하거나 그 피드백의 쟁점을 흐린다. 그러나 용기를 내어 대화를 하면 의외로 대화가 잘 풀린다는 것을 알고 놀라는 경우도 흔하다. 어떤 경우에는 상대가 그런 말을 듣고 실제로 안도한다는 사실도 알게 된다.

이제 점잖게 대하기와 친절하게 대하기의 차이점을 살펴보자. 점잖게 대한다는 것은 갈등을 피하고 겉으로 모든 것이 이상이 없는 체하는 것이다. 반면 친절하게 대한다는 것은 사람들에게 알아야 할 필요가 있는 메시지를 전달한다는 것을 뜻하며 그들에게 지대한 관심을 갖고 행동한다는 것을 뜻한다. 우리는 '나쁜 소식'을 전하지 않는 리더에게 어떤 사람이 반드시 알아야 할 필요가 있는 사실을 알리지 않는 것이 진정 그 사람을 위한 것인지 묻고 싶다.

정면으로 맞서기를 싫어한다는 말에는 가슴이 부족하다는 뜻이 내포된다. 『그물 없이 일하기(Working Without a Net)』에서 모리스 섹트먼(Morris Schectman)은 기업들이 '보살펴주는' 관리자로 넘쳐나고 있다고 기술한다. 이러한 관리자들은 부성적이거나 모성적이어서 자신들이 진정으로 사람들을 보살펴야 하며 그들이 일자리를 잃지 않도록, 혹은 비난받지 않도록 보호해야 한다는 확신에 차 있다. 이들은 자신들의 직속부하를 '유약한' 구성원으로 간주하여 이들이 마음의 상처를 받을까 걱정한다. 섹트먼은, 실제로 사람들은 관리자가 생각하는 것보다 훨씬 더 강하며 실적이 저조한 사람들을 안일하게 만들고 좀 더 배워서 스스로의 수준에 걸맞은 자리를 찾아야 한다는 사실을 깨닫지 못하게 한다고 말한다. 이는 관리자가 그들을 친절하게 대하는 것이라기보다는 오히려 잔인하게 대하는 것이라고 갈파하고 있다.

어떤 회사의 중역 위원회는 엄정한 평가와 자료를 통해서 수많은 핵심 중역들이 능력은 있으나 탁월하지는 않으며, 회사의 발전을 위해서는 이들이 요직에 있으므로 더 탁월함을 보여야 한다는 사실을 깨닫게 되었다. 자료를 피드백하는 과정을 마친 다음 CEO는 외부에서 인재를 모집해야 한다고 주장했다. 충분한 조사를 하여 이들은 업무를 추진할 여러 리더들의 신원을 확인했다. 그런데 문제는 이로써 부차적인 피해를 초래할 수 있다는 것이었다. 현재의 중역들은 오랫동안 회사에서 근무했기 때문에 조직 전반에 걸쳐 끈끈한 관계를 형성하고 있었다. 만약 이들의 자리가 대거 교체된다면 사기는 땅에 떨어질 것이었다. 이러한 조치를 취하게 되면 뜻하지 않게 몰인정한 대청소를 하게 되는 셈이었다. 마찬가지로 중요한 것은 자신들의 상사를 교체한 것에 화가 난 사원들이 아마도 헌신과 활기를 잃게 되어 성과에 부정적인 영향을 미치게 될 것이라는 점이었다. 하지만 설사 실적이 저조한 사람들을 그 자리에 계속 남아 있게 한다 해도 성과는 부정적인 영향을 받게 될 것이다.

이 딜레마에 대한 간단한 해결책은 없으나 평균 수준의, 혹은 저조한 실적을 그대로 유지하면서 점잖게 행동하는 것이 해답은 아니다. 이러한 상황에서는 사람들의 욕구와 업무에 필요한 것을 균형 맞추는 일에 서서히, 그리고 완만하게 변화를 주어야 한다. 이 말은 회사가 구성원을 대체하는 일을 '살벌한 월요일' 사건으로 접근하기보다는 일련의 과정으로 접근해야 한다는 뜻이다. 아마 일부 중역은 새로운 직책으로 이동하거나 혹은 더 효과를 낼 수 있는 단계까지 계발될 수도 있다. 어쩌면 해고된 중역들은 일정 퇴직 수당을 받아 짐을 챙기고 재취직의 지원을 받을지도 모른다. 어떠한 변화를 주든 사람들의 욕구와 업무의 필요사항을, 즉 이 둘 중 하나의 선택을 해야 한다거나 혹은 다른 대안을 모색하기보다는 서로 영향을 미치는 요인으로 간주해야 한다.

| 과도한 감정이입이라는 덫 |

균형을 효과적으로 이루기 위한 방법을 논하기 전에 지나치게 인간 중심 경영철학에 의존하면 어떤 일이 생기는지 경고하고 싶다. 사람들을 비중 있게 두는 일부 리더들은 감정이입을 잘하고 감수성이 강하며 동기부여를 잘하고 인재를 개발하는, 진실로 예의 바른 사람들이다. 이들의 직속부하들은 극도로 충실하고 동기부여를 강하게 받는다. 어떤 상황과 기업에 따라서는 이러한 리더들이 필요할지 모르지만 어떤 경우에는 업무를 비효율적으로 만들 수도 있다.

중역 위원회에 속한 한 여성은 제대로 임무를 다하지는 않으나 쟁점을 다양하게 다룰 줄 아는 회사의 몇 안 되는 사람 중 하나다. 사실 그녀는 자신의 일에서 성과를 내지 못하여 모든 조직에 영향을 미치고 있다. CEO는 무엇보다도 회사를 위해 어떤 변화를 시도해봐야 한다는 것을 알고 있고, 이사진 또한 그렇게 하라는 압력을 넣고 있다. 그런데 CEO는 그녀와 함께 근무하는 동안 같이 일하면서 나름대로 돈독한 유대감을 형성해왔다.

그녀가 그의 전임자에 의해 그 자리에 임명되었을 때 그녀의 능력은 그 역할, 즉 자원을 합병하고 매트릭스를 구축하고 실적을 관리하는 일에 대한 자격요건으로 타당했다. 그러나 현재 필요한 것은 회사를 또 다른 수준으로 끌어올릴 수 있는 비전 있는 리더다. CEO는 그녀에게 알코올 중독자인 남편과 부양해야 할 자식이 있다는 것을 알고 있으며 그녀의 팀원들도 그녀를 칭찬하며 좋아하고 있다. 하지만 360도 피드백(다면 평가 제도-옮긴이), 코칭, 동료로부터의 직접적인 메시지에도 불구하고 그녀는 회사가 직면하고 있는 도전에 대응할 능력이 없다.

위의 예에서 지나치게 인물 중심적인 CEO라면 이 여성을 친구로, 신뢰하는 동료로 간주하여 계속 합리화하며 일을 계속하게 할 것이다. 그런 사람은 직무가 업무의 핵심적인 임무에 부수적이라는 결정을 내릴지도 모른다. 또한 그녀의 성과 문제를 돕기 위한 코치에 더 많이 투자할지도 모른다. 그녀더러 어느 유명한 비즈니스 스쿨의 중역 직무 프로그램에 참여해야 한다고 주장할지도 모른다. 그녀가 지금은 비록 어려운 시기를 겪고 있으나 곧 성과 문제를 극복해 내리라고 스스로에게 자기암시를 할지도 모른다. 그러는 사이 그녀의 동료들은 그녀의 비효율성과 CEO의 특혜를 받아 겨우 자리를 유지하고 있다는 사실에 분개할 것이다.

지나치게 인물 중심적인 리더가 보이는 다음과 같은 징후들에 주의하라.

- 실적이 뒤떨어지거나 효과가 없는 사람들과 맞서기를 꺼림: 이들이 향상을 보이지 않을 때에도 자리에서 물러나라는 말은 한층 더 꺼림.
- 반사적으로 합리화함: 왜 자신이 구성원에게 효과가 없는 일을 계속하게 하는지 순환논리로 설명함.
- 방책을 미룸: 새로운 프로젝트를 맡기거나 추가 자료를 주거나 또는 새로운 목표를 주어 사람을 '계발시키는' 명색뿐인 조치를 취해서 구성원에 직접 맞서거나 해고하기를 기피함.
- 충성에 의지함: 오랫동안 같이 일하면서 자신에게 충성을 했다는 이유로 이들을 보호함.
- 개인적인 변명: 구성원의 실적이 저조한 것은 그의 생활의 부정적인 일(아이, 이혼, 가족의 죽음 등의 문제들)에서 기인했다고 핑계를 댐.

우리가 제안하고 있는 균형은 주로 가슴 혹은 머리로 리드하는 리더에 의해서 이루어질 수 있으나, 이 스타일에만 전적으로 의존한다면 참다운 균형은 이루어질 수 없다.

| 업무의 필요사항을 잊지 않으면서
사람들의 필요사항을 염두에 두는 방법 |

미디어에서 흔히 묘사하는 것과는 다르게 기업의 중역들이 모두 가슴이 없는 것은 아니다. 성과를 내야 한다는 강한 압박을 받으면 겉으로 그렇게 보일 수도 있으나, 직원들에게 아무리 요구하는 것이 많고 깐깐한 리더라 하더라도 인간과 업무의 필요사항의 균형을 제법 맞추는 리더들이 있다. 핵심은 코칭이나 개발 프로그램을 이용하여 다음과 같은 사항을 달성할 수 있다는 것이다.

● **서로 대립되는 욕구들의 균형을 유지해야 하는 현실을 인정하라**

어느 한쪽 편을 들지 말아야 한다. 두 개의 대안을 똑같이 중요하게 균형을 맞추는 것에 대비하여 하나의 대안을 선택할 필요가 있는 상황에 처하면 선택하지 않은 대안을 희생시키는 모험을 감행하게 된다. 균형을 맞출 필요성을 인식하고는 있으나 늘 어느 하나의 대안을 선호한다면 큰 성과를 거두기 어려울 것이다. 리더들은 대립하는 요소들의 균형을 맞추어야 한다는 생각을 의식하는 정신자세를 개발해야 한다. 주주의 욕구나 업무상의 욕구, 이 둘은 똑같이 중요한데 각각의 욕구를 만족시키는 방식으로 번갈아가면서 하나를 선택하는 방법을 배워야 한다. 그렇게 하면 양쪽 다 욕구를 충족하게 된다. 성과를 장기적으로 지속하기 위해서 기업은 사람들의 욕구에 매우 민감하게 반응해야 한다. 그러지 않을 경우 회사의 가장 가치 있는 자원을 다 소진해버린다는 것을 성공한 리더는 알고 있다.

리더들에게 피드백을 실시하면 확실히 대립하는 욕구들을 깊이 인식하고 객관적인 태도를 갖게 하는 데 도움이 된다. 사실 응징만 하고 존중하지 않으며 무감각하다는 평가를 달갑게 받아들일 리더는 없다. 하지만 그들의 행동이 무의식 중에 이러한 인상을 줄 수도 있다. 사람들이 자신들을 어떻게 생각하고 있는지에 대한 피드백은 이들에게 충분한 동기부여를 일으켜서 때로는 인식을 변화시키기도 한다.

● 자신의 본심을 파악하라

일부 리더들이 사람들을 무자비하고 혹독하게 대하는 이유 중의 하나는 자기 자신의 정서를 파악하지 못해서거나 혹은 그들의 목적, 즉 그들이 어떤 일을 하는 이유와 그들이 하는 일이 무엇인지를 진실로 받아들이지 않기 때문이다. 짐 로허(Jim Loehr)와 토니 슈워츠(Tony Schwartz)는 『몰입의 힘(The Power of Full Engagement)』에서 이를 사람이 하는 모든 일의 기초가 되는 '정신적인 영역'이라고 언급한다. 로허에 의하면 리더는 자신의 '정신적인 임무'에서 에너지와 열정을 끌어내는데, 이 요인을 부인하면 자신의 에너지와 효율성을 제한하게 된다. 목적과 임무를 파악하는 일에 시간이 꽤 걸릴 수도 있다는 것을 인정하지만 주 업무에서 실패하고 중요한 관계를 상실하고 혹은 심각한 건강상의 문제가 생긴 후에야 겨우 자신의 나아갈 바를 깨닫는 리더도 많다. 만약 리더들이 이러한 일들이 의미하는 바와 그 영향을 진지하게 생각한다면 사람들의 생활에 커다란 효과를 가져올 수도 있다. 코칭 역시 리더들이 진실로 자신들에게 동기부여해주는 것이 무엇인지, 그리고 삶의 모든 면에서의 관계를 왜 중요하게 생각하지 않았는지를 이해하게 해준다. 하지만 자기 자신을 파악하지 못하면 다른 사람들을 파악하는 것도, 그들에게 감정이입을 하는 것도 매우 어렵다.

● 몰아붙이는 태도에서 들어주는 자세로 선회하라

이는 대부분의 강력한 리더에게는 반직관적인 능력이다. 몰아붙이는 태도는 머리에서 나오고 남의 얘기를 들어주는 태도는 가슴에서 나온다. 몰아붙이는 리더는 "나는 결과 때문에 압박받고 있어. 그래서 좋은 결과를 내려면 나 자신과 사원들을 몰아붙여야 해."라고 스스로에게 말한다. 남의 얘기를 들어주는 리더는 "나는 압박을 받으면 목표를 달성할 수 있는 새로운 방법에 대한 사람들의 생각이나 의견을 들어야 해."라고 말한다. 앞에서 언급한 사원들의 말을 잘 듣지 않는 중역과 그의 직속부하를 떠올려보라. 이 직속부하가 언급한 말 중에 "만약 그가 그저 동료들이 하는 대화에 끼어 자신의 생각도 토로하며 우리의 생각을 들어준다면 그에 대한 우리의 생각은 엄청나게 달라질 것이다. 더 중요한 것은 우리 모두가 그가 바라는 결과를 달성하도록 최상의 해결책을 찾는 데 도움을 줄 수 있을 거라는 점이다."라는 말이 있었다.

다른 한편으로는 결과를 내기 위해 몰아붙이는 것과 다른 사람의 얘기를 들어주는 것이 둘 다 중요하다 할 수 있다. 이것들은 서로 양립할 수 없는 배타적인 관계가 아니다. 대부분의 강력한 리더는 사람들의 얘기를 들으려 고심하며 더구나 압박을 받고 있을 때, 그리고 더 공격적인 목표를 달성하려 할 때 자신이 들은 바에 어느 정도 영향받는다. 상황이 필요로 할 때 그들은 경청을 문제해결 전략으로 활용해야 한다.

● 더욱 복합적인 세계관을 개발하라

리더가 오늘날 우리가 살고 있는 세계의 복잡성을 인식하지 못하는 것은 놀라운 일이다. 하지만 매우 똑똑한 리더들도 종종 극단적으로 단순한 시각을 지니고 있다.

대부분의 중역들은 사람, 동기부여, 보상, 그리고 실적에 대해 자신들이 오랫동안 지녀온 개인적인 이론으로 운영한다. 예를 들면 피곤한 출장, 끊임없는 회의, 과도한 업무량, 거의 현실적으로 실현 불가능한 목표를 견뎌내며 업무 실행과 결과에 올인해야 목표를 달성할 수 있을 것이라고 보는 생각이다. 현실적으로 볼 때 사람들이 달성할 수 있는 일에는 분명 물리적인 제한이 있으므로 기업과 리더는 이러한 제한을 줄여가야 한다. 더 중요한 것은 업무 성과를 달성하는 일은 열심히 일하는 것 그 이상을 필요로 한다는 점이다. 오늘날 치열한 경쟁에서 유리한 고지에 서려면 창의적이어야 하고, 네트워킹을 하며, 다양한 관점을 구하고, 조직의 열정과 에너지를 이끌어내어, 그 결과 뛰어난 성과를 올리게 하는 공동의식을 양성해야 한다.

더욱이 사람들에게 동기부여를 유발하는 가장 중요한 것이 보수라고 극단적으로 단순하게 가정하는 리더들이 우리 주위에 흔히 있다. 그러나 지난 20년 동안 사원들의 태도를 연구해본 결과를 보면, 사람들에게 정말로 중요한 것은 보수보다는 자신들이 일하는 환경의 특성이다. 대부분의 사람들에게 이것은 상사가 자신들을 어떻게 대우하는지, 그리고 자신들이 하는 일이 전체 조직의 성공에 중요한지의 여부를 뜻한다.

리더들은 사람들이 누구나 다 똑같은 것으로부터 동기부여를 받는다고 생각하는 덫에 빠지기도 한다. 우리 회사와 함께 일한 어떤 여성 리더는 자신의 직속부하가 승진을 거절하는 것을 보고 충격을 받았다. 승진을 하게 되면 그에게 더 큰 책임이 주어지겠지만 또한 그가 자신이 좋아하는 일에서 벗어나 다른 지방으로 전근을 가야 한다는 말이기도 할 것이다. 그러나 그녀에게는 이렇게 '포기' 하는 것이 결코 상상도 하지 못할 일이었다. 우리 회사는 그녀가 더 넓은 시각을 갖도록 도와주었다. 자신이 지니고 있는 견해들, 즉 무엇이 사람을 추진시키는가, 그리고 사람들이 그녀와 회사로부터 바라는 바가 무엇인가 하는 것을 그녀 자신의 가치관대로 일방적으로 상정해버리지 않도록 했다.

외곬의 리더들은 나름대로 사람들을 모두 평등하게 대하는 데 자부심을 갖는 경향이 있다. 이 말은 모든 사람들에게 다 똑같이 심하게 압력을 가하거나, 혹은 반대로 아주 조심스럽게 다룬다는 말이 될 수 있다. 어느 경우든 그러한 방법으로는 점점 더 다양해지는 문화에서 사람들이 저마다 인격을 지닌 인격체로 대우받기를 바라는 시대 조류를 따라가지 못한다. 어떤 사람에게는 분명한 지시가 진가를 발휘하고 명확한 기대를 바라는 것이 동기부여가 되고, 어떤 사람은 모호하더라도 자율적으로 맡기면 진가를 발휘하고 책임에 대해 엄격히 경계를 구분하려 하면 의욕을 상실한다. 또 어떤 사람은 직접적이고 비판적이며 분석적이고 엄하게 대하면 명쾌하다며 고마워하고, 어떤 사람은 감정을 무시하면 헌신적 태도를 버린다.

훌륭한 리더는 어떤 식으로 하는 것이 각 개인에게 효과가 있는지를 파악하고, 또 그에 따라서 이들을 개발하고 동기부여를 하는 복잡한 일에 흥미를 갖는다. 이렇게 복합적으로 생각하면 각 유형에 따라 더욱 적절한 대응을 할 수 있게 된다.

마지막으로 위의 네 가지 행동을 실행하려면 배짱이 필요하다는 것을 알아야 한다. 몰아붙이기와 인지적인 유형들에 의해 좌우되며, 동시에 풍토 역시 그러한 경향이 있는 회사라면 사람들의 요구사항과 업무의 필요사항을 동일 수준으로 고려하기를 꺼리는 한편 사람들의 얘기를 귀담아 들으려 하지 않는다. 이러한 풍토에서는 진정한 자신의 마음을 스스로 파악해보고자 노력하는 일은 유약함의 발현으로 간주될 것이다. 하지만 영리한 회사라면 용기를 내어 이러한 자질을 드러내 보이고, 또한 겉으로 보기에 정반대 개념인 두 요구사항의 균형을 맞추고자 노력하는 리더를 한눈에 알아보고 그에 대한 적정한 보답을 해줄 것이다.

다음 장에서는, 신뢰를 구축하는 과정을 살펴보기로 한다. 이는 분명 가슴 자질을 나타내는 속성이다. 이는 글로벌 경쟁 시대에 고객에게 통합적인 해결책을 제시하고자 하는 수평적이며 상호의존적인 기업들에게도 점점 더 요구되는 속성이기도 하다.

8장
신뢰를 통하여 통합된 해결책 개발하기

　부서별 직무, 계층적 지위, 부서, 과, 그리고 지역 사이에는 여러 공백(white space)이 있다. 이 공백들은 책임 소재가 불분명한 주인 없는 영역이다. 그 어느 때보다도 더 많은 고객과 다양한 시장기회가 이러한 공백 상태를 조성하는데, 리더들이 조직의 구조를 개별 영역으로 취급하기 때문에 이 공백을 메우거나 문제를 해결하지 못한다. 그리고 이들은 공백을 단순히 머리로만 다룬다. 가령 어떤 프로젝트가 마케팅 부서와 제조 담당 부서 사이에 떨어지면 마케팅 부서 리더는 그 프로젝트를 통제하여 제조팀이 해야 할 일을 지시하려 한다. 혹은 제조 부서 리더는 무슨 골치 아픈 문제라도 되는 듯이 그 프로젝트의 지배력을 마케팅부에 떠넘기고 프로젝트가 성공할 수 있도록 충분한 자료 및 지원을 해주지 않는다.

　그리고 기업이 점점 더 횡적 네트워크 및 상호의존 매트릭스 구조에 의존하는 시기에 공백이 더욱 많이 생긴다. 공백이 더 많이 생김에 따라 책임 소재 및 일의 진척 상황에 대한 불확실성이 커진다. 이 불확실성은 생산량을 평가하는 데 점점 더 많이 사용하는 미터법 및 계기반(dashboard)과 결합되어 업무를 리드하고 업무에 영향을 미치는 새로운 방식을 창출한다. 의사결정이 지체된다거나, 과거에는 조직의 사일로 내에서 혹은 개인의 노력을 통해서 달성되었으나 지금은 그렇게 해서는 도무지 달성할 수 없는 임무를 떠맡게 되는 리더는 실적을 관리하고 보상하며 압력을 가하고 관리 감독하는 것 이상을 배워야 한다. 공백 메우기에 성공하기 위해 필요한 핵심 사항은 바로 협력하는 능력이다. 이 말은 공백에 개입된 상호간의 중요한 목표와 기회를 파악하기 위해 독점적인 권한을 행사할 수 없는 다른 나머지 부서와 함께 일하는 마인드세트(mind-set)와 관계 기술을 개발시켜야 한다는 말이다.

이른바 협력에는 최소한 두 가지 중요한 자질이 필요하다. 첫째는 기회(혹은 문제)가 무엇인지 이해하는 능력이다. 다시 말해 효율적인 리더는 머리를 이용하여 공백에 무엇이 놓여 있는지를 분석하는 능력을 지녀야 한다. 둘째는 가슴을 이용하여 다른 사람들에 대한 신뢰, 특히 업무상 직접적으로 관련이 없는 사람들에게조차도 신뢰를 확대시킬 수 있는 능력이다. 가장 이상적인 것은 조직의 영역을 뛰어넘는 능력을 갖추게 되면 단기적인 목표를 성취하는 데 도움이 될 뿐만 아니라 협력하는 일이 규범이 되는 풍토를 조성하게 되어 더 장기적인 이윤을 얻게 해주는 것이다. 하지만 이는 말보다 실천이 더 어렵다. 제어력을 포기한 채 다른 사람을 신뢰하는 일은 상당히 위험하다. 다시 말하면 공백을 다루는 일이 때에 따라 까다로울 수 있다는 것이다. 이제 이에 정통하는 방법을 알 수 있도록 우선 역사적인 시각에서 공백 관리를 살펴보기로 한다.

| 시대에 따라 공백의 개념을 다시 정하기 |

저 유명한 『국부론(The Wealth of the Nations)』에서 아담 스미스(Adam Smith)는 전문화된 사일로로 분리되는 기업들이 이윤을 추구한다고 지적하였고, 기업들은 지난 200여 년 동안 이 구조를 고수하였다. 프레더릭 테일러(Frederick Taylor, 과학적 관리법의 주창자—옮긴이)는 과정을 반복하는 것의 가치를 입증했고, 이에 따라 복잡한 산업 조직들이 탄생했으며 아직도 건재하다. 1970~1980년대에는 획기적인 컴퓨터 기술로 일상 업무가 자동화되었고 사일로 간의 업무 전달 속도가 급속도로 빨라지면서 조직 내의 수평적(수직적, 위계적과 정반대로서)인 이동의 중요성이 상대적으로 커졌다. 80년대에는 일본의 자동차 산업이 JIT 경영(just-in-time management: 필요할 때 필요한 만큼의 부품만 확보한다는 일본의 대표적인 경영방식—옮긴이)과 린 제조('얇은' 또는 '마른'이라는 'lean'이란 단어에서 파생한 경영 기법으로 자재 구매에서 생산, 재고관리, 판매에 이르기까지의 전 과정에서 낭비요소를 최소화한다는 개념—옮긴이)의 형태로 이 수평적 개념을 채택하자 사람들은 조직과 외부 환경 사이에 있는 '공간(공백)'에 주의를 기울이기 시작했다. 제조업자와 납품업체 간에 공백이 조정되어(두 그룹 간의 협력은 때로는 납품업체와 공장 간의 협력이 되기도 했다) 기업은 시간과 재고를 줄임으로써 경쟁적인 면에서 유리하게 되었다.

한편 일부 기업들은 또한 고객과의 공백에서 기회를 잡기도 한다. 다시 한번 일본의 자동차 산업들은 다른 기업들보다 먼저 이러한 개념을 터득했고 이윽고 도요타자동차회사는 고객에게 차량배송일을 평균 36일에서 18일로 줄였다.

지난 10년에 걸쳐서 공급망 경영(supply-chain management)은 논의에서 제외되었고, 공백 논의가 경영의 쟁점으로 거론되었다. 통합 고객 해결책으로 기능 간, 부서 간, 팀 간의 운영이 끊김 없이 자연스럽게 작용하는 것이 매우 중요하게 인식되었다. 가령 뉴욕에 있는 디자인 팀이 고객을 위한 프로젝트에 착수하려면 뮌헨에 있는 기술 팀이 필요하다고 하자. 이때 일이 진행되는 과정은 자연스러워야 할 것이다. UBS은행과 뱅크오브아메리카는 고객에게 통합 서비스 자동화 뱅킹 시스템을 제공하는데, 즉 고객이 어느 상업은행(commercial banker)과 대출 관계를 맺어 자신의 재산을 더 효과적으로 관리하고 싶을 때 프라이비트 뱅커(고액 자산가의 자산관리자—옮긴이)로 자연스럽게 인계가 이루어진다. 다시 말하면 고객의 개인소득신고, 자산거래내역서, 수입을 축적하며 관리하는 세인트루이스의 상업 계열사와 보스턴에 본부를 두고 있는 프라이비트 뱅킹 계열사 사이의 공백이 고객의 욕구를 충족시키도록 자연스럽게 연결되며 관리된다는 것이다. 고객에게는 자연스럽고 논리적으로 보이는 것이 서비스 회사에는 매우 복잡할 수도 있다. 이는 대기업에 다양한 기능, 부서, 그리고 서로 조정을 해야 하는 전 세계의 지사들이 있다는 점을 감안하면 이해가 될 것이다.

제품 중심 회사의 공백은 서비스 중심 회사의 공백과는 다르다. 예를 들어 어느 판매원이 고객에게 제품을 판매하며 4주 이내에 배송을 약속한다고 하자. 그 약속을 지키기 위해서는 제품 생산일자를 확실하게 해서 재고가 수요를 충족시킬 정도로 충분히 있어야 하고, 선적을 확실하게 해서 그 제품이 고객에게 기일 내에 도착하게 해야 한다. 또한 송장을 추적하여 제 시기에 맞추어 대금을 받을 수 있도록 해야 한다. 이러한 기능 간에 공백이 생기게 되면 기능이 효과적으로 조정되지 않을 것이고, 그 판매원은 고객과의 약속을 지킬 수 없게 된다. 무엇보다 중요한 것은 그 회사는 고객의 불만을 사게 될 것이다.

21세기에는 평평한 네트워크(flat network)가 글로벌화되어 공백을 관리하는 일이 또 다른 양상을 띠게 되었다. 공백은 기능과 부서 간뿐 아니라 지리적으로 전 세계의 지역에 걸쳐 존재한다. 예를 들어 다임러크라이슬러사의 트럭 제조 회사인 프라이트라이너는 현대적이고 통합적이며 수평적이며 전 세계적인 기업의 대표적인 예다. 기술공학 부문은 프랑크푸르트와 포트랜드에서 이루어지고 제조 부문은 멕시코, 디트로이트, 상파울루, 샬럿, 클리브랜드, 그리고 찰스턴에서 이루어진다. 재무 부문도 포트랜드에 본사가 있으나 보고는 프랑크푸르트에 한다. 이 복잡한 기업의 내부 조정은 새로운 기술과 리더의 능력을 요하는 일인 것이다.

오늘날 어떤 기업에서든 공백을 효과적으로 관리하면 엄청난 이득을 누릴 수 있다. 그러면 연구 개발 시각에서 이 쟁점을 고려해보자. 오늘날 중국에 있는 공학도들은 낮 동안에 소프트웨어 개발 프로젝트에 관한 작업을 하고 밤이 되면 그 작업을 팰로 앨토(미국 캘리포니아주 서부의 도시-옮긴이)에 있는 동료에게 넘기는데, 팰로 앨토의 동료가 퇴근할 때까지 이 작업을 계속하다가 텔 아비브(이스라엘의 도시-옮긴이)의 동료에게 이를 전송하면 그가 작업을 계속하는 일이 가능하다. 본질적으로 이 회사는 밤낮으로 쉬지 않고 24시간 작업을 지속할 수 있는 것이다. 따라서 공백 관리만 잘한다면 작업이 끊김 없이 자연스럽게 연결되어 개발이 가속화될 것이고, 회사는 누구보다도 앞서 시장에 상품을 출시할 수 있을 것이다.

이러한 차원에서 본다면 오늘날 공백을 관리하는 일은 그 어느 때보다도 복잡해졌다. 중국, 미국, 이스라엘의 개발 팀들 사이의 문화적 차이 및 의사소통의 문제를 생각해보라. 그리고 프로젝트를 이루는 어느 한 부문의 책임 소재가 명확하지 않아서 그들 그룹 간에 생길 수 있는 갈등을 생각해보라. 만약 이 공백을 오직 머리로만 다루고자 한다면 필시 이 공백은 비교적 수월하게 서로에게 인계될 것이다. 가령 리더가 이 세 팀에게 협동하라는 지시를 내려 그 과정을 통제하거나, 또는 그들이 협동하지 않으면 부정적인 조치를 취하겠다고 위협하고, 그들을 면밀히 관리 감독한다면 그들은 아마 작업을 생산적으로 단시간에 마칠 수는 있을 것이다. 하지만 이들은 머지않아 일을 소홀히 하게 되고 열성이 없어져서 독창성이 떨어질 것이다.

만약 자신이 하는 일이 까다롭고 복잡하며 보상이 따르지 않는다는 것을 알게 되면 소프트웨어 기술자들은 대거 자신들이 필요한 개발도상국으로 기회를 잡아 이동할 것이다. 그러나 만약 신뢰감을 확대하여 함께 일하는 미덕을 권장하는 환경을 조성하고 회사의 내부든 지리적이든 혹은 문화적이든 간에 영역들을 뛰어넘어 동기부여를 하고 고무시키는 방법을 모색한다면 상호의존이 강조되는 복잡한 세계에서 성공에 필요한 조건을 갖추게 될 것이다.

신뢰의 결과 얻게 되는 것과 리더가 신뢰로 고민하는 이유

흔히 신뢰는 세 가지 요소, 즉 성격, 능력, 일관된 태도를 지니고 있다고 한다. 공백에서 운영을 효과적으로 잘하는 리더에게 이는 다음을 의미한다.

> - 경쟁업체에 정보를 '누설하지' 않을 것이라는 믿음을 바탕으로 납품업체에게 민감한 정보를 제공하기(성격).
> - 회사를 위해 향후 업무 기회를 넓히고자 다른 단위에 있는 동료의 능력을 믿기 때문에 그들과 공공연히 고객을 공유하기(능력).
> - 직속부하가 어디에서든 한결같이 자발적으로 동기부여하고 임무를 완수하리라는 확신하에 다른 부서에서도 독립적으로 일을 할 수 있는 자유를 보장해주기(일관된 태도).

하지만 현재와 같은 기업환경에서 리더가 이러한 신뢰를 구축하기란 상당히 어려운 일이다. 기업들이 전 세계적으로 인수합병하며 확장할수록, 그리고 통신발달에 의해 점점 더 많은 의사소통이 이루어질수록, 일정이 더욱더 빽빽해질수록 전통적인 관계를 유지하기는 어려워진다. 그리하여 일대일 상호작용이 점점 사라지고 신뢰 조성은 더 어려워진다. 성격, 능력, 일관된 태도를 형성하게 하는 개인의 상호작용이 제한을 받게 되는 것이다.

공백에서 신뢰를 구축하는 일은 전적으로 인지적인 리더에게, 또는 전적으로 분석적이며 사실에 근거를 두는 풍토의 사람들에게는 특히 어렵다. 이들은 평가와 실적을 대단히 중요시하므로 아예 사람들을 헌신하도록 고무시킬 필요성을 무시하거나, 또는 맡은 바 소임을 다하는 데 필요한 자율성을 주지 않는다. 이들은 또한 애매함과 복잡함에 대처하기 위해 단기적이며 평가가 가능한 행동에만 중점을 두어 더 장기적인 성과를 유지하는 데 필요한 것이 무엇인지를 미처 성찰하지 못한다.

어느 큰 제약회사에 빌이라는 현지 관리자가 있었다. 그는 정부가 돌연히 가장 잘 팔리는 약에 대한 가격 지원의 자기부담금을 20%까지 줄이겠다고 발표하자 대단히 놀랐다. 따라서 그의 사업단위는 4/4분기에서 수익이 큰 폭으로 떨어졌다. 이를 보고받은 중역 존은 빌이 목표에 도달하지 못했다며 정면으로 맞섰다. 빌은 자기부담금에 관한 정부 정책 변화를 설명했으나 존은 이를 받아들이지 않았다. 이후 그는 계속 빌에게 책임을 전가했으며 일관된 태도로 그의 능력과 헌신에 이의를 제기했다. 그로 인해 빌은 다른 일자리를 찾아 곧 재능 있는 리더가 될 좋은 기회를 포착했다. 존은 머리를 이용하여 본사와 현지 지사 사이의 공백을 다루려 했고 자신의 행동이 미칠 영향을 가슴으로 이해하지 못한 결과 회사에 가장 재능이 있으며 가장 생산적인 리더 하나를 잃는 손해를 입혔다.

하지만 존과 같은 사람들이 주장하는 바는, 신뢰를 지나치게 확대하면 저조한 실적이라는 난관에 봉착하게 된다는 것이다. 이들에 의하면 사람들이 자신의 책임을 다하지 못한 것에 대한 변명을 시작하면 그것은 바로 저조한 실적을 합리화하는 것과 연결되고 결국에는 책임을 거부한다고 한다. 이들은 공백을 넘어서서 납품업체, 직속부하, 그리고 다른 기능에까지 신뢰를 주면 빌과 같은 사람에게 오히려 면죄부를 주게 되는 셈이라고 주장한다. 사람들이 실적에 미치지 못했을 때 그에 대한 책임을 지기보다는 오히려 이해와 공감을 구하려 한다는 것이다.

일부 리더들은 자신들이 사람들을 신뢰할 경우 그다음엔 그들의 말과 행동이 서로 모순된다고 한다. 따라서 그들은 간접 통제 시스템을 실행한다. 납품업체에게 같이 협력하자고 말하지만 그들과 상호작용하는 양태를 모두 감시하며 '파트너'의 발자취를 모두 추적한다. 그다음엔 팀워크 의식 혹은 궁극적인 결과를 달성하고자 하는 바람보다는 통제를 충족시키기 위해 일하기 시작한다. 사람들을 신뢰하지만 통제 시스템을 가동하여 반드시 '검증해야'한다고 주장한다. 이러한 이성적인 접근법이 전적으로 틀린 것은 아니다. 왜냐하면 아무도 상대에게 이용당하기를 바라지는 않으며, 때로는 의심하는 건강한 약이 필요할 때도 있기 때문이다. 지나치게 신뢰하는 상사는 지나칠 정도로 순종적이며 융통성을 보인다. 신뢰할 만한 사람이 아니라는 명백한 증거가 있음에도 그들을 신뢰한다면 문제를 자초하는 것이 된다.

그러므로 공백을 관리할 때는 사려 깊게 상황에 따라서 가슴을 보여야 한다. 즉 가슴을 보이는 일은 필수적으로 해야 하는 일이 아니라 선택적으로 해야 하는 일이라는 것이다. 물론 문제는 오로지 성과에 사로잡힌 환경에서 가슴(신뢰)을 조금이라도 보여주기를 꺼리는 리더들이 생각보다 많다는 것이다. 그들은 통제를 강행하는 것보다 신뢰를 확대하는 것이 리스크가 더 크다고 믿고 있다. 그러나 대부분의 경우에 리더가 사람들을 신뢰하면 그들이 통제에 전적으로 의존할 때보다도 성과가 더 좋아진다.

이러한 예로 가령 어떤 사람이 직무를 처리할 능력을 갖추고 있다고 가정했을 때, 비록 처음에는 제대로 하지 못하다가 궁극적으로 잘 처리하게 될 수 있다. 만약 상사가 자신들에게 마음을 보여주고 자신들이 지닌 능력을 발휘할 수 있도록 신뢰하는 마음을 보인다면 대부분의 사람들은 직무를 제대로 처리하기 위해 노력하고 상사를 실망시키지 않도록 최선을 다한다.

공백에서 신뢰를 확대하는 일은 균형(trade off, 어떤 일을 달성하기 위하여 기꺼이 감수해야 하는 대립되는 것들 간의 균형-옮긴이)이 필요하며, 이에는 어느 정도의 리스크가 동반되는데, 즉 판매업자가 당신의 선의를 이용할 수도 있고 신뢰를 정략적으로 이용할 수도 있다. 하지만 리더는 사람들이 그들의 신뢰를 배반하고 실망시키는 리스크도 전적으로 감수한다. 왜냐하면 균형은 신뢰를 확대하여 기업에 오랫동안 가치를 창출해주는 사람들 사이에서 궁극적으로 충성을 구축하기 때문이다. 불필요한 통제를 가하는 것보다는 전적으로 신뢰에 의지하는 것이 비교적 덜 위험하다고 볼 수 있는데, 그 이유는 불필요한 통제는 단기적으로 (두려움 때문에) 실적을 낳을 수는 있을지라도 장기적으로는 에너지를 모두 소진시키기 때문이다.

| 공백을 관리하는 능력 개발하기 |

리더로 하여금 공백 관리 목록에 신뢰를 포함시키게 하는 것이 난제라는 점은 인정한다. 많은 리더들이 이미 기업 풍토에 젖어 있고 또한 시간에 쫓기고 실적 요구의 지대한 압박을 받고 있기 때문에 보다 더 신뢰를 확대하는 노력을 하지 않는다. 심지어 평평한 매트릭스(flat-matrixed) 구조의 기업에서도, 팀 간 그리고 네트워크로 공동 작업할 경우에도 신뢰를 확대하는 일이 어렵다고 생각하는 리더들이 있다. 책임 소재가 더 분명한 위계가 없는 조직에서조차도 직무 간 그리고 부서 간 공백을 관리하기보다는 오히려 이를 통제할 수밖에 없다고

생각한다. 그들은 위계가 없는 조직에서는 신뢰하는 일이 필수라는 사실을 깨닫지 못한다. 모든 사항에 대해 통제를 가하고 이에 지나치게 관심을 갖는 리더는 쉽사리 사람들의 의욕을 잃게 하고 성공 가능성이 있는 조직의 능력을 잠식한다.

일부 리더들은 거부감을 보이기도 하나, 아래에서 기술하는 방법들을 실행함으로써 공백 관계에서 신뢰를 확대할 수 있는 능력을 갖출 수 있다.

● 신뢰하는 방법을 가르쳐라

리더 스스로가 무엇인가를 하지 않으면 일이 처리되지 않는다고 믿는 기업에서 많은 리더들이 육성되고 있다. 그러한 리더들에게 위임이란 직속부하나 납품업체에게 임무를 잘 수행하라는 명령을 내리고 예상목표를 확실히 충족해야 한다며 모든 사안까지 일일이 통제하는 것을 가리킨다. 그들이 신뢰를 갖고 위임을 하기 위해서는 다음 4단계 과정이 필요하다.

1단계: 목표와 범위를 설정하라

가능한 한 명백하게 목표와 범위를 설정하라. 임무를 설명하는 방법이 아주 명확하지 않은 리더도 있으며 범위, 즉 임무를 실행시켜야 하는 한계까지도 포함시키지 못하는 리더도 있다. 어느 경우든 목표와 범위가 명확하지 않으면 결국 리더의 마음에 흡족하지 않은 행동을 초래하고 되고, 그러면 결국 리더는 신뢰를 철회하게 될 것이다. 하지만 아주 명확한 목표와 범위를 갖고 사람들에게 업무를 달성하는 데 필요한 것과 넘어서는 안 되는 경계선을 이해하도록 확신시키면 리더는 앞으로 나아갈 수 있다. 사람들이 일이 진척되는 방법에 대해 호감을 가지고 있다는 재확신을 하게 되면 리더는 더 용이하게 사람들을 신뢰하게 된다.

2단계: 자유로움을 허락하라

사람들이 목표를 달성할 수 있는 방법을 자유롭게 모색하게 하라. 이 단계를 취하면 그 자체가 신뢰의 행위가 된다. 혹자는 공백에서 자유를 주는 일이 위험한 것이라 말하기도 한다. 그리고 사람들은 목표를 충족시킨다는 행동의 일환으로 남의 영역을 침범하는, 즉 자유를 남용하는 경우도 있다. 납품업체는 납품업체대로 일을 진척시키기 위한 자원을 확고히 하기 위해 당신이 결코 원하지 않는 또 다른 회사와 관계를 형성할 수도 있다. 이것이 비록 위험해 보일지라도 자유로움은 또한 다른 사람들의 독창성과 진취성을 자극하게 되는데, 이 두 자질은 복잡하고 불확실한 상황에서 없어서는 안 될 매우 중요한 자질이다.

3단계: 지원하라

지원해주고 이를 관찰하라. 지원을 강요하는 대신 지원을 해줄 수 있다는 것을 알게 하라. 지원이 필요한지의 여부를 다른 그룹에게 결정하게 하는 것이 신뢰 행위다. 그리고 관찰을 하면 상황을 모두 파악할 수 있다. 신뢰는 한발 뒤로 철수하는 것을 의미하지 않는다. 다른 부서가 임무를 다루는 방법을 관찰하면 그들이 중도에 포기할 수 없는 단계, 즉 막대한 손해가 생길 우려가 있는 단계에 접어들고 있는지의 여부를 알 수 있고, 만약 그들이 이 단계에 근접해 있으면 개입하여 지원도 할 수 있는 것이다.

4단계: 결과를 인정하고 평가하라

인지적인 사고방식을 지닌 사람들은 업무가 제대로 처리되기를 기대한다. 효과적인 성과를 구분 짓기가 다소 명확하지 않은 매트릭스 구조 내의 리더들은 정직하게 일의 진척이 잘될 때는 긍정적인 피드백을 해야 하고 부진할 때는 그에 맞는 피드백을 해야 한다. 이러한 정직성이 또한 다른 사람의 신뢰를 투영한다.

● 비전과 가치로 사람들을 이끌어라

사람들이 자신 스스로 믿고 있는 바를 분명하게 알고 있으면 다른 사람들을 신뢰하는 일이 훨씬 더 쉬워진다. 자신의 비전을 개발하고 자신의 가치를 파악하고 있는 리더는 함께 일하는 구성원들을 의심스러워하거나 걱정스러워하지 않는다. 기능 간의 공백을 살펴봐도 이들은 업무에 대해 다른 경력과 다른 경영철학을 가지고 있는 사람들하고도 더 편안한 마음으로 협동한다. 리더가 자신이 가지고 있는 신념을 분명히 할 경우, 업무가 의미하는 바가 무엇인가에 대한 감각을 스스로 지니게 된다. 이로 인해 다른 사람을 신뢰하는 일이 한결 용이해지는데, 그 이유는 그렇게 하기 위한 토대를 이미 마련해두었기 때문이다. 반면 의식적인 비전이나 가치가 없는 사람은 보통 늘 불안해하고 늘 두려워하므로 자신들을 인도하는 아무런 원칙 없이 즉흥적으로 상황에 반응하게 된다. 이로 인해 이들이 신뢰를 얻지 못하는 것은 당연한 결과다.

코칭이나 멘토링과 마찬가지로 비전과 가치는 리더십 프로그램을 통해 개발될 수 있지만, 개발은 한순간에 일어나는 것이 아닌 일련의 과정이다. 그 과정의 일부로 리더가 그들의 신념을 고찰하고 명확히 하도록 조력하는 일이 포함된다. 사람들은 전적으로 어떤 특정한 상황에 근거하여 의사결정을 내리면서도 조직의 사건에 대해 일일이 반응하는 것이 일반적이다. 어떤 경우에는 이렇게 해도 무난하나 공백 경영(white-space management)은 흔히 더 상황적인 분석을 요한다. 당신은 어느 특정한 프로젝트에 적합한 사람이 누구인지, 그리고 그 프로젝트를 두 가지 기능 사이에 위치하게 할 시기가 언제인지 어떻게 결정 내리는가? 그 프로젝트를 완수하는 것도 중요하지만, 장기적이며 유지가 지속 가능한 기능 간의 관계 또한 구축해야 한다. 또 서로 계속 경쟁해온 두 부서 간의 협동을 어떻게 용이하게 이끌어내는가? 그룹 차원의 단기적이자 장기적인 이득을 얻을 수 있도록 공백 내의 협동을 이끌어내기 위한 합리적 논거를 어떻게 전달하는가?

리더는 흔히 가치에 사로잡힌 풍토의 기업을 지나치리만큼 신뢰한다. 존슨앤드존슨과 같은 기업은 회사의 경영 원칙을 사원들이 잘 알 수 있도록 기업의 신조를 강조한다. 그 결과 리더 각자는 불확실하거나 복잡다단한 환경에서 업무를 운영할 때 어떤 가치를 고수해야 하는지를 잘 안다. 3M, GE, 마이크로소프트, 델, 디즈니, 나이키와 같은 회사에서는 공백의 가이드 역할을 하는 공통적인 가치관이 존재한다. 더구나 사람들이 무엇을 어떻게 해야 할지, 서로 협동하는 방법이 무엇인지 혼란스러워할 때도 이 회사들은 기업문화적 영향력과 강력한 풍토를 발판으로 한 고유한 암묵적인 규칙들에 의존한다. 이러한 능력으로 인해 다양한 기능과 부서의 사람들을 신뢰하는 일이 한결 용이해진다. 이러한 회사들의 리더는 회사의 비전과 가치가 사람들을 올바른 방향으로 인도하리라는 것을 알기 때문에 훨씬 더 편안한 마음으로 중요한 임무를 위임한다.

| 공백에서 균형을 모색하기 |

불명확하고 비전통적인 환경에서 효과적으로 경영하는 방법에 대한 논쟁이 오랫동안 계속되어 왔다. 비록 현재 이 논쟁의 초점은 새로이 부상하고 있는 시장에서 기회를 선점하는 방향에 맞추어져 있긴 하나 이 논쟁은 이러저러한 형태로 오랫동안 끊임없이 계속되었고 한층 더 격해졌다. 1960년에 MIT대학의 더글러스 맥그레거(Douglas McGregor) 교수는 'X이론 대 Y이론' 경영을 논의하는 저서 『기업의 인간적인 측면(The Human Side of Enterprise)』을 저술했다. X이론은 통제를 효과적으로 하지 않는 한 사람들은 계속 잘못된 방향으로 나아간다고 단정한다. 이에 비해 Y이론은 통제가 없다 하더라고 기회가 주어지기만 하면 사람들은 최선을 다할 것이라고 시사한다. 비록 리더십 훈련에서는 Y이론이 많이 사용되지는 않는다 하더라도 대부분의 기업들은 통제에 의하기보다는 신뢰와 지원을 통하여 더 나은 성과를 거둘 수 있다. 그럴지라도 특히 성과에 대한 압박이 강할 때 X이론은 여전히 강렬한 매력으로 남아 있다.

X이론이나 Y이론 어느 한쪽을 옹호하고자 하는 것이 아니라 오히려 공백을 다룸에 있어서 이 둘 사이에서 균형을 모색하자는 것이다. 일반적으로 강력한 기업문화적 가치가 없는 전통적인 기업에서 일하

는 관리자는 목표 늘리기와 통제 메커니즘에 지나치게 치우치는 경향이 있다. 사람들의 욕구에 관심을 갖고 이러한 경향의 균형을 유지하지 못하면 지지하는 문화를 조성하지 못한다. 물론 지나치게 신뢰에 의존하면 성과 기준들이 약화되고 경영 목표를 적절하게 달성하지 못할 수도 있다.

기업의 입장에서 보면 대개의 경우 지나친 통제(X이론)와 지나친 유연성(Y이론) 사이에서 하나를 선택하는 틀로 짜는 경우가 일반적인데, 이것이 바로 딜레마다. 각 기업이 처한 환경의 다양한 상황에 따라 통제와 유연성, 실적과 혁신 사이의 균형이 있어야 한다. 우리의 경험에 비추어보건대 대부분의 리더들이 공백에서의 균형을 자연스럽게 찾지 못하는 것이 일반적 현상이다. 대개 그들은 자신이 처한 상황, 개인적인 철학, 문화적 영향력, 개인의 스타일, 또는 당장 결과를 창출해야 한다는 압박감에 의해 어느 한쪽으로 기우는 경향을 보인다. 요점은 양쪽 다 극단에 서는 일은 위험하고, 리더는 단기적으로뿐만 아니라 장기적으로도 성취하고자 하는 바에 입각하여 조직을 위해 적절한 균형 상태를 유지하는 것이 무엇보다 필요하다는 것이다. 수평적으로 관리하는 일은 점점 더 관리자가 공백에 필요사항들의 균형 상태를 유지하면서, 또한 자신의 판단과 능력을 믿으며 조직의 다른 부서에 의존하는 법도 배우기를 요구한다.

다른 사람들과 함께 협력하고 신뢰하는 능력은 조직의 기능 간 공백의 불확실성에 의해서뿐만 아니라 별도로 지리적, 조직적 단위 사이의 다양한 문화에 의해서도 검증된다. 다음 장에서는 다양한 배경, 가치, 신념을 지닌 사람들을 리드할 때 필요한 감정이입과 공감에 대해서, 그리고 가슴으로 리드하는 것이 왜 필요한지에 대해 알아보기로 한다.

9장
다양한 문화를 지닌 사람들과 협동하고 리드하기

　신뢰가 리더로 하여금 공백의 난제를 해결해주듯이 공감은 다양한 문화의 형태에서 리더가 효과적으로 일할 수 있게 해준다. 사내에서 타부서를 포함한 폭넓은 범위의 동료와 함께 일하든, 중국에 있는 프로젝트 팀을 리드하든, 공감할 줄 아는 리더는 다른 사람들을 이해하고 있으며 그들의 생활방식을 존중하고 그들의 욕구, 가치 그리고 신념을 인식할 수 있는 값진 능력을 갖추고 있다. 과거 그 어느 때보다도 현대에는 리더들이 자신과 다른 사람들과 함께 협동해야 할 당위성이 더욱 커지고, 또한 이들을 잘 리드해야 하는 상황에 처해 있다. 따라서 전적으로 인지적인 토대(구두로는 설명할 수 있지만 정서적으로는 결코 연결이 되지 않는)에서 이러한 상황을 다루게 되면 효과가 없다.

　사람들은 가슴에 대해서는 잘 알고 있다. 그들은 리더들이 언제 자신의 가슴을 속이고 선동하고 거짓 행동을 하는지 구별할 줄 안다. 진정한 공감은 투명하다. 대부분의 직속부하들은 자기가 하는 말을 리더들이 이해하고 있는지, 리더들이 무슨 말을 하고 있는지, 그리고 그들의 관심사가 무엇인지 어렵지 않게 감지해낼 수 있다. 그들은 자신을 이해해주고 존중해주는 사람들에게서 연대의식(정서적으로 결합된 연결)을 느낀다.

주지하다시피 감정지능의 근본적인 구성요소인 공감은 부드럽거나 편안한 것만을 의미하지는 않는다. 아주 굳건한 성격의 리더라고 하더라도 상당 수준의 공감의 면을 지니고 있어 지리적 경계, 연령, 그리고 종족의 차이를 뛰어넘어 끈끈한 인간관계를 만드는 것을 여러 차례 보아왔다. 누구든, 출신이 어디든 얘기를 잘 들어주고 이해하며 그가 느끼고 있는 바를 공감하고자 노력하는 리더에게 사람들은 긍정적인 반응을 보인다. 비록 리더들이 업무에 대해 그들과 다른 태도를 지니고 있고, 근원적으로 다른 이력을 지니고 있다 할지라도 공감은 상호 공통된 입장을 확립하게 해준다. 공감할 줄 아는 리더는 현대처럼 대단히 가변적인 시대에도 변함없는 충성과 장기적인 헌신을 이끌어낼 수 있는 능력을 지닌다. 그들은 다양한 유형의 사람들에게서 최대의 생산성을 이끌어낼 수 있다.

이들이 어떻게 그러한 능력을 갖출 수 있는지, 우선 용어를 규정해 보면 더욱 분명해질 것이다.

| 공감과 강인함은 서로 배타적인 개념이 아니다 |

많은 리더들이 공감대를 형성할 것인가, 아니면 강인한 모습을 보일 것인가의 사이에서 필히 하나를 선택해야 한다고 잘못 생각하고 있다. 실적에 대한 강한 압박감, 임무를 빨리 완수해야 할 필요성, 사람들과 지나치게 밀착된다는 두려움으로 리더들은 '강인함'을 선택하고, 본시 지닌 부드러운 마음과 흔쾌히 상대의 말을 들어주고 공감하는 친절한 마음을 억누른다. 그들은 연령, 경험, 연고(같은 지역에서 자랐거나 같은 학부를 졸업했거나 혹은 부서나 계열사에서 같이 승진한 사람들 사이에 있는 기질)가 유사한 사람들과는 서로 잘 지내지만 배경이 다른 사람들에게는 무관심한 사람으로 보일 수도 있다. 이러한 경향은 이들이 쉽게 공감을 보이지 못하고 오로지 강인함에만 의존할 때 더욱 악화된다. 종국에는 오로지 회사 내의 극소수의 부류들에게만 공감을 하게 된다.

공감한다는 것은 자신의 기준을 낮추거나 만만한 상대가 되는 것이 아니다. 사전적인 의미는 다른 사람들과 입장을 바꿔보고 그들의 입장을 완전히 이해해서 '그들이 느끼는 바를 같이 느낄 수' 있는 것을 뜻한다. 공감은 다른 사람들의 고통에 대한 연민을 넘어서 고통받는 사람을 돕고자 하는 마음까지도 동반한다. 한편 사업적인 의미에서 볼 때 공감은 다른 사람의 문제나 걱정거리를 머리로 인식하는 것을 넘어서서 그들의 상황을 진심으로 이해하고 있음을 보여주는 행동을 취하는 것이다.

여기서 '이해심'은 중요한 단어다. 사람들이 자신의 리더에게서 가장 원하는 건 이해심인데, 이 이해심은 단지 무엇인가를 수용한다는 의미가 아니다. 많은 리더들은 사람들이 지니는 기대에 자주 혼동을 일으킨다. 조직 구성원들은 상사가 자신들이 요구하는 바를 모두 수용하리라는 허상은 갖지 않는다. 이들은 리더가 자신들의 비위를 맞춰주기를, 혹은 어느 문제에 대해서 무한히 이어지는 대화를 들어주기를 바라지 않는다. 이들이 기대하고 바라는 것은 공감해주는 이해력이다. 리더가 정말로 자신을 이해한다고 생각할 때, 자신의 입장을 머리뿐만 아니라 가슴으로도 제대로 파악해줄 때 그들은 열심히 일을 하고 헌신하며 창의성을 발휘한다. 대부분의 사원들은 리더가 업무의 결과뿐만 아니라 사원들의 복지에도 관심 가져주기를 바란다. 따라서 만약 복지 문제에 대한 의사전달이 효과적으로 이루어지면 사원들은 소속감을 느끼고 고맙게 여긴다. 그 결과 사원들은 더 헌신하고 충실하게 된다.

보통의 일상 환경에서 공감을 가져야 하는 상황은 많다. 기혼 직장인들은 업무와 가정사의 균형을 맞추려고 애쓴다. 점점 더 구하기 힘들어지는 자원을 얻기 위해, 승진을 하기 위해 동료들은 투쟁한다. 소수의 사람(인종, 성, 성적인 성향, 연령에서)들은 다수가 지배하는 조직에서 자신들의 입지를 굳히고자 하며, 글로벌 기업에서 사람들은 근본적으로 생활방식과 가치가 서로 다른 나라로 이동한다. 이 모든 것들이 공감에 대한 필요성을 확대시킨다. 물론 공감은 머리와 배짱이라는 조건을 같은 범주 안에서 생각해야 한다. 지나치게 동정적인 리더는 지켜야 할 선을 넘는 위험을 무릅쓰고 지나치게 베풀고 지원을 해서 조직의 기준뿐 아니라 자신의 기준도 희생시킨다. 머리의 시각에서 보자면 공감이 끝나는 지점과 실적에 대한 요구가 시작되는 지점을 평가해야 하고, 배짱의 시각에서 보자면 성과에 관련해서 부정적인 결과가 나왔을 때 연민을 표현할 수도 있다. 또는 모든 것에 우선해서 필요한 것은 성과이므로 공감을 숨기고 용기를 표현할 수도 있다.

'공감 수수께끼'는 사람들이 전통적으로 이국적인 문화에서 어떻게 직무에 적응하는지를 생각해보면 분명해진다. 해외에 근무하는 사람들 중에는 현지 문화에 동화할 필요성을 깨닫지 못하며 본국인들로 구성된 게토(ghetto : 고립된 집단−옮긴이)에 자신들을 고립시키고 오직 본국이나 본국과 유사한 산업화된 나라에서 온 사람들하고만 어울리는 이들이 있다. 이들은 현지인이나 고객들로부터 스스로를 고립시킨다. 또 다른 극단적인 사람들 중에는 마치 '원주민같이 생활하는' 사람들이 있는데, 그들은 현지 문화를 수용할 뿐만 아니라 그 문화에 완전히 몰입한다. 이들은 새로운 문화의 특징적인 면들을 모두 다 취하여 그 민족에 대해 굉장한 공감을 드러내 보인다. 하지만 동시에 이들은 조직의 책임감을 소홀히 하고, 회사의 대표가 아니라 마치 국가의 대표라도 되는 듯이 행동하는 모험을 감행한다.

따라서 이상적인 것은 진정한 공감을 지니고 다문화 사회에서 사람들을 리드하고 다루는 법을 배우는 것이다. 본질적으로는 같은 인간이자 동시에 다양한 가치를 지닌 동료와 고객에게 올바른 반응을 보여야 하는 책임이 있으며, 또한 회사의 가치가 때로는 현지의 욕구와 갈등을 일으키는 경우가 있지만 자신들이 회사의 가치를 대표하고 목표를 실행할 책임이 있는 기업의 중역이라는 사실을 잊지 않고 모순이 되는 요인들의 균형을 맞추기 위해 노력해야 한다.

이 '현지적이며−세계적인' 모순을 다루는 일은 흔히 현지 문화에 완전히 동화되지 않으면서 공감의 한계를 설정한다는 것을 의미한다.

공감을 어느 정도나 드러내 보일지를 결정하는 일은 여러 가지 요소로 인해 생각보다 상당히 복잡해질 수가 있다. 상황에 따라서는 대단히 많은 공감을 드러내 보여야 할 때가 있는데, 예를 들어 수년 동안 굉장한 실적을 낸 사원은 혜택을 받을 자격이 있을 것이다. 그런데 만약 그의 실적이 줄어들기 시작하면 상사는 어쩌면 그에게 어느 정도의 운신할 여지를 주고 벌어지고 있는 상황을 이해하려고 하며,

또한 정서적으로 힘이 되고자 할 것이다. 하지만 동시에 만약 상사가 도전적 목표(stretch goal)를 달성해야 하는 엄청난 압박을 받고 있어서 목표를 놓칠 여유가 없다면 그는 아마 재빨리 결정 내려야 할 것이다. 이러한 상황하에서는 여유를 줄 느슨함이라는 것이 없을 것이다. 오늘날 여러 회사에서 대부분의 리더들이 바로 이러한 상황에 처해 있다 해도 과언이 아니다.

마지막으로, 공감하는 능력은 타고난 자질이다. 따라서 자연히 어떤 리더는 다른 사람보다 더 많이 공감을 할 줄 안다. 다시 말하면 모든 사람에게서 똑같은 정도의 공감을 기대할 수는 없다는 뜻이다. 다른 사람들보다 더 열심히 노력해서 공감을 표현해야 하는 사람들도 있다.

| 공감이 사람과 프로그램에 영향을 미치는 방식 |

사람들은 때때로 직장에서의 공감에 대해 지나치게 단순한 견해를 갖기도 한다. 그들은 공감을 관계를 형성하는 방법론에 불과한 것으로 간주한다. 사실 공감은 다양한 상황에서 다양한 역할을 한다. 머리, 가슴, 배짱의 리더는 공감에 대한 모든 사항들을 파악하고 있다. 다음은 명심해야 할 몇 가지 중요한 핵심이다.

● **단일 문화의 기업과 다문화 기업의 차이**

단일 문화권에서 공감하지 못하는 리더는 장기적인 경비를 희생해서 순간적인 생산성을 얻을 수는 있다. 만약 그 회사에 강하고 완고하며 힘든 작업환경을 만드는 공감하지 못하는 리더가 있다면 공감이 부족하다고 해서 단기적으로는 영향을 받지 않을 수도 있는데, 그 이유는 사람들이 그 리더에 익숙해 있기 때문이다. 반면 다 문화권에서는 리스크가 훨씬 더 크다. 공감하지 않는 리더는 단 몇 개월 만에 조직을 완전히 경직시킬 수도 있다.

가령 태국에서 12개월 동안 시장조사를 하라는 요청을 받았다고 하자. 신속히 회사의 기대에 부응하기 위해서 당신은 태국 문화를 충분히 이해하거나 제대로 파악할 시간을 내지 못했다. 그러면 태국의 동료는 수동적으로든 적극적으로든 즉각 당신으로부터 거리를 둘 것이다. 현지 사람들은 자신들과 직무상의 네트워크를 같이 하는 사람들에게 불평을 할 것이고, 자연 당신의 영향력은 제한받게 될 것이다. 어쩌면 임무를 마칠 수는 있으나 최대한의 역량을 발휘하지는 못할 것이고 회사에서 더 큰 영향력을 확립하지 못할 것이다. 그 이유는 당신이 추진하고 있는 일에서 문화적인 상황에 대한 그 어떤 반응이나 충분한 이해를 하지 않았기 때문이다.

● 업무 인계는 공감을 요한다

보통 인계에 관한 한 공감을 할 수 있는 리더는 별로 없다. 흔히 업무 인계는 단순히 머리로만 생각하는데, 이 말은 리더가 인계 과정을 분석적인 기간으로 보고 능력을 평가할 때 감정에 치우치지 않음을 뜻한다. 하지만 오늘날 기업에서 똑똑한 리더라면 자신들 스스로 업무의 인계는 단순히 비어 있는 의자를 채우는 것이 아니라 향후 자신들이 관리하게 될 사원들과 오랜 기간 동안 끈끈한 인간관계를 유지해왔을 실제로 살아 있는 사람을 대체하는 것임을 잘 알고 있을 것이다. 특히 다양한 문화를 가진 직장에서 이 사실을 고려하지 않으면 어느 구성원의 일자리를 잃게 할 수도 있고 자신이 몸담고 있는 조직에 피해를 입힐 수도 있다.

오늘날에는 신임 리더가 전임 리더의 과오에 대해 책임을 지는 경우가 빈번한데 전임 리더는 여성, 각종 소수집단 혹은 연장자일 수도 있다. 여러 경우에서 성공한 전임자는 신임 리더와는 매우 다른 강력한 팀을 만들었을 것이다. 그 팀은 신임 리더가 단순히 자신의 전임 리더와 다르다는 이유로 그를 받아들이기를 꺼리지는 않을 것이다. 만약 신임 리더가 인계 과정에서 어떤 방식으로든 전임자의 의사결정과 접근방법을 손상시키거나 전임자의 업적을 인정하지 않는다면, 적어도 그가 그 자리에 나타나기 전에 존재했던 중요한 관계나 결과를 인식하지 못한다는 의미에서 가슴이 없는 냉정한 사람으로 여겨진다. '여러 신임 리더들이 업무 초기의 어려운 상황에 처하면 이를 '이해할 수 없는' 것으로 받아들이게 되는데, 이는 대개 과도기적 상황, 즉 리더십의 변화가 팀에 미치는 영향을 간과한 초기의 무감각한 조치들에서 기인한다.

그러나 불행하게도 강력하게 인지적이며 분석적인 리더들은 충동적으로 순전히 업무에만 치중하고 이전의 제도와 본능적으로 거리를 두려고 애쓴다. 특히 이들이 실패한 전임자의 뒤를 잇는 경우 더욱 그러하다. 이들은 그 실패에서 스스로를 분리하여 자신들의 접근법으로 차별화하고자 한다. 비록 신임 리더들이 자신의 정체성과 자신만의 리더십 스타일을 확립하는 것이 타당하고 바람직하다 할지라도, 이들은 또한 자신들이 뒤를 잇는 사람에게뿐 아니라 남아 있는 사람들에게도 공감을 표현해야 한다. 전임자가 하고자 했던 일이 비록 실패했다 하더라도 이에 공감을 표현하여 남아 있는 직원들과의 관계도 높이 평가한다는 뜻을 전달해야 한다.

● 동의가 곧 공감은 아니다

리더들에게 조금 더 공감하기 위해 노력하라고 코치하면 그들은 이 말을 더 잘 동의하라는 뜻으로 받아들이곤 한다. 사람들은 흔히 자신이 이해받지 못한다고 느끼면 겉으로 동의한 척하거나, 더 이상 따지지 않으려 한다. 그러나 이것은 공감이 아니다. 이는 환심을 사고자 하는 시도(매번 실패로 끝나는 시도)일 뿐이다. 연장자인 리더가 자신보다 젊은 직속부하와 대화를 하고자 할 때, 혹은 문화나 국가가 다른 동료에게 서로 지니고 있는 공통점에 대해 이야기하려고 할 때 특히 당혹스러운 경우가 많다. 그러나 무조건 동의하기는 효과가 없다. 견해나 스타일에 대한 이견을 없애고자 하는 일은 부질없으며, 거짓 동의를 얻기 위하여 일부러 가치나 생각의 일치를 보고자 하는 것은 공감이 아니다.

요컨대 진정한 공감이란 상대방을 이해하고자 끊임없이 노력하는 것이자 동시에 말과 행동으로 자신이 이해한 바를 알리는 것이다. 그리고 이는 성급히 판단하려 들지 않고 정반대되는 의견에도 귀를 기울여 의견이 다른 상대방과 진솔한 대화를 한다는 것을 뜻한다. 이는 또한 행동을 통해 또 다른 견해도 인정한다는 것을 의미한다. 아마 아침 7시 30분에 미팅을 시작하자고 소신 있게 주장하는 리더는 아이들을 놀이방이나 학교에 데려다줘야 하는 젊은 직장인 부모에게 도전장을 내미는 것일지도 모른다. 그러나 단지 이들의 동의를 얻기 위해 조기 미팅이 효과가 있다고 믿는 자기 자신의 신념을 굽힐 필요는 없다.

최근 MIT대학의 한 연구팀에서 실무 조직 입장에서 본사의 결정과 입장을 수용하도록 영향을 미치는 요인이 어떠한 것들인지를 조사했다. 연구원들이 알아낸 바에 의하면 의사결정을 내리는 본사가 현지 상황과 현장 사정에 밝을 것이라고 믿는 실무 조직의 신뢰가 그 지표였다. 이렇게 상황이 합당하면 설사 본사의 결정에 동의하지 않는다 해도 현장에 있는 사람들은 대개 그 결정을 수용한다. 현장에서 일하는 사람들에게 이러한 이해는 공감할 줄 아는 리더십이 반영되었음을 보여준다. 따라서 본사는 틀림없이 이들을 헤아리는 배려를 하고 그들의 상황에 공감하는 능력을 보유하고 있는 것이다.

● **희생을 치르고 이룬 성과는 엄청난 위험이 따른다**

공감이라는 말을 부정적인 단어로 추류하는 성과 중심 기업들이 있다. 이러한 기업 문화로 인해 비록 결과를 얻기 위하여 희생을 치른다고 하더라도 리더는 그 어떤 공감이나 이해심도 나타내지 못한다. 오히려 어떤 일이 있을지라도 회사는 사람들이 '고지를 점령하기'를 바라게 되는데, 비록 이 말이 터무니없는 목표를 추구하거나 임무를 완수하는 데 터무니없는 시간을 들여야 한다는 뜻이라 하더라도 그렇게 하기를 기대한다.

때로는 이를 '달성하기 어려운 목표', '위험하고 담대한 목표' 혹은 단순히 '불가능한 것'이라고 칭하기도 한다. 사실 이러한 회사 중 어느 리더는 업무 실행에 대한 회사의 근시안적인 태도에 대해 "이 회사는 여러분을 위한 곳이 아니오. 더 인간적인 문화, 더 균형을 갖춘 회사에서 일하고자 한다면 다른 직장을 알아보시오."라는 아주 솔직한 표현을 했다. 오늘날 여러 글로벌 기업들이 자신들을 올림픽에서의 경쟁에 비유하곤 한다. 리더들이 올림픽 경기 수준의 고차원 경쟁을 하도록 선발한 사람들에게, 으레 외관상 도저히 불가능해 보이는 목표를 달성해야 한다며 자부심을 지니도록 상기시킨다.

그다지 많지는 않지만, 자기 회사의 내부 사람들로부터 공감을 구하지 않는 회사들이 제법 있다. 이러한 환경에서 성공하는 리더들은 지나치게 실적에 사로잡혀 자기 자신뿐만 아니라 다른 사람들에게도 요구하는 것이 많아진다. 따라서 이들은 공감이 회사의 규범이 되는 문화에서는 행복하지 않을 것이나 모든 관심을 결과에 치중하므로 단기간에 우수한 실적을 내는 이득도 있을 수는 있다.

하지만 공감을 하지 않는 문화의 어두운 면은 리더들이 중요한 정보를 이용할 수 있는 접근을 제한한다. 성과 중심 기업의 어느 간부는 자신의 상사에게 중요한 프로젝트가 목표에서 벗어나고 있다고 경고할 수가 없었는데, 그 회사가 만약 그 방향으로 계속 나아간다면 6억 달러 상당의 손실을 입고 상환하는 데만 10년 이상이 걸릴 상황에 처해 있었다. 이 정보를 상사에게 전달하기 위해 "이렇게는 도저히 목표에 도달할 수 없습니다. 기회가 있을 때 손해를 줄이고 효과가 없을 거라는 사실을 인정해야만 합니다."라고 말했다. 하지만 그 회사의 풍토로는 용납이 안 되는 일이었다. 만약 그가 우려의 목소리를 높였다 하더라도 그의 상사는 "방법을 찾아내어 일을 제대로 처리하시오."라는 반응을 보였을 것이다.

따라서 이 리더는 짐짓 그 프로젝트의 목표를 달성할 수 있을 거라는 시늉을 하기로 했다. 그는 프로젝트를 조정해야 할 필요성이 있는 증거가 점점 더 분명해지는데도 이를 침묵으로 일관했다. 궁극적으로, 그리고 아이러니컬하게도 모든 희생을 감수해서라도 실적을 달성하고자 하는 기업이 스스로 종말의 씨앗을 뿌린 셈이다. 실패 혹은 성공에 도달할 수 없는 이유에 대한 설명을 자인하지 않아서 그들은 <u>스스로를 귀중한 정보</u>(재앙을 예방할 수 있고 다음에 취할 조치가 무엇인지에 대한 교훈을 얻을 수 있는 정보)로부터 차단한 것이다. 조직상의, 제도상의 많은 주목할 만한 실패들은 진실에 귀 기울이지 않고, 오히려 근시안적으로 목표에 집중하는 리더들 때문이다.

그러나 어떤 경우에는 공감이 회사에게 사치스러울 때가 있다. 이때에는 살아남기 위한 투쟁의 일환으로 리더들은 경비를 삭감하고 고용을 줄이며 단기적인 목표를 위하여 중장기적인 목표를 희생하는 등의 강한 행동을 취해야 한다. 이러한 경우에 리더는 강한 결정을 내려야 하고 자연히 공감할 여유도 없게 된다. 하지만 대부분의 성공한 기업들은 성과와 공감 사이에 균형을 유지하고 있다는 사실을 잊어서는 안 된다.

| 유독 인정이 많은 리더의 실례 |

우리는 대단한 성공을 거둔 더보디숍의 창업자 아니타 로딕(Anita Roddick)이 진정한 연민을 바라는 리더들이 모두 따라해야 할 모범이라고 강조하는 것은 아니다. 분명히 로딕의 남다른 연민은 내면적으로나 외면적으로나 많은 CEO들이 그대로 답습하기는 어려운 점이 있다. 사실 회사의 여러 다양한 사안에 몰두하느라 시간과 에너지를 쏟아 부으며 그녀가 머리, 가슴, 배짱의 균형을 동등하게 유지할 수는 없었을 것이라고 주장하는 사람들도 있다. 그러나 어찌 됐든 로딕의 연민으로 사람들뿐만 아니라 회사도 덕을 본 것은 사실이다.

> 영국 계열의 더보디숍은 수년에 걸쳐서 동물에 대한 과학 실험을 반대하는 캠페인을 성공리에 마쳤으며, 영국에서 처음으로 출장 아동보호센터를 설립했고, 진보적인 여러 기업들이 제휴하여 '사업을 더 친절하게 하는' 일에 헌신을 하는 소셜 어드벤처 네트워크(Social Adventure Network)를 실행하는 데 도움을 주었다. 로딕은 『친절의 혁명(A Revolution in Kindness)』이라는 저서를 집필하기도 했다.
>
> 만약 더보디숍이 성공을 거두지 않았더라면 이렇게 집중적으로 주목받지는 못했을 것이다. 이 회사의 진보적인 행동은 1990년대에 환경과 이에 따른 쟁점에 관심을 갖는 수많은 소비자 집단을 자극하였고, 이들은 전 세계의 환경에 관한 쟁점에 극진하게 마음을 쓰는 이 회사의 제품을 구매하고 싶어했다. 이와 마찬가지로 중요한 것은 아주 똑똑하고 젊은 이상주의적인 간부들이 이윤 못지않게 인간을 배려하는 기업을 만들고자 일했다는 것이다.

분명한 점은 로딕은 용기 있고 급진적이며 사회적인 인권을 이념으로 하는 회사를 설립했으며, 영리하게도 이 경영철학을 시장에 내놓아 성공했다는 점이다. 사회적인 책임을 느끼는 회사가 생산하는 제품은 반드시 강력한 틈새시장이 있다는 그녀의 비전은 시대에 한 발 앞서 있었다. 더보디숍은 여러 사회적인 쟁점의 선봉장 역할을 했는데, 로딕은 다양한 그룹의 사원들을 리드하는 능력뿐 아니라 온갖 유형의 사회적인 책임의식이 있는 기업들과 제휴하는 능력을 보여주었다. 요컨대 로딕은 가슴으로 리드했지만 머리와 배짱의 도움도 크게 받았던 것이다.

| 연민을 표현하기 |

모든 사람들이 쉽게 공감을 표현할 수 있는 건 아니다. 대체로 딱딱하고 나이든 베테랑 간부들로 하여금 직장 생활하는 동안 난생 처음으로 공감이라는 것을 조금이라도 보여줄 수 있게 하는 것보다, 젊고 융통성 있는 간부들에게 공감을 표현하게 하는 것이 훨씬 더 쉽다. 전자의 구성원에게 공감을 표현하게 하는 일이 불가능하다는 말을 하려는 것이 아니라, 다만 이들에게는 시간과 창의성이 좀 더 필요하다는 것이다. 어떤 리더에게는 성과 중심적인 태도와 공감 사이에서 균형을 모색할 수 있도록 아주 작은 격려와 코칭만으로도 충분한 반면, 어떤 리더에게는 그러한 균형을 이루기까지 훨씬 더 많은 조력과 인내심이 필요하다. 그렇다면 리더들이 연민을 표현하는 여러 방식들과 기업들이 이 과정을 촉진시키기 위해 할 수 있는 일이 무엇인지 살펴보자.

● **생활이나 업무상의 경험을 통해서**

사람들은 개인적인, 혹은 직업상의 위기에 봉착하면 자연스럽게 어느 정도의 공감과 연민을 표현한다. 아마 가족의 사망, 소중한 직업의 상실이 그런 경우일 것이다. 무엇보다도 어떤 상실을 참아내는 것, 혹은 어려운 시기를 겪는 것과 같은 경험으로 사람들은 마음의 문을 열 수 있게 된다. 한편 리더십을 효과적으로 발휘하는 데 필요하다고 느끼는 강인한 품격은 마치 교묘한 술책처럼 보인다. 이들은 과연 어느 상황에서 마음을 열고 진솔해지면 돈독한 관계를 이룰 수 있으며, 사람들이 더 효과적으로 직무를 수행할 수 있을지 알게 될 것이다.

어느 간부는 대단히 터프한 상사로 알려져 있었다. 그는 사람들을 무자비하게 몰아붙였다. 그 앞에서는 실패에 대한 변명이 결코 통하지 않았다. 그런데 그에게 끔찍한 사고가 일어났고 그 회복기는 길고도 고통스러웠다. 그는 여전히 강인했지만 상황이 변함에 따라 다른 사람에 대한 연민과 더불어 그의 강인함에도 변화가 왔다. 그가 회복하는 동안 사람들이 그에게 깊은 연민을 보였고, 그는 이러한 감정의 표현에 커다란 영향을 받았다. 그의 성격이 완전히 바뀐 것은 아니었으나 때때로 필요한 경우에는 자신의 부드러운 면을 보일 수 있게 되었다. 그렇게 됨으로써 그는 완전한 리더가 되었다.

어떤 리더는 역경에 처해 실패를 겪어보지 않은 관리자와는 함께 일하고 싶지 않다는 말을 하기도 한다. 특히 점점 더 다양화되어 가는 직장에서 이들의 말은 주효하다. MBA 최고 프로그램에서 일류 컨설팅 회사로, 그리고 일류 기업으로 직행하는 젊고 유능한 관리자들이 사보타주(마땅히 해야 할 많은 업무를 게을리하는 행위-옮긴이)하는 경우를 여러 번 목격했다. 그들은 똑똑하고 영리하지만 자신들과 같은 배경이나 전력을 지니지 않은 이방인과 관계를 맺는 일에는 아주 서투르다. 이들은 고참 사원이나 소규모 납품업체들과 밀접한 관계를 맺지 못하는데, 그 이유는 자기처럼 성공하지 못한 사람들에 대해서는 연민을 지니지 못해서다. 이러한 출세가도를 달리는 관리자들은 한두 차례 실패를 겪어보고 나서야 자신의 정서(전에는 무시했던 자신의 일부분)적인 면을 탐구하게 된다. 그리고 머리로만 관리하는 대신 자신의 가슴을 이용하는 법도 터득하게 된다.

● 코칭을 통해서

더 큰 공감을 지닐 필요가 있는 리더들을 코칭할 때 겪게 되는 문제는 임무 대비 정서의 사고방식에서 이들을 끌어내는 것이다. 이들은, 자신들이 만약 사람들을 관리할 때 지나치게 정서적인 모습을 보이게 되면 임무를 그르칠 것이라 생각한다. 사람들에게 연민을 표현하면 그들이 일을 적당히 처리하고 목표를 상실하여 곤란한 상황에 처하게 될까 우려한다.

이러한 우려가 전혀 근거가 없는 것은 아니지만 감정표현을 하면서도 임박한 임무를 강조하는 것이 불가능한 건 아니다. 우리는 공감을 표현하되 동시에 임무에 충실할 수 있도록 사람들을 독려하는 방식을 지도한다. 앞에서 논의했듯이 우리는 또한 이해와 동의의 차이를 구별한다. 한편 우리는 리더들이 다른 사람에게 연민을 표현함으로써 그들이 오히려 어려운 상황을 극복해낼 수 있었던 경우를 떠올려보라고 권한다. 공감이 얼마나 긍정적인 영향을 미칠 수 있는지를 알면 이것이 더 이상 위협적으로 느껴지지 않고 쉽게 공감을 표현할 수 있게 될 것이다.

● 모든 유형의 사람들과의 교제를 통해서

자신을 좁은 교제의 범위에 한정시킬 경우 공감을 표현하기는 어려워진다. 오직 좁은 범위의 고문들과 정기적으로 의사 교환을 하거나 혹은 기능상의 직무 내로 스스로를 격리시키는 리더들은 그 범위 밖에 있는 영역에 대해서는 거의 공감을 하지 못한다. 우리는 리더들에게 안전지대로부터 강제로 자신들을 벗어나게 해서 자기와 다른 분야의 사람들과 교제하도록 권한다. 이는 조직 전반에 걸쳐 다양한 관계를 형성하라는 말이며, 다른 사람들과 잘 지내게 하는 것이 무엇인지 시간을 내어 연구해보라는 말이다. 자신의 경험에 스스로 갇힌 포로가 되어 오로지 자신과 같은 상황에 처한 사람들에게만 공감을 보이는 리더가 많기 때문이다.

수석 리더 중에는 업무와 가정사와의 균형을 유지하고자 하는 신참 여성과는 이야기하지 않는 사람들이 있다. 미국에서 계속 일한 중역은 타국의 지사장들이 자원을 구하고 정략적인 과정을 조정하는 점에 있어서 곤경에 직면해 있다는 점을 이해하지 못한다. 그러나 리더들이 다양한 범위의 동료들과 피상적이며 일상적으로 대하는 관계 이상의 상호작용을 할 수 있도록 스스로를 채찍질하면 자연스레 이들은 더 많은 공감과 연민을 느끼는 사람이 된다.

리더들이 자신의 안전지대에서 벗어나게 될 경우 그들은 새로운 압박과 새로운 시각으로 인한 또 다른 스트레스로 어쩌면 보이지 않았던 취약함이 자신들에게 내재해 있을지도 모른다는 사실에 직면할 각오를 해야 한다. 다음 장에서는 더 가슴을 열고 운영하고자 하는 리더에게 개인의 일탈행위가 미치는 영향을 다루기로 한다.

10장
사람들과 함께 일할 때 개인의 일탈행위 극복하기

놀랍게도 일탈행위(몸에 밴 뿌리 깊은 행동 패턴으로 정해진 범위나 본래의 목적에서 벗어나는 행위인데 흔히 스트레스를 받게 되면 나타난다-옮긴이)는 계속해서 리더를 사보타주한다. 여러 중역들도 오만함, 변덕, 완벽주의 등의 성향을 '관리'하지 않으면 업무의 효율성이 떨어진다는 사실을 잘 알고 있다. 지금까지 여러 기사와 저서(우리가 쓴 『CEO가 실패하는 이유』를 포함하여)에서 일탈행위 현상을 다루었다. 보브 호건과 그의 동료들은 불신, 불안, 화를 잘 내는 것, 그리고 감정조절이 잘 안 되는 것과 같은 감정의 부정적인 영향을 지적했다. 우리는 전 세계 수많은 간부들을 코칭하면서 이들 성격의 부정적인 면들이 어떻게 직속부하의 업무 환경에 영향을 미치는지 관찰했다. 대부분의 리더들이 이 쟁점에 대하여 적어도 한 번쯤 생각해봤을 것이다.

요점은 비록 이에 대해 고민해보는 리더는 많지만 가슴의 시각으로 이를 다루지는 않는다는 것이다. 리더들은 때로는 자신들이 오만한 관리자가 될 가능성이 있다는 점은 시인하지만, 이것은 순전히 인지적이며 감정에 치우치지 않는 시인일 뿐이다. 이들은 자신의 주변 사람들에 미치는 영향을 고려하지 않는다. 정서적인 견지에서 이러한 태도를 받아들이지 못하므로 이들은 효과적으로 이런 태도를 다루지 못하게 되는 것이다. 아니면 시각을 조금 달리해서 보자면 이들은 왜 자신들이 그러한 방식으로 행동하는지를, 그리고 자신들의 태도가 사람들과 자신의 전체 조직의 효율성에 어떠한 영향을 미치는지를 고려하지 않는다.

물론 염두에 두고 이러한 행동을 한다 하더라도, 이들은 또한 이를 제어할 배짱을 보여야 한다. 전적으로 그릇되지 않은 행동을 바꾸는 일에는 굉장한 용기가 필요하다. 일탈행위는 사람들이 어느 정도의 성공을 거두는 데 도움이 되었던 긍정적인 특징들 중 어두운 부분에 속한다.

이 장의 제목이 시사하듯이 파악하기(머리), 직면하기(가슴), 극복하기(배짱)가 모두 그 과정의 일부다. 일탈행위에 효과적으로 대처하는 열쇠는 바로 가슴이므로 이제부터 '직면하기'의 여러 양상들을 살펴보기로 한다.

일탈행위는 무엇이며
리더에게 그것이 중요한 이유는 무엇인가

『CEO가 실패하는 이유』에서 우리는 조사와 평가로 드러난(주로 심리학자 보브 호건의 저서에서 밝혀졌음) 열한 가지 일탈행위를 확인했다. 이 책은 일탈행위를 상세하게 기술하고 있다. 즉 오만함, 몹시 감상적인 성향, 변덕, 지나치게 소심한 성향, 습관적인 불신, 무관심, 짓

굳음, 기이함, 수동적인 저항, 완벽주의, 그리고 상대의 호감을 사는 일에만 열성인 성향이 그것이다.

결코 이것만이 일탈행위에 해당되는 것은 아니다. 리더들이 자신의 효율성을 사보타주하는 방식을 다룬 다른 기사들을 접해보았을 것이다. 빌 패스모어(Bill Pasmore), 시드니 핀켈스타인(Sydney Finkelstein), 데이비드 내들러(David Nadler) 등은 리더십과 CEO의 실패에 대해서 광범위하게 글을 쓴다. 그럼에도 우리가 언급한 열한 가지가 가장 많이 얘기하는 일탈의 전형적인 모습인데, 이러한 특정 일탈행위는 업무의 효율성을 떨어뜨린다.

아마도 이러한 특정적인 것들은 또한 때에 따라서는 강점이 되기도 하기에 어느 정도는 기업의 효율성을 올릴 수 있다고 생각할지도 모른다. 예를 들어 완벽주의자들은 한번 저지르면 손실이 많이 나는 실수는 좀처럼 하지 않고, 고품질을 유지하는 일이 무엇보다 중요하다고 생각하여 이에 혼신의 노력을 다하는데, 결국에는 세부사항들에 지나치게 치중해서 큰 그림을 보지 못하게 된다. 타인을 즐겁게 해주는 사람들은 흔히 동료, 고객, 납품업체 사이에서 끈끈한 인간관계를 구축하는 일에 통달해 있는데, 결국에는 자신의 견해를 주장하기보다는 정치 정세를 읽는 일에 지나치게 시간을 허비하게 된다. 변덕스러운 리더는 전파성이 있는 열정은 잘 펼치는데, 사소한 문제에도 과잉반응을 보이는 성향으로 사람들이 그의 정서를 따르느라 너무 많은 시간을 허비하고 정작 업무에는 충분한 시간을 들이지 못하게 된다. 물론 이러한 성향들을 특별 관리하지 않을 경우, 혹은 이로 인해 여러 문제를 초래한다는 인식을 하지 못할 경우에 한해서다.

일탈행위가 항상 겉으로 드러나는 것은 아니다. 사실 스트레스를 받는 상황이 아닌 한 자신의 어두운 면을 잘 다루는 리더도 있다. 그러나 최종기힌에 대한 입빅김, 지나친 재징싱의 목표, 중요한 프로젝트 등에 의해 이들은 반사적으로 일탈하는 행동을 보이게 되는데, 그 이유는 그렇게 하는 것이 이들에게는 '자연스러운' 리드 방식이기 때문이다. 곧 다가오는 최종기한과 전년도의 성과기준을 초과해야 한다는 압박을 받으면 리더는 사람들을 믿지 못해 혼자서 지나치게 많은 일을 떠맡게 되고 업무 위임을 거의 하지 않는다. 따라서 자기 팀의 실적은 기대치에 미치지 못하게 된다.

비록 사람마다 스트레스를 느끼는 정도가 다르다 하더라도, 엄청나게 스트레스를 받는 리더는 특히 일탈행위에 약하다. 더 나은 성과를 내야 한다는 압박감은 계속 커지고 함께 일하는 인원을 더 줄여야 하는 필요성과 더불어 다양한 도전과 치열한 경쟁을 벌이는 세계정세 속에서 리더는 그 어느 때보다도 더 어려운 도전에 직면하게 된다. 그들에게 위기는 매일 새로이 발생하는 것처럼 보인다. 월요일에는 누구를 승진시키고 누구를 퇴출시켜야 하는지에 대한 현명한 결정을 내려야 하고, 화요일에는 이익을 낼 수 있는 어떤 조치가 브랜드와 모순되지는 않는지의 여부를 결정하여 결과와 가치 중에서 선택을 해야 할 수도 있다. 이렇게 압박을 받게 되면 비록 가장 훌륭한 리더라 하더라도 일탈행위에 취약해질 수밖에 없다.

CEO가 어떤 조치와 결정을 내릴 때마다 월 가의 금융 분석가들이 이를 탐색하고, 해당 기업의 이사진이 업무에 더 많은 관여를 하려 하고, 그 어느 때보다도 더 많은 책임을 뒤집어쓰고, 미디어는 또 이들의 향후 미래를 냉정하게 추측하는 상황에서 CEO들은 충분한 생각을 하지 않은 채 행동하는 패턴이 몸에 배게 된다. 이러한 패턴이 이들의 커리어에 중요한 목표를 달성하게 하는 데 도움이 되었기 때문에, 그리고 이러한 행동 패턴들이 자연스럽게 이들의 성격을 나타내는 것이므로 CEO들은 스트레스를 받을 때도 이러한 패턴에 의존하게 된다. 나아가 심정적으로는 자신들의 행동 패턴이 긍정적이라 자위하기도 하며, 기이한 스타일로 행동하고 나서는 이러한 기이함이 자기들에게 커다란 도움이 된다고 믿기도 한다. 이들은 점점 더 무심해지면서 객관적인 결정을 내리기 위해서는 사람들과 거리를 둘 필요가 있다고 확신한다.

의료 서비스 회사인 헬스사우스의 전 CEO 리처드 스크러시(Richard Scrushy)는 의료사기 혐의로 기소되었는데(유죄선고를 받지는 않았지만) 그는 자신감과 자부심으로 회사를 성공시킨 리더로서 좋은 본보기를 보여주는 전형적인 인물이다. 하지만 수익을 올려야 한다는 압박으로 다른 CEO들은 합리적이라고 규정하는 규칙들을 오만하게 무시했다. 스크러시처럼 똑똑하고 영리한 사람이라면 거대한 주택을 몇 채씩이나 보유하고, 영업 회의를 항상 자신이 주도해야 한다고 주장하고, 혹은 회사가 직원들에게 보너스를 나눠주지 못하는 어려운 시기에도 회사 헬리콥터(보고에 의하면 '보너스 원'이라고 명명했다 한다)를 구매하는 등의 행동이 자신의 이미지를 손상시킨다는 것을 알 거라고 생각하겠지만 사실은 그렇지 않다. 스트레스에 기인한 일탈행위는 가장 훌륭하고 가장 똑똑한 리더조차도 이렇게 쉽게 자멸의 길에 들어서게 한다.

마찬가지로 칼리 피오리나(Carly Fiorina)도 매우 카리스마가 있는 리더로, 그녀가 휴렛패커드사의 인간 중심적인 문화를 좀 더 실적 중심적인 문화로 전환한 것은 올바른 선택처럼 보였다. 그런데 실적을 더욱 높여야 한다는 압박감과 한층 치열해진 델사와 IBM사와의 경쟁으로 피오리나는 극도의 스트레스를 받게 되고 지나치게 감상적이며 불신하는 일탈행위를 제어하기 어려운 상태에 놓인다. 그녀는 요직들을 해고했으며, 꽤 영향력 있는 저널리스트와의 관계도 심각해졌고, 회사의 이사진들도 멀리했다. 그녀는 판매원 출신으로서의 뛰어난 능력을 직장 생활 전반에서 발휘했으며, 극적인 효과를 노리고 상대방을 자극하는 성격으로 프레젠테이션할 때는 엄청난 설득력을 보여주었다. 그러나 도를 넘어선 감상적인 성향으로 자신에게 이목을 집중케 하는 결정을 내리는 것은 휴렛패커드사에 이익을 가져다주지 않았다.

만약 스크러시와 피오리나가 한발 뒤로 물러서서 자신들의 거만하고 지나치게 감상적인 태도가 중요한 사람들에게 어떠한 영향을 미치는지를 깨달았다면, 그들은 달리 행동하여 자신들의 이력을 바꿀 수 있었을 것이다. 또한 이들이 자신의 이러한 행동 패턴을 잘 관찰하여 스스로를 곤란한 상황에 처하게 하는 이 패턴들을 똑바로 직시할 수 있었다면 피해를 줄일 수 있었을지도 모른다. 이렇듯 놀라울 정도로 똑똑하고 뛰어난 리더들이 왜 자신들의 일탈행위를 미처 깨닫지 못했는지 의문이다. 그 해답은 기업 문화를 포함하여 전반적인 우리들의 문화가 개인의 약점과 실패를 어떻게 보느냐와 관련이 있을 것이다.

| 일탈행위의 모순 |

　우리 회사는 사람들에게 자신들의 일탈행위를 파악하고 수용하고 관리하도록 코치하지만, 다수의 기업에서 사람들이 성공하는 유일한 방식이란 자신의 일탈행위를 흔쾌히 인정하지 않는 것이다. 이러한 모순은 리더들에게 난관을 안겨준다. 이들은 스스로를 곤경에 빠트리게 하는 성향을 자기 내부에 지니고 있다는 것을 알고는 있지만 이러한 약점을 고백할 경우 영원히 불리하게 작용할 것이라는 사실도 알고 있다. 더불어 경쟁이 치열한 회사일수록 약점이나 실패에 대해 인정하면 본인에게 불리하게 작용한다. 요구사항이 많고 거만한 상사 또는 야망에 찬 부하들은 자신의 리더에게서 어떤 약점의 표시를 찾아 그의 자리를 차지하고 싶어한다.
　리더들은 '만능(five-tool)' 야구선수가 되고 싶어하는데, 즉 평균타율 정도로 칠 수 있고, 타구에 힘이 있고, 도루와 수비도 잘할 수 있으며, 그리고 정확하고 강하게 공을 던질 수 있는 선수가 되고 싶어한다. 만능 선수도 이따금씩 부상을 당하지만 드문 일이다.
　조직 세계에서는 만능 리더를 찾아보기가 더 어렵다. 누구든 적어도 한 번쯤은 중요한 결정을 내려야 하는 결정적인 시기에 일탈행위, 즉 이를 아주 조금만 드러내 보여도 업무의 효율성을 떨어뜨리는 행동 패턴을 보인다. 가령 대단히 중요한 상황에 처하게 되면 리더는 스트레스를 받게 되고 이 스트레스로 인해 일탈행위가 표면으로 부상한다.
　설사 리더가 스스로에게 아무리 솔직한 태도를 지닌다 하더라도, 사적으로는 이러한 일탈행위를 인정하지만 공적으로는 부인하는 리더들이 많다. 혹은 인지적으로는 일탈행위를 인정할지 모르지만, 이 것이 사람들에게 부정적인 영향을 미치고(가슴) 변하기 위해서는 용기가 필요하다(배짱)는 사실은 인정하지 않는 경우가 많다. 어느 경우든 이들은 자신의 내면과 행동 패턴이 미치는 영향을 들여다보지 않으며, 직장 생활에서 이 패턴들이 어떻게 나타나는지를 성찰하지 않는다.

한편 일탈행위에 정면으로 부딪혀서 이에 대한 조치를 취하지 못하는 것은 단순히 약점을 인정하는 것이 두려워서만은 아니라고 본다. 일반적으로 사람들은 실패를 자주 반복하는 조직을 위해서 일하고 싶어하지 않는다. 사람들은 기준이 높은 회사, 그리고 사람들을 성공으로 이끄는 회사에 끌린다. 더구나 최고 MBA프로그램을 마친 야심차고 높은 성과를 보이는 업무 실행자들은 이러한 풍토의 회사에서 도전하기를 좋아한다.

하지만 중요한 것은 회사의 높은 기준에 맞추는 성과를 보일 수 없다는 것이며 회사에서 이들에게 기대하는 바를 쉽게 실행할 수 없다는 것이다. 가장 훌륭하고 가장 영리한 리더조차도 이것이 뜻대로 되지 않을 때가 있다. 비록 기업의 CEO와 다른 수석 간부들이 세계에 대해 차분하고 침착한 이미지를 기치로 내걸어도, 이들 역시 자신만의 일탈행위를 지니고 있어 약속한 결과를 내지 못하기도 한다. 게다가 이러한 일탈행위로 인해 결국 실패할 때도 있는데 때로는 자신이 완벽하다는 허상을 본인 스스로 계속 유지하기 위해 실패를 부인하기도 한다.

뱅크오브아메리카와 같은 실적 중심의 문화에서, 그리고 월 가의 시종일관 보이지 않는 압박을 가하는 시대에 실패는 그다지 용인할 만한 가치가 아니다. 우리 회사는 최근에 뱅크오브아메리카를 위한 수석 간부 프로그램을 고안했는데, 여기에 주요한 계열사를 경영하는 매우 성공한 어느 간부의 프레젠테이션을 포함시켰다. 그런데 프로그램이 2년여 계속되는 동안 그의 성공은 계속되지 못했다. 시장의 변동으로 역전된 상황에 재빠르게 대응하지 못했기 때문이다.

우리 회사는 뱅크오브아메리카에, 그를 계속 프로그램에 참여시켜 예전의 그의 성공을 분석하는 대신 요즈음의 그가 왜 성공하지 못하는지에 치중해보자고 제안했다. 이 제안은 은행 내부에서 그 간부에게 실패를 시인하게 하는 것이 과연 타당한지에 대한 굉장한 논쟁을 불러일으켰다. 그의 실패가 다른 사람들에게 반면교사가 될 것인가? 그가 스스로 판단과 실행 착오를 깨끗이 시인하는 모습을 보면 간부급 리더들은 마음이 편하겠는가? 결국 간부진은 그 간부를 프로그램에 포함시키자는 결정을 내리게 되었는데, 그 이유는 진정으로 실패를 보고 배우는 조직이 되려면 회사는 배짱을 가지고 실패와 실수에 직면해 이를 파악하고 수정해야 한다고 판단했기 때문이었다. 그리고 결국 그 간부는 자신의 일탈행위 및 실패에 치중하자는 간부진의 공식적인 메시지를 승화시켜 프로그램에서 가장 훌륭하게 발표를 잘하는 사람이 되었다. 왜냐하면 일탈행위의 과정을 발표하면서 왜 리더가 실패하는지, 그리고 이에 대한 조치는 어떻게 취해야 하는지에 대한 통찰력을 지니게 되었기 때문이다.

서로 협동하는 문화 속에서는 일탈행위를 인정하는 것이 더 쉽다. 역사적으로 스웨덴에는 협동하는 문화를 지닌 회사들이 많다. 스웨덴 사람들은 상황이 어려워지면 머리나 배짱보다는 가슴에 의존해야 한다고 믿는다. 이 말이 내포하는 의미는 다른 사람들의 약점에 공감을 표현하라는 뜻이다. 또한 대화와 자기반성을 통해 실패를 극복한다는 말이기도 하다. 반면 미국의 많은 회사들은 상황이 어려워지면 머리와 배짱에 의존한다. 이럴 때 리더는 중요한 순간에 지시를 내릴 따름이지 상대의 얘기를 듣고 숙고하지는 않는다. 더구나 이러한 유형의 리더가 중요한 순간에 일탈행위를 인정할 리도 없다. 회사의 이윤이 줄어들고 주가가 떨어지면 사람들은 모두 한결같이 어떠한 희생을 치르고라도 실적을 올릴 수 있는 방법에 대해서만 얘기한다. 이러한 시기에는 가슴이란 하나의 사치품이자 무시해도 되는 것쯤으로 여겨진다. 만약 회사를 마땅히 당위적으로 축소해야 한다면 어쩔 수 없이 그렇게 해야 하지만 이내 휴머니즘은 땅에 떨어지고 만다.

무릇 시기와 장소에 따라서 가슴을 보여줘야 할 때가 있고, 실적을 우선해야 하는 시기가 있다. 하지만 많은 회사들은 가슴이 실적을 유지시켜 주는 열쇠이며, 자신들의 일탈행위를 직시하여 관리하지 못하는 리더는 결국 회사의 실적을 손상시키고 어떤 상황에서는 긍정적인 특성이 되는 것이 또 다른 상황에서는 부정적인 특성이 될 수 있다는 사실을 깨닫지 못한다.

유약하거나 의구심만 갖는 사람으로 자신이 비쳐지길 바라는 리더는 없다 하더라도 "잘 모르겠어요." 혹은 "제가 실수를 저질렀어요."라고 말하면서 이러한 경험을 통해 배울 수는 있다. 결점을 인정하는 일, 특히 다른 사람들은 익히 다 알고 있는 결점을 인정하는 일은 리더를 더욱 강력하게 만들어준다.

자신에게 결점이 있다거나 특정한 약점이 있다는 사실을 인정할 때 그들은 더욱 인간다워지고 가까이 다가갈 수 있게 된다. 특히 강력한 리더들이 그런 점을 인정할 때 더욱 그렇다. 다른 사람들이 그들에게 접근할 수 있게 되고, 그들도 자신들의 약점과 취약한 부분을 비로소 인정하게 된다. 직속부하들은 자신들이 내리는 보잘것없는 결정 혹은 때늦은 판단에 대해 비난을 받을까 봐 자신의 상사에게 솔직해지기를 두려워한다. 그 결과 상사는 어떤 상황에 대해 무슨 일이 벌어지고 있는지 진정으로 파악하지 못한 채 그 상황을 판단한다. 그러나 실패를 기꺼이 시인하는 리더들은 자기의 부하들이 자신의 실수를 시인을 할 수 있도록 용기를 준다. 이 말은 그들이 실패를 보증한다거나 조장한다는 뜻은 아니다. 실수에 대해 솔직해지고 이를 통해 배우는 일은 장기적으로 볼 때 실적을 향상시키는 일일 것이다.

다시 말하지만 일탈행위의 자체적 모순으로 인해 이렇게 정직하게 시인하는 태도는 방해를 받는다. 대부분의 회사에서 승진하는 사람들은 거의 결점이 없는 것처럼 보인다. 강조하고 싶은 것은 출세하는 사람들에게도 결점이 있기 마련이며, 그 결점이 무엇이든(많은 경우에 있어서 이 결점이 사람들 자체이기도 함) 이들이 결점을 관리하고자 하지 않는다는 사실을 아무도 모르기 때문에 이중으로 위험하다는 것이다.

이보다 더욱 간과해선 안 되는 것은 리더들이 직속부하의 일탈행위를 모른다는 것이다. 가장 뛰어난 실적을 내는 부하가 실제로는 어쩌면 부패한 방식으로 좋은 결과를 내고 있을지도 모르고, 악영향을 미치는 부하의 취향으로 팀의 혼란이 야기될 수도 있다. 혹은 한 구성원의 변덕으로 팀원이 새로운 프로젝트에 대한 아이디어를 떠올리는 데 에너지를 쏟기보다는 그의 변덕이 폭발하지 않도록 신경 쓰는 데 지나친 에너지를 허비하고 있을지도 모른다. 리더가 팀원의 일탈행위를 올바로 파악하게 되면 그것을 다루는 방법을 배우고 업무가 더욱 생산적이 될 수 있도록 도와줄 수 있다.

| 일탈행위를 다루는 세 가지 방법 |

이 장에서 시사하는 목표를 달성하는 일, 즉 일탈행위 파악하기와 직면하기 그리고 극복하기는 어려운 일이다. 일탈행위는 인간 내면에 깊이 뿌리를 박고 있어서 리더가 이를 파악할 수 있다 하더라도 인정하고 극복하기는 대단히 어려울 수 있다. 그러므로 일탈행위들, 특히 가슴과 관련된 일탈행위들이 불러일으키는 문제점을 해결하기 위하여 다음의 사항들을 제안하는 바이다.

자신의 정서적인 결함에 관해 다루는 것은 어떤 상황에서든 어려운 일이며 남자다움을 과시하는 기업문화에서는 특히 해결하기 어려운 문제다. 하지만 다음 지침을 채택한다면 회사는 리더가 그렇게 하도록 도와줄 수 있다.

● **자신감을 상실하는 순간을 포착하라**

실패를 인지적으로 혹은 분석적으로 파악하는 것만으로는 충분하지 않다. "나는 상황의 희생자야." 혹은 "다시는 그런 일이 생기지 않을 거야."라고 말하면서 실패를 초래하는 까닭을 머리로 따져 이론적으로 설명하는 일은 쉬운 일이다. 자신감의 상실을 초래하는 원인을 파악하여 자신들의 일탈행위에서 '벗어나야' 한다. 일탈행위가 무엇인지 파악하게 되면 리더는 이를 수용하는 법과 용기를 내어 이것을 다루는 법을 배울 수 있게 된다.

사람들이 자신감을 상실하는 순간을 포착하고자 할 때 도움이 필요한 경우가 많다. 이들은 운전 중 또는 출장 중 어느 잠 못 이루는 밤에 자신의 단점을 발견한다. 그러면 긴장과 불안이 엄습하여 자신을 괴롭히기 시작하고, 자신의 지나치게 소심한 행동이 회사에 도움이 되기보다는 오히려 피해를 입히고 있는 것은 아닌지 우려하게 된다. 하지만 이러한 불안은 새벽이 다가오면 서서히 약해져서 일상 업무에 복귀하게 되면 완전히 사라져버린다.

훌륭한 코치는 사람들이 이렇게 회의에 빠지는 순간, 억제된 어두운 면이 부상하는 순간을 포착하게 하는 데 정통한 사람이다. 이들은 사람들이 늦은 밤에, 혹은 도로에서 경험했던 그러한 기분을 다시 떠올리게 하여 이를 곰곰이 고찰하도록 용기를 북돋워준다. 이러한 기분 속에 내재해 있는 일탈행위를 파악하는 일은 쉽지 않다. 사람은 자신의 기분의 두드러진 변화(mood swings)를 통제받고 싶어하지 않으며, 이러한 기분의 변화가 업무의 효율성에 영향을 미치고 있다는 사실을 인정하기란 쉽지 않은 일이다. 하지만 훌륭한 코치는 질의, 대화, 훈련을 통해 이 과정을 용이하게 할 수도 있다.

● **일탈행위의 패턴을 파악하라**

사람들은 일반적으로 일탈행위를 어느 일정한 순간의 기능으로 분산시키는 경향이 있다. 자신이 화내는 것이 계속되는 긴장 탓 혹은 까다로운 상사나 고객을 즐겁게 해주고자 하는 노력의 반대급부인 스트레스, 즉 자신의 열정 탓으로 돌린다. 인지적으로 자신의 행동이 비생산적이라는 사실은 파악하지만 이를 바꿔야 할 필요성은 깨닫지 못한다. 다만 이러한 행동을 자신이 주의해서 통제하는 패턴의 일부로 착각할 뿐이다. 그러나 자신들이 얼마나 비생산적인 일상에 젖어 있는지를 깨닫게 되면 그렇게 쉽게 자신들의 일탈행위를 무시하지는 못할 것이다.

조직 내의 코치 혹은 다른 신뢰할 만한 고문이 리더로 하여금 이러한 패턴을 파악하도록 도움을 줄 수 있다. 적어도 이들은 일탈행위가 각각의 상황에서 어떻게 반복되는지를 우선 파악해야 한다. 나아가 리더가 왜 그런 방식으로 반응했는지, 자신의 일탈행위가 다른 선택을 어떻게 제한시키고 있는지 알 수 있도록 격려해야 한다. 경영에서 의사결정에 관한 한 융통성이 대단히 중요한데, 대부분의 리더는 자신이 융통성이 있다고 생각한다. 이들이 자신의 일탈행위로 인하여 한 가지 유형의 반응에만 갇혀 있다는 사실을 깨닫고 난 후에야 대단히 놀라는 것도 당연하다. 이어 이들은 자신들의 유형을 고찰하고 파악하여 일탈행위를 다루게 된다.

● 일탈행위가 작업 결과에 부정적인 영향을 미침을 입증하라

리더들이 얼마나 쉽게 자신의 일탈행위를 합리화하는지 보면 정말 놀라울 정도다. 그들은 자신의 변덕스러운 성격을 잘 알고 있다. 더구나 그것이 사람들에게 부정적인 영향을 끼친다는 것을 인식하고 있어도 그것이 업무의 생산성에는 그다지 영향을 미치지 않는다고 생각한다. 사실 자신의 변덕스러운 리더십 스타일이 동기부여를 잘 하고, 느닷없이 바뀌는 기분 변화가 카리스마가 있는 리더십 스타일이며, 느닷없는 열정이나 열변이 자신들이 창출하는 분위기에 필수적이라고까지 생각한다. 이는 주위에서 흔히 볼 수 있는 합리화의 전형이다. 기업은 비교적 낙관적인 견해로 간부진을 바라보는 경향이 있다. 중역의 오만함은 그의 직원들에게 자신감을 심어주고, 또 무관심은 객관적인 결정을 내릴 수 있게 해준다고 생각한다.

그러므로 이러한 리더에게는 자신의 일탈행위가 어떻게 부정적인 업무 결과를 초래하는지를 분명하게 입증하는 자료를 제시하고 이를 직시하게 해야 한다. 그럴 때만이 이들은 자신의 완벽주의로 5년 만에 네 번의 경영 호기를 놓치고, 혹은 몸에 밴 불신으로 중요한 고객을 잃어버린다는 사실을 깨달을 수 있다. 이들은 자신의 내면을 들여다보고 자신들이 업무의 효율성을 떨어뜨리는 결점을 지니고 있다는 사실을 반드시 깨달아야 한다. 이러한 인식이 바로 변화의 촉매제가 될 것이다.

케이트 루드먼(Kate Ludeman)과 에디 앨런슨(Eddie Erlandson)이 '알파형 남성 코치하기(Coaching the Alpha Male)'(《하버드 비즈니스 리뷰》에 게재된 기사로, 동물 세계에서 서열 1위를 차지하는 우두머리를 뜻하는 알파 메일(Alpha Male) 개념을 비즈니스 세계에 접목하여 센세이션을 불러일으켰다. 회사나 팀의 요직에 있으면서 주요한 성과를 달성하는 훌륭한 리더들이 자신이 가진 잠재적인 위험 요소를 미리 발견하지 못하면 자신은 물론이고 조직까지 파괴할 수 있다고 경고하는 내용이다-옮긴이) 기사에서 지적한 바에 의하면 적극적이며 자신감 넘치는 남성 리더들은 똑똑하고 성공적이긴 하지만 이러한 장점이 동시에 약점이 될 수도 있다고 한다. 이러한 남성 리더들은 대단히 지배적이어서 다른 사람들이 함께 일하기가 어려우며, 이들의 감정에 치우치지 않는 전형적인 스타일로는 팀을 고양시키지 못한다는 것이다. 루드먼과 앨런슨에 의하면 이러한 알파형 남성들의 주의를 환기시키는 최상의 방법은 이들에게 360도 피드백을 실시하여 자신들의 스타일이 스스로 믿고 있는 것보다 그다지 효과적이지 않다는 증거를 제시하는 것이라고 한다. 이들로 하여금 자신의 내면에 있는 정서를 파악하게 하고 이들의 행동을 변화시키게 하는 것이 바로 이들의 '결함'이 업무 성과에 어떠한 영향을 미치는지에 대한 증거를 제시하는 것이다.

  마지막으로, 기업은 일반적으로 위의 세 가지 접근법이 젊은 층의 리더보다는 나이 든 리더에게 더 큰 효과가 있다는 것을 이해해야 한다. 젊고 자신감과 에너지로 충만한 사람은 결점을 지니고 있다는 사실을 인정하는 데 비교적 거부감을 덜 느낀다. 특히 성공적이며 빠른 출세가도를 달리는 젊은 간부는 절대 '벽에 부딪히지' 않는다. 이들은 앞을 가로막는 장애물 없이 직장을 옮겨 다녔을 것이다. 우리가 쓴 최근의 저서 『리더십 전환(Leadership Passages)』에서 우리는 부정적인 생활 경험이 진정한 학습을 위한 조건으로 알맞은 것이라 기술했다. 젊은 리더들은 공적인 실패를 경험하고서야 비로소 코치를 받으려 한다. 한두 차례 벽에 부딪혀보고 나서야 비로소 그들은 그 동안 자신들이 내린 선택 때문에 실패를 초래했다는 것을 인정하는 것이다. 이러한 순간에야말로 이들은 인지적인 분석과 함께 일탈행위를 부인하지 않고 자신이 진정 누구인지 알게 되며 자기가 리드하는 방식이 더 이상 효과가 없다는 현실에 대처하게 된다.

  지금까지 오늘날 기업에 중요한 리더십을 발휘하는 네 가지 의무를 다하는 데 있어서 가슴의 중요성을 살펴보았다.

- 사람들의 요구사항과 업무의 요구사항 사이에서 균형잡기.
- 신뢰를 통하여 통합된 해결책 개발하기.

- 다양한 문화를 지닌 사람들과 협동하고 리드하기.
- 사람들과 함께 일할 때 개인의 일탈행위 극복하기.

가슴을 다루는 이 각각의 장에서 우리는 또한 위험(공감과 연민을 지나치게 강조하는 위험, 믿어도 될 시기가 되기도 전에 미리 신뢰하는 위험, 안전지대 밖에서 일하다가 일탈행위의 희생이 되는 위험)이 있다는 사실을 알게 되었다. 다음 장에서는 복잡하고 불안정한 세계에서 리더들이 어떻게 배짱 혹은 용기를 개발하여 효과적인 리더가 되는 데 필요한 위험을 감수하는지 살펴볼 것이다.

HEAD, HEART & GUTS LEADERSHIP

4

배짱 리더십

정보가 부족하거나 전무한 상태에서 모험을 감행하기
리스크와 보상 사이에서 균형잡기
고결함으로 단호하게 행동하기

11장
정보가 부족하거나
전무한 상태에서 모험을 감행하기

이 장이 배짱에 관한 첫 장이므로 이와 관련된 용어를 사용할 때 그것이 의미하는 것, 그리고 의미하지 않는 것에 대해 분명히 밝힐 필요가 있겠다. 배짱이 리더에게 적용되는 경우 전통적인 정의에 의하면 흔히 강인함을 의미하는 경우가 종종 있다. 중요한 협상을 할 때 눈 한번 깜짝이지 않는 리더, 재고하려 하지 않고 기회를 포착하는 리더, 공격적으로 기업을 인수하고 경쟁사를 떼어내는 리더, 이러한 모습의 리더를 많은 사람들이 배짱 있는 리더라고 정의 내린다.

그러나 이 책에서 말하는 배짱 있는 리더란 그러한 의미가 아니다. 우리가 말하는 배짱이란 일정한 상황에 토대를 두고 옳은 행동을 하는 것을 말한다. 비록 이러한 행동으로 유쾌하지 못한 결과가 발생할 가능성이 있더라도, 자신이 옳다고 생각하는 일(자신, 팀, 고객, 그리고 회사를 위해서 옳은 일)을 행동에 옮겨야 하는 상황을 의미한다. 사람들 입장에서 보면 이 말은 함께 일하고 마음을 쓰는 구성원에게 부정적인 영향을 미치는 결정을 내린다는 의미일 수도 있다. 기업의 입장에서 보면 회사가 본래 지향하는 바를 바꾸어 더 넓은 범위에까지 영향력을 미치는 지사를 세우는 전략적인 결정을 내리는 것을 말할 수도 있다.

그런데 '옳은 행동을 하는 것'이라는 개념에는 융통성이 포함되어야 할 것이다. 용기 있는 리더가 옳은 것에 대한 절대적인 정의를 고수할 경우 때론 몽상가가 되기도 한다. 모든 상황에서 해야 할 올바른 행동을 안다고 믿는 것은 배짱을 보이는 것이 아니라 오히려 단순성을 드러내는 것이다. 이런 독선적인 리더는 환경의 변화에 적응할 수 없으며 '옳은' 것에 대해 자신들이 믿고 있는 편협한 정의 바깥에 있는 기타 생각이나 견해를 무시한다. 따라서 이들은 용기를 보이는 것이 아니라 단지 완고함을 보이는 것이다.

용기 있는 리더십이란 흔히 비전과 가치(자신이 믿는 바를 알고 있으며 이러한 믿음에 따라서 언제 행동해야 할지 아는)의 문제다. 이 말은 전적으로 데이터에 의존하기보다는 신념과 직관에 따라 모험을 수반하는 용단을 내린다는 말이다. 낡은 기술에 근거해서 사실에 사로잡힌 방식에 의하여 의사결정을 내리는 것은 더 이상 실용적인 방법이 아니다. 왜 그러한지, 그리고 데이터에 지나치게 의지하지 않고 훌륭한 결정을 내리게 할 수 있는 방법은 무엇인지 이제부터 살펴보기로 한다.

| 왜 데이터만으로는 충분하지 않은가 |

데이터가 부족하거나 전무한 상태에서 모험을 감행하는 것은 어리석은 일이다. 특히 점점 더 많은 회사가 사실에 근거해서 결정을 내리는 방법을 택하는 시기에는 더욱 그러하다. 여기에서 제안하는 바는 리더들이 사실을 무시해야 한다는 것이 아니다. 오히려 리더들은 사실들을 모두 대할 시간이 없는 상황에 더욱더 많이 처해 있다는 점을 지적하고자 한다. 게다가 데이터가 정확하지 않을 수도 있다. 또한 리더가 사실에 따라 어떤 일을 처리해야 하는 상황에 처하게 되었다가도 상황이 바뀌어 그와는 다른 일을 하게 되는 수도 있다. 비록 사실이 다른 식의 행동을 요구한다고 하더라도, 그들은 수년간에 걸친 자신의 경험과 가치 기준 그리고 직관에 따라 해야 할 일이 무엇인지를 잘 알고 있을 것이다.

오늘날 이러한 상황은 점점 더 흔해지고 있다. 회사마다 모든 지위의 리더들이 지나치게 많은 정보의 희생양이 되고 있다. 어찌 보면 다양한 출처에서 다양한 정보가 지나치게 많이 쏟아져 들어와 이를 분류하는 일 역시 불가능해 보일 정도다. 간부들은 대개 평균적으로 하루에 200건 내외의 이메일을 받는다. 이렇게 압도적인 데이터를 토대로 결정 내리는 일은 정보 자체가 번개처럼 빠르게 변하기 때문에 더 어렵다. 시장이 변하고, 재앙이 일어나고, 브랜드의 가치는 떨어지고, 진정 믿을 만한 정보는 차단되고, 규정이 바뀌고, 규정자가 방해하고, 새로운 기술이 등장하고, 경쟁사들이 합병하는 일들이 일어나 오늘의 데이터들도 내일이면 쓸모없게 되고 만다.

게다가 결정을 내릴 때 소요되는 시간도 역시 줄어들고 있다. 리더가 선택을 미루고 있는 사이 기회는 사라지고 새로운 문제가 부상한다. 세계는 너무나 빠르게 변하고 있어서 결정을 내리기 전에 좀 더 연구를 하거나 또 다른 직무를 수행하자고 주장하다 보면 시장에 내놓을 시기를 놓쳐 경쟁사를 유리하게 만드는 우를 범할지도 모른다.

환경 또한 대단히 복잡하고 가변적이며 불안정하고 모순적이어서

눈에 들어오는 혼란스러운 그림을 분류하기 위해서 리더는 더 많은 데이터를 추진력 있게 모아야 한다. 하지만 흔히 데이터가 많이 있다고 해서 그 그림이 명쾌해지지는 않는다. 그러나 적어도 그가 명쾌히 하고자 하는 부분까지는 그렇게 할 수 있을지도 모른다. 데이터를 갖추고 있다고 낮아진 관세장벽으로 출현하는 새로운 경쟁사들, 투자가들에 의해 미래의 수익성에 대한 이윤 및 잠재성을 장밋빛으로 보지 못하는 가격경쟁력, 혹은 회사에 여전히 남아 있는 사람들에게도 정서적인 박탈감을 남기는 감원, 잠정적으로 미래 가치에 영향을 미칠 새로운 인수를 하는 실사(due diligence : 기업인수에 따르는 위험 또는 문제점들을 인수 계약서에 서명하기 전에 파악하는 절차로, 이를 통상적으로 실사라 정의한다. 다른 용어로는 선관주의 의무라고도 한다—옮긴이) 기간 동안에 나타나는 부정적인 언론 등과 같은 여러 상황을 전부 어찌해볼 수 있는 것은 아니다. 이러한 상황에서는 해야 할 일이 무엇인지 도무지 알 수 없다.

> 잭은 세계적인 대기업의 하나인 제조회사의 수석 간부로, 생산 부품을 교체하는 문제로 고심하고 있었다. 이 교체는 회사의 주 생산 라인에 커다란 영향을 미칠 것이다. 새로운 기술로 기존의 재료보다 더 내구성이 있는 것으로 알려진 합성재료가 만들어졌는데, 사실 내구성이 주요 쟁점이었고, 이 새로운 재료는 기존의 것보다 훨씬 값이 비쌌다. 게다가 잭을 혼란스럽게 하는 또 다른 문제가 있는데 그것은 현재 재료를 공급한 회사가 환경 단체로부터 거센 비난을 받고 있는 것이었다. 이 재료를 만든 공장은 개발도상국 중에 있는데 환경 오염 규제 기준을 지키지 않아 고소당한 상태였고, 그

새로운 합성 재료는 품질 테스트에서 몇 가지 하자가 있는 것으로 드러났다. 비록 공급 회사가 이 품질 문제는 향후 몇 개월 이내에 개선할 거라고 약속했지만 그것을 보증할 수 있는 것은 아무것도 없었다.

그 문제를 조사하면 할수록 잭은 확신이 서지 않았다. 어떤 결정을 내리는 데 도움이 되는 사실은 바로 또 다른 결정에 도움이 되는 사실에 의해 상쇄되었다. 6시그마 의사결정 방식을 훈련받은 그와 그의 팀은 그 방식으로 가능성 있는 행동 경로를 나름대로 규정해 보았다. 하지만 데이터의 양이 폭주하여 쉽사리 결정을 내릴 수가 없었다. 마침내 잭은 데이터 수집을 잠시 멈추고 새로운 합성재료를 지지하는 결정을 내렸다.

그가 그러한 결정을 내린 것은 부분적으로는 현상(환경오염 문제가 골치 아픈 쟁점이라는 것을 알고 있었다)에 의존했지만, 대개는 이 새로운 재료가 미래에는 큰 파도가 될 거라는 자신의 직관에 근거한 것이었다. 이 현상들은 그의 경험, 그리고 수많은 전문가와 나눈 대화만큼 그에게 많은 영향을 준 것은 아니었다. 비록 데이터에 의해서는 입증할 수 없었지만, 그는 이것이 옳은 결정이라는 감이 있었다. 잭은 직관에 의해 모험을 감행했는데, 때때로 직관은 겉으로 보이는 것보다 더 믿을 만한 가이드가 될 수 있다.

| 개인적이며 집단적인 직관 |

많은 기업들이 6시그마와 사실에 근거한 결정 방법을 점점 더 많이 채택하고 있다. 따라서 어떤 사람들은 직관이 그다지 상관없는 것이라고 간주한다. 하지만 몇 가지 사례를 들어 '직관'이라는 단어가 내포하고 있는 부정적인 암시를 없애고자 한다.

첫째, 기구 없이 하늘을 나는 것, 즉 데이터 없이 혹은 사람에 관한 문제를 이해하지 않고 나아가게 되면 단언컨대 결국 충돌하게 된다. 다시 말하면 머리와 가슴을 무시하고 배짱에만 전적으로 의존하는 것은 위험한 일이다. 조지 부시 대통령이 가끔 이 모델에 해당된다. 그는 대단한 직관을 지닌 리더로, 직관을 이용해서 결국 성공에 이르렀지만, 어떤 경우에는 자신의 직관에 지나치게 의존하고, 쟁점이 사람들에게 어떤 영향을 미치는지를 잊어버려서 두드러진 실수를 범한다. 비평가들에 의하면 이라크 전쟁이 바로 그러한 실수를 보여주는 예다. 의심의 여지 없이 부시 대통령은 자신이 옳은 일을 한다고 확신하고 있다. 또한 그가 자신의 확신에 대해서 용기를 지니고 행동한다는 사실을 부인하는 사람도 거의 없다. 동시에 만약 그가 자신의 본능을 엄격한 분석과 공감으로 균형을 맞춘다면 그는 더 괜찮은 대통령이 될지도 모른다.

그러므로 리더들에게 데이터보다는 직관에 더 많이 의존하라고 권하고 싶지는 않다. 그보다 현상이 무엇이든 더 효과적인 결론에 도달하기 위해서는 상황에 맞게 직관을 활용할 수 있어야 한다는 말이다.

존슨앤드존슨사가 사용한 방식(그들은 이를 총체적인 직관이라고 언급했다)을 고려해보자. 이들은 데이터를 분석하여 일방적인 결정을 내리기보다는 토론에 많은 사람들이 참여하도록 권장한다. 사람들이 저마다 자신의 견해를 발표하므로 토론이 다소 혼란스러울 수도 있으나, 존슨앤드존슨사의 회장이자 CEO인 빌 웰든은 때로 리더는 해야 할 옳은 일을 파악하기 위해서는 혼돈을 참아내야 하고 그 가치를 파악해야 한다고 말한 바 있다. 총체적인 직관은 존슨앤드존슨사가 제약 산업에 대한 통념을 깨트리는 데 도움이 되었다. 과거에는 기업이 이윤이 낮은 소비재와 기기 사업에는 투자하지 않고 더 이윤이 높은 제약 사업에만 치중한다는 비난을 들었다. 존슨앤드존슨의 리더들은 이러한 통념에 따르지 않고 여러 분권화된 조직에 걸친 수많은 리더들과 광범위한 대화를 나누어 폭넓은 포트폴리오(다양한 투자 대상에 분산하여 자금을 투입하여 운용하는 일–옮긴이)가 시장 변화에 대비하여 성장 및 보호를 해주는 가장 좋은 기회를 제공하리라는 결론에 도달했다. 오늘날에는 의약품의 가격이 불안정하고 제약회사의 주식이 5년 전보다 현저히 낮게 거래되고는 있지만, 당시의 이러한 견해는 존슨앤드존슨사가 사업에 대한 광범위한 포트폴리오, 특히 의료기기 사업 덕택으로 더 높은 가치를 얻게 된 것으로 입증되었다.

집단적인 직관은 지속적인 토론과 논쟁 후에 얻어지는 산물이다. 사람들이 자유롭게 자신의 견해를 토로하고 보편적 통념에 이의를 제기하며 다른 사람의 생각에 귀를 기울여서 자신의 생각을 수정할 때 비로소 공동의 아이디어나 접근 방법이 도출된다. 집단적인 직관은 현상을 분석할 경우 곧이어 나오게 되는 산출물처럼 '명백'하지는 않지만, 사실에 근거한 결정 방식은 점점 사라지고 있다. 집단적인 직관은 시간을 두고 여러 의견을 지속적으로 이끌어내는 통합체이다. 그 과정 중에 때로는 위험한 방향으로 상황이 전개될 수도 있고, 집단적인 직관이 부상되는 시기나 방법을 파악하는 일이 다소 어려울 수도 있다. 하지만 존슨앤드존슨사와 다른 기업들이 깨달은 것은 시간을 두고 가치로 이끄는 대화를 하게 되면 일단의 사람들이 해야 할 옳은 일에 대한 감각을 얻게 된다는 점이었다. 여러 아이디어를 내어 이를 토론하며 일부 아이디어를 버리게 되면서 사람들은 어느 특정한 방향 혹은 입장을 얻는다. 그러면 리더의 가치와 비전을 토대로 이들의 신념에 부합하는 결정을 내리게 될 것이다.

한편 집단적인 직관을 얻으려면 인내심이 필요하다는 점을 밝히고 싶다. 참을성이 없는 리더에게 이러한 개념은 특히 어려운 일일 것이다. 논리적인 분석과 데이터 수집에 근거하여 결정을 내리는 데 몇 년이 소요되는 사람들은 집단적인 견해를 회의적으로 바라볼 수도 있다. 만약 이들이 존슨앤드존슨사와 같은 회사의 회의에 참석한다면, 우선 온갖 불협화음의 목소리를 듣게 되고 도무지 조정이 가능이나 할지 의구심을 품으면서 이윽고 독재적인 리더를 몹시 바라게 될지도 모른다. 이들은 여러 목소리들이 뒤섞여 하나로 수렴되는 과정을 참고 기다리려 하지 않는다. 이들은 사람들이 견고한 사실에 근거하지 않은 채 어떻게 감히 결정을 내리고 모험을 감행하는지를 이해하지 못한다.

따라서 이러한 회의론자들에게 인내심을 권한다. 또한 위험부담을 줄이기 위해서는 집단적인 직관과 더불어 다른 방법들도 사용해야 한다. 예를 들어 맥 휘틀리(Meg Wheattley)는 『리더십과 새로운 과학(Leadership and the New Science)』이라는 저서를 썼는데, 여기서 그녀는 카오스 이론(chaos theory)과 분열 패턴에 대해 서술했다. 본질적으로 그녀의 논제는 무질서한 가운데 위치할 때는 일정한 패턴이 보이지 않는

데, 그 패턴을 내려다보기 위해서는 더 높은 곳으로 올라가야 한다는 것이었다. 이렇게 시각을 바꾸면 데이터에 뿌리내리지 않는 트렌드나 시장의 동향을 직시하게 해준다. 새로운 각도로 오래 묵은 문제를 바라보면 신선한 사고가 자극받게 된다. 때로 리더는 여러 나라를 출장 다니며 자신의 회사를 외국인의 눈으로 바라보기도 한다. 이런 식으로 회사의 여러 문제에 대해 새로운 시각을 얻게 되면 전에는 보이지 않던 새로운 기회나 새로운 문제해결 방법을 찾을 수도 있다. 이러한 새로운 시각을 쫓아 위험을 감행하는 행동을 뒷받침해줄 만한 데이터는 없으나, 이렇게 변화된 시각을 갖고 자신의 직관을 신뢰하며 자신이 주시해온 부상하는 트렌드에 이를 활용하게 되는 것이다.

회의론자들도 과거에 자신들이 직관에 의존하여 위험한 결정을 몇 차례나 내렸다는 사실을 미처 깨닫지 못하는데, 그 이유는 그들이 이를 직관이라 부르지 않았기 때문이다. 가령 승계 기획에 참여하는 여러 리더들은 구직 스펙, 후보자 인터뷰 결과, 위원회의 추천서, 그리고 각각의 후보자가 스펙에 얼마나 잘 부합하는지에 따라 등급 매기기 등을 진행하는 과정을 참고한다. 결국은 모든 합리적 절차와 정보에 의해서 자신들이 뽑은 적임자라고 하는 사람이 비록 그 자리에 가장 적합한 자격을 갖춘 후보자가 아니라 하더라도 그를 선발한다. 데이터는 또 다른 사실을 시사한다 하더라도 그들의 직관이 이 사람은 준비가 되어 있고 문제를 다룰 능력이 있는 사람이라고 알려준다. 그리고 대개의 경우는 그들의 직관이 들어맞는다.

이 문제를 바라보는 또 다른 시각은 리더가 혁신에 대한 모험을 감행하고자 하는지 그렇지 않은지의 여부를 살펴보는 것이다. 사람들은 어떤 상황에 반응하여 독창적이고 대담한 아이디어가 떠오르게 될 경우, 대개 이 아이디어를 상상력 속에 뿌리내리게 하는 것이 아니라 데이터 속에서 뿌리내리게 한다. 리더들은 최첨단 콘셉트에 대해 모험을 감행할지의 여부를 결정해야 하는데, 데이터 분석으로는 이를 찾아낼 수가 없다. 이는 매우 위협적일 수 있다. 왜냐하면 만일 리더가 독창성을 지니고 있는 사람이나 사물을 다르게 바라보는 사람을 알아보지 못한다면 그는 모험을 감행할 수가 없기 때문이다.

하지만 과거 그 어느 때보다도 기업은 이러한 능력을 갖춘 리더를 필요로 한다. 설사 엉뚱하고 실행 불가능한 계획에 대해 어리석은 모험을 감행하는 리더를 원하지는 않는다 하더라도 언제 모험을 감행해야 할지를 잘 파악하고 있는 리더, 그리고 위험하지만 혁신적인 접근을 지원할 배짱 있는 리더를 필요로 한다. 회사가 필요로 하는 리더는 HBO(미국의 영화 전문 케이블 TV 채널—옮긴이)사의 CEO 크리스 알브레히트(Chris Albrecht)와 같은 리더로, 그는 자신의 직관과 동료들의 집단적인 직관에 따라 〈더 소프라노스(The Sopranos)〉(25년 동안 미국에서 인기리에 방영된 TV드라마로, 주인공 이름은 토니 소프라노이다—옮긴이)와 같은 혁신적이며 창의적인 프로그램에 착수했는데, 신생 채널치고는 엄청난 모험을 감행했던 것이다. 데이터만으로는 이러한 모험이 합당한지 결코 판단할 수 없었다. 그럼에도 HBO 참모진 사이에서는 이는 감행할 가치가 충분히 있는 모험이라는 생각이 지배적이었다.

하르만산업의 창립자이자 회장인 시드니 하르만(Sidney Harman)은 혁신에 대한 엄청난 모험을 감행했던 사람이다. 하르만산업은 최고급 스테레오 및 오디오 장비 제조 회사로 1996년에 실로 어려운 결정을 내렸다. 수년 동안 그들은 아날로그 시스템에 의존했는데, 디지털 시스템에 대한 잠재력을 비로소 인식하여 이 성장가능성에 투자를 원하였으나 전환 시 드는 비용이 너무도 막대하여 엄두를 낼 수가 없었다.

하지만 수석 중역들과의 회의에서 하르만은 회사의 모든 자원을 디지털에 헌신하겠다는 의사를 전달했고, 회의는 몇 시간 동안이나 계속되었다. 간부진은 불안과 낙심을 표했으나 대단히 창의적이며 최첨단 콘셉트라는 데는 동의했다. 〈하버드 비즈니스 리뷰〉지와의 인터뷰에서 하르만은 그 당시의 상황을 "우리가 만일 디지털로 가고자 한다면, 그것은 과연 그쪽으로 갈 건지 안 갈 것인지에 대해 내기를 걸 정도로 최대의 관심사였죠. 우리가 필요로 하는 창의적인 사고를 자극하기 위해서는 아직 형성되지 않은, 심지어 아직 알지도 못하는 아이디어를 띄워서 제 참모진을 실망시키고, 제 자신도 난처한 상황에 처하게 할 수밖에 없다는 사실을 깨달았죠."라고 밝힌 바 있다.

이 회의에서 일어난 상황이 바로 우리가 앞에서 기술한 집단적인 직관의 유형일 것이다. 드디어 이들은 디지털 무대에 투자하기로 결정을 내렸는데, 그것은 그 방향으로 이들을 지시해준 데이터 때문이 아니라 그 그룹이 전사적으로 동의하여 모험을 감행하기로 결정해줬기 때문이었다. 이 결정으로 하르만산업은 엄청난 도약을 하여 작년 영업이 거의 30억 달러에 이르렀다.

마케팅 무대에서는 직관적인 모험 감행에 대한 변화가 그다지 없다. 갈수록 점점 더 연구를 하지 않은 상업광고들이 늘어나고 있는데, 특정 집단 테스트나 시장조사를 광범위하게 하지 않은 채 광고를 하는 나이키 광고를 한번 생각해보자. 나이키의 많은 광고들은 의식의 저변 층을 파고든다. 이들은 제품의 메시지를 전달하고자 하는 것이 아니라 오히려 추상적이며 분위기에 중점을 두는 것처럼 보인다. 그럼에도 나이키는 젊은 운동선수들의 사고방식과 조화를 이루어 최신 유행하는 브랜드로 상품화되는 효과를 거두었다.

나이키사가 머리, 가슴, 그리고 배짱 리더를 양성하고자 공동의 노력을 기울인 것은 우연이 아니다. 이들은 이 자질들을 모두 잘 혼합하는 구성원을 주로 승진시키는 경향이 있으며, 현상에 근거하는 리더들이 '터놓고 얘기하게' 하여 이들이 디자이너들과 다른 창의적인 유형의 사람들과도 상호작용할 수 있도록 도와준다. 한편 이들은 나이키 브랜드의 정신을 잘 파악하여 이를 분석적이며 사실에 근거한 결정에 결합할 수 있는 리더를 찾는다. 물론 리더들이 필요한 모험을 감행하게 해주는 본능과 직관을 개발시키는 여러 방안들도 있다.

| 데이터뿐 아니라 직관에 의존하도록 권장하는 방법 |

이 제목으로 조직의 중요한 개발 문제를 포착하게 한다. 조직의 리더 중에는 본래부터 모험을 기피하는 성향의 리더가 있는데, 이들은 사실로 정당화하지 못하는 결정은 내리려 하지 않는다. 그럼에도 대부분의 리더는 이러한 배짱 자질을 완벽하게 개발할 수 있다. 하지만 이들이 극복해야 할 사항은 이들을 집단적인 직관과 자신의 본능에 의존하지 못하게 하는 편견과 그릇된 믿음일 것이다. 다음은 이러한 장애를 제거하는 데 도움이 되는 세 가지 개발 방법들이다.

● 요직에 있지 않은 이들과 접촉하라

많은 중역들은 자신의 경험에 스스로 갇힌 포로와도 같다. 그들은 자신의 직관이나 신념을 좀처럼 신뢰하려 하지 않는데, 그 이유는 직장 생활을 하는 동안 내내 이러한 것들이 의사결정을 내리는 일과 상관없는 듯 보였기 때문이다. 이들은 데이터를 논리적으로, 여유 있게, 그리고 철저히 분석하고 결정 내리는 일에 익숙해 있다. 이것은 그들이 알고 있는 사람들이 모두 다 이용하는 방식이기도 하다. 이러한 중역들은, 데이터를 완벽히 소화해내고자 하기 전에 결정을 다른 방식으로 내리는 사람들을 우선 만나봐야 한다. 『부자연스러운 리더십(Unnatural Leadership)』에서 우리는 자신의 경험에 갇힌 포로가 되는 사실을 기술하고, 리더들이 그들과 세상을 똑같은 방식으로 바라보는 사람들과만 어울려서는 안 된다고 제안한 바 있다.

오늘날 대부분의 기업에서 요직에 있지 않은 '초록 머리'를 가진 사람들이 눈에 띈다. 이 말은 글자 그대로도, 비유적으로도('green'은 일이 미숙하고 서툴다는 뜻도 있음—옮긴이) 두 가지 모두를 의미한다. 이들은 아마 젊은 사람들일 것이고, 신입사원이거나 임시 채용한 사람일 수도 있으며, 또한 부서마다, 연령대마다 있을 수도 있다. 이들은 전통적인 관행을 무시하고 색다른 아이디어를 추구하며 자신들의 신념을 철저하게 믿는 방식에서 흔히 조직에서 소외되곤 한다.

리더들은 이러한 개개인을 파악하여 이들이 본인들 스스로 아이디어 창출에서 의사결정에 이르기까지 어떤 식으로 접근하는지 탐구해봐야 할 것이다. 리더들은 이들이 관심 가는 단체에 가입하도록 권하고, 전에는 일해본 적이 없는 사람들로 구성된 더 공식적인 팀들과 일하도록 도와줘야 한다. 이런 식으로 리더들은 자신들의 경험 기반을 확대하고 온전히 머리에 중점을 둔 시각보다는 문제와 기회에 접근하는 다른 방식이 있다는 것을 깨닫게 된다.

● 결정을 내리는 데 기초가 되는 가정 사항들을 노출시켜라

사실에 기반하여 의사결정을 하는 사람들을 코치하는 과정에서 사람들이 흔히 지나치게 데이터에 의존한다는 사실을 알게 되었는데, 그 이유는 그들이 데이터를 두렵고 절대적인 것으로 간주하기 때문이다. 이 그릇된 생각에서 벗어나도록 하고, 이들이 잘못되었거나 편견이 작용한 데이터에 근거하여 결정 내리는 바람에 뜻하지 않게 좋지 않은 모험을 감행하고 있다는 사실을 입증해줄 때 비로소 이들은 자신들의 직관을 신뢰하게 된다. 피드백과 기타 다른 방법을 통한 코치는 설혹 리더가 결정 내릴 때 모든 사실을 전부 고려하는 것처럼 보일지라도 실은 많은 정보들이 누락돼 있다는 점을 깨닫도록 도와준다. 대부분의 리더들도 머리로는 모든 데이터를 전부 확보할 수는 없다는 점을 알고 있다. 하지만 특정 업무 쟁점에 관한 특정한 결정 사항에 관한 한, 이들은 이러한 진실을 무시하고 조사와 분석을 하는 것이 자신들의 유일한 의사결정 방법이라고 주장한다. 하지만 이런 방법은 완벽하지 않다.

코치는 또한 리더에게 과거에 있었던 경험을 사실로 가장하는 경우도 있다는 점을 지적한다. 다시 말하면 리더들은 어느 특정 생산 라인에 관한 중국의 관료적인 규제 때문에 더 이상 중국에 생산 라인을 확장하는 일이 불가능하다고 확신한다. 이들에게는 과거에 중국에서 사업을 했을 때 관료적 형식주의 때문에 실패한 경험이 있다. 따라서 이들은 다시 중국으로 사업을 확장하고자 한다면 관료적 형식주의가 다시 발목을 붙잡으리라 확신한다. 코치가 이러한 가정의 결함을 확인하게 해주고 내재해 있는 편견을 지적해줄 때, 리더는 사실에만 토대를 두고 내리는 결정사항이 잘못되었다는 점을 한 순간에 깨닫게 되기도 한다.

　이 지점에 이르면 리더는 기꺼이 본능과 집단적인 직관을 신뢰하게 되며, 이런 접근법을 사용하여 모험을 감행하고자 한다.

● 사무실을 벗어나 고객, 납품업체, '외부인사'와 만남을 시도하라

　본능과 직관은 흔히 동일 조직의 환경에서는 억제된다. 사무실에서 조사 보고서와 도표 연구에 시간을 보낼 경우, 사람들은 기타 다른 것은 배제하고 반사적으로 데이터에 의존하는 경향이 있다. 직관은 자극이 필요하며, 자극은 일반적으로 사무실을 벗어난 외부 경험에서 얻는다. 고객과 함께 있을 때는 그가 필요로 하는 것에 대한 직관을 키울 수도 있고, 공급업체와 함께 있을 때는 공정한 파트너십을 형성하는 방법에 대한 감각을 키울 수도 있다. 외국에서 시간을 보낼 때는 그 시장에서는 어떤 제품이 성공할지, 또 어떤 제품이 실패할지에 대한 직관을 키울 수도 있다. 이렇게 다양한 사람들과 다양한 장소에서의 개인적인 상호작용으로 직관이 발동된다. 리더들에게 다양하고 낯선 상황에 처해보도록 권장하는 일은 이들이 자신의 신념과 직감에 의존하는 법을 키우고 이를 배우게 하는 데 도움이 된다.

　얼마 전에 우리 회사는 세계적인 패션 회사의 수석 간부진을 위한 중역 회의를 주재한 바 있다. 우리는 이 회사의 주요 시장인 십대 소녀들에 관한 소비자 트렌드 데이터를 며칠에 걸쳐 상세히 조사했다. 이러한 자료를 토대로 한다면 십대 소녀의 그다지 세련되지는 않으나 나름대로 전문적인 모습에 초점을 맞추어 그 회사가 어떤 시장 전략을 짜야 할지 분명해 보였다. 그다음 우리는 패션 회사의 간부진을 브리트니 스피어스(Britney Spears: 전 세계 십대들의 우상이었던 미국의 가수-

옮긴이) 공연장에 데리고 갔고, 그다음에는 공연장 밖에 서서 데이터 조사에서는 거의 언급되지 않았던 모습들, 즉 홀터탑(halter top : 끈을 목 뒤로 매는 민소매 윗옷—옮긴이)을 입고 배꼽 피어싱을 한 소녀들, 그리고 소녀들의 그 밖의 다른 스타일과 행동들을 지켜보았다.

그 다음 날 우리는 이 패션 회사와 토론을 재개했는데 이번에는 이 회사의 궁극적인 소비자인 십대 고객들이 추구하는 점에 대한 새로운 시각을 포함하여 모든 사람들이 초기에 가정했던 사항들에 이의를 제기했다. 그들은 전에는 결코 생각해본 적이 없었던 새로운 아이디어와 접근법을 연구하기 시작했고 토론과 논쟁, 고객과의 접촉, 그리고 새로이 떠오른 집단적인 직관을 통해 전략을 개선했다. 그 다음 해에 그 회사는 어마어마한 판매량을 기록했다.

비전, 가치, 그리고 직관을 토대로 모험을 감행하는 일은 겁이 나긴 하지만, 현대와 같은 시대에는 단순히 사실에만 의존하는 것이 훨씬 더 무서운 일이다. 후자가 한층 더 위험이 따르는 방법인데, 그 이유는 현상이란 일시 떠올랐다 사라지는 브라운관의 스타처럼 덧없기 때문이다. 리더는 옳은 결정을 내리기 위하여 자신이 믿는 것, 그리고 직관을 신뢰하여 용기 있게 선택하는 것이 더 쉽다는 것을 알게 될 것이다.

오늘날 완벽한 정보에 의존하지 않고 어려운 결정을 내리는 일은 용기, 즉 배짱 있는 도전이다. 현대처럼 복잡한 세계에서 결정을 내릴 때 리더들은 또한 단기적인 성격의 위험과 장기적인 성격의 보상 사이에서 균형을 맞추어야 한다. 다음 장에서는 공격적이며 세계화된 시장에서 '리스크 vs 보상'이라는 모순의 리더십을 살펴보기로 한다.

12장
리스크와 보상 사이에서 균형잡기

리스크와 보상 사이에서 균형을 잡기 위해서는 그 어느 때보다도 더 많은 용기가 필요하다. 타당한 보상에 이르기 위해서는 타당한 모험을 감행해야 하는 이 두 개의 불확실한 공간에 상주하는 일이 리더들에게는 위협적일 수 있다. 어떤 리더는 어리석은 기회를 잡는 실수를 범하여 결국 재정적으로 파국에 이르기도 하는데, 특히 어떤 행동 경로를 평가할 때 어느 한쪽에만 치중해서 평가하고 나머지 다른 쪽은 평가를 최소화하는 리더들이 그러하다. 또 어떤 리더는 지나치게 조심하는 바람에 적절한 모험을 감행하지 못하여 회사에 중요한 기회를 잃게 하는 실수를 범하기도 한다. 사실 사업이란 본질적으로 리스크를 내포하고 있는데, 그 어느 때보다도 현대사회는 더욱 모험적일지도 모른다. 위험과 보상 사이의 균형을 모색하는 일에는 배짱이 필요하지만 머리와 가슴도 역시 필요하다. 어떤 특정한 상황에서 적절한 수준의 모험을 인식하기 위해서는 머리가 필요하고, 모험이 조직원들에게 어떠한 영향을 미칠지 그 균형을 맞추는 일에는 가슴이 필요하다.

앞 장에서 우리는 데이터에 의존하지 않고 내리는 의사결정과 관련 있는 리스크에 대해서 논의했다. 이는 매우 중요한 문제이고 또한 이에 수반되는 리스크는 한두 가지가 아니다. 사실 최근 들어 리스크 수준이 높아졌을 뿐만 아니라 그 종류도 다양해졌는데, 리스크와 보상 사이의 균형을 논의하기 전에 조직에서 떠오르고 있는 새로운 유형의 리스크와 함께 오늘날 많은 리더들이 맞서야 하는 도전들에는 무엇이 있는지 살펴보기로 하자.

| 위험의 증식 |

전통적으로 회사들은 오로지 재정적인 면에서의 리스크에만 관심을 가져왔다. 또한 원인 및 결과의 시각으로 리스크를 바라보았다. 모험을 많이 감행하면 할수록 더 많은 수익을 창출하고 반면 모험을 하지 않을수록 그렇지 않은 것처럼 보인다. 그러나 위험에는 재정적인 문제 이외의 여러 제반 문제들이 포함되며, 모험을 감수하지 않아서 결국 큰 손실을 입는 경우도 있다. 예를 들어 신제품 개발이나 시장 확대 투자에 대한 기회를 선택하지 못해서 자신의 회사가 기존에 점유하고 있는 시장을 차지하려 하는 경쟁사에 좋은 기회를 주게 되거나, 고객들이 경쟁사를 선택하고 그들의 제품을 구매하여 엄청난 손실을 초래하기도 한다.

그러므로 더 광범위한 시각으로 위험에 대해 생각해볼 필요가 있다. 위험의 범위를 넓히고 확대해서 이를 혼잡하게 만드는 요인들을 살펴보기로 하자.

● 실적과 성장만을 강조하는 금융가의 오랜 관행

오늘날 기업들은 계속적으로 꾸준히 성장하고자 노력해야 하는데, 그러지 않을 경우 금융 분석가들부터 '부진'하다는 평가를 받게 된다. 하지만 그릇된 모험을 감행하다 손해를 보기도 하며 또한 가차 없는 비난을 받기도 한다. 때로는 무슨 수를 써도 승산이 없는 상황이 있기도 한데, 이러한 상황에 처하면 실적 및 성장을 꾸준히, 그리고 예측해서 입증할 수 없는 회사들은 도산의 위기에 처하게 된다.

● 비교적 덜 안정적인 시장이나 유망한 신흥 시장에 뛰어들 필요성

과거에는 새로운 시장 역학관계가 여러 경우에 있어서 기존의 시장을 반영했기 때문에 새로운 시장에 뛰어들 위험은 비교적 낮았다. 가령 80년대와 90년대에 걸쳐 미국과 일본의 여러 기업들은 위험이 거의 없이 제품을 여러 시장으로 이송시키며 세계를 하나의 시장으로 간주하여 성장할 수 있었다. 하지만 오늘날에는 점점 시장이 더 투명해지고 정보 교환이 많아져 어떤 시장에서의 제품이 또 다른 시장에서 '신제품'이 되지는 않는다. 어떤 제품이 들어오면 곧바로 다른 곳으로부터 그 제품에 대한 리뷰와 브랜드의 특징들이 입수되기 때문이다. 개발도상국에는 부상하는 시장 기회가 많은 편인데, 이들 정부의 오락가락하는 정책에서부터 이질적인 문화에 대한 무역 규제에 이르기까지, 그 모든 것이 리스크를 배가시킨다. 그리하여 중국과 같이 급속히 팽창하는 신흥 시장에 뛰어들지 못한다는 것은 21세기에 가장 이윤을 많이 내는 신흥 시장을 포기한다는 뜻일 수도 있다.

● **더욱 까다로워진 관련 법안들**

최근 몇 년 사이에 기업의 모든 회계 부정에 대한 대응책으로 제정된 의회 입법인 사베인스-옥슬리 법안(Sarbanes-Oxley Act: 2002년에 제정된 법안으로 기업에 대한 통제와 규제를 강화했다–옮긴이)으로 규제 분위기가 많이 강화되었다. 이 법안은 재무보고서를 작성하는 데 드는 기업의 시간과 에너지를 크게 증가시켰을 뿐만 아니라 기업의 부정 및 기타 불법적인 관행에 대한 CEO, 이사진, 그리고 수석 간부진의 책임을 무겁게 했다. 이로 인해 리더와 이사들이 i자 위에 점 찍고 t자 위에 가로 작대기 긋는(i-dotting and t-crossing, i와 t의 혼동을 피하기 위한 조심성, 즉 철자의 정확성을 기하기 위한 것–옮긴이) 조심스런 분위기를 조성했는데, 그 이유는 만약 이들이 기업을 위험에 빠트리게 되면 자신의 개인적인 위험도 커지기 때문이다. 그리고 분기별로 검증 보고서에 서명해야 할 필요성이 대두되면서 위험과 잠정적인 징벌에 대한 인식도 증가하게 되었다.

● **위기관리 의식의 증가**

기업에서의 위기 상태는 재무 분야에서 시작하여 다른 모든 분야로 퍼진다. 오늘날 파국을 초래하는 재무, 주위 평판, 규제로 인한 위험은 사원의 인종차별 소송으로부터 세계의 오지에서 반드시 환경을 고려해야 하는 결정에 이르기까지 여러 가지가 있을 수 있다. 이제 환경, 사원, 그리고 생산 안전 문제를 최우선시해야 하는 제조회사에서뿐만 아니라 아서앤더슨사(미국 최대 회계법인 회사로 〈포천〉지 선정 7대 기업인 에너지 회사 엔론사의 분식회계를 도왔다–옮긴이)처럼 90년 전통의 회사가 소수 몇 명의 행동에 의해 거의 하룻밤 사이에 일거에

붕괴될 수 있는 비즈니스 서비스 업체 또는 회계 법인 회사에서도 위험관리를 염두에 두고 있어야 한다.

● 여러 회사의 상호 의존

위험은 단순히 내부 통제로는 다룰 수 없다. 업무의 속성상 기업은 반드시 상호 의존해야 하는데, 이 말은 납품업체, 고객, 그리고 기타 외부 파트너가 당신의 회사를 위험에 빠트리는 행동을 할 가능성이 있음을 뜻한다. 판매업자가 실수를 범할 수도 있으며, 당신이 이들을 상대로 하는 소송의 당사자가 될 수도 있고, 사외 파트너가 고객에 관한 정보를 무심코 남에게 흘릴 수도 있으며, 당신이 고객의 사적인 정보를 침해할 수도 있다.

● 기술

해커와 바이러스에 취약하며 어느덧 구형이 되어버리는 전산 시스템을 쇄신해야 할 필요성을 포함하여 나날이 커지는 기술 의존적인 추세는 온갖 종류의 위험을 야기한다. 현대는 정보가 빠르게 이동되고 컴퓨터 파일에 묻혀 수년 동안 저장되므로 이메일 교환, 음성 메일 콘텐츠, 그리고 비디오 동영상 이미지 등으로 인한 예기치 않은 일들이 법정에서, 혹은 원고의 소송제기에서 나타날 수 있다.

● 지식관리 열풍

그 어느 때보다도 회사의 가장 가치 있는 자산은 사람들의 머릿속에 있다고 해도 과언이 아니다. 공급망을 관리하는 어느 중역의 전문적인 기술이 제품의 비밀 공식보다 더 중요하다. 사실 눈에 보이지 않는 모험을 시도하고 관리하는 일은 더 어렵고 위험하다 할 것이다. 이 문제 외에도 사원들이 빈번하게 교체되므로 때때로 이들의 지식이 경쟁사에 넘어가기도 한다.

　이러한 요인들을 살펴본 바, 위험은 여러 가지 영역으로 분리될 수가 있는데, 조직의 위험, 개인의 위험, 주위 평판으로부터의 위험, 구조적인 위험, 모험을 강행하지 않는 위험 등이 그것이다. 이러한 위험들 중 측정 가능하거나 쉽사리 규정 내릴 수 있는 위험은 거의 없다. 대개 다 직관에 의해 관리되어야 한다. 앞 장에서 지적했듯이 전통적인 리더에게는 이것이 어려운 일일지도 모른다. 이들은 위험과 그 보상 사이에서 균형을 유지하고자 고군분투해야 한다. 이들은 직원들이 대담하고 혁신적이 되도록 독려해서 회사의 기업정신을 유지하는 일이 중요하다는 점을 깨닫고 회사의 성장 목표를 달성하기를 바라마지않는다. 동시에 리더들은 직원들이 자신들의 리더가 무모한 모험을 감행하게 한다는 생각을 하지 않기 바란다.

　때에 따라서는 아주 빈번하게 리더들은 그들의 편의를 위해 위험과 보상의 방정식을 다루는 원칙을 나타내는 어떤 일정한 공식이나 기준을 갖고자 한다. 불행히도 모든 문제를 일시에 해결할 수 있는 만병통치약은 존재하지 않는다. 오히려 그보다는 위험과 보상 문제를 상황에 적절하게, 그리고 창의적으로 접근해야 할 것이다.

| 균형을 효과적으로 유지하는 기술 |

위험과 보상을 마치 과학처럼 관리한다면 실패할 수밖에 없다. 하지만 이를 하나의 기술로 보고 관리하는 것은 고려해볼 만한 적절한 방식이다. 훌륭한 리더는 새로운 가능성을 추구하고 그 시기와 정도를 파악하는 감각을 지니고 있다. 만약 어느 특정한 상황이 자신의 신념과 일치하면 그들은 기꺼이 모든 것을 걸지만, 그렇게 하기에는 지나치게 위험하거나 부적절한 시기가 언제인지를 또한 감지할 수 있다. 하지만 이러한 리더들은 다만 용기가 없고, 목숨을 건 모험을 좋아하는 사람들처럼 무모하게 덤비지는 않는다. 이들은 자신의 용기를 가슴과 머리로 조절한다. 그러면 그들은 자신들이 처하는 상황에 따라서 균형을 효율적으로 관리할 수 있게 된다. 이들은 완벽하거나 항시 옳은 해결책이란 존재하지 않으며, 또한 균형을 효과적으로 다루려면 자신의 독창성과 직관에, 즉 과학보다는 기술 관리에 의존해야 한다는 점을 익히 알고 있다.

뉴라인시네마의 공동 CEO인 보브 셰이(Bob Shaye)와 마이클 린(Michael Lynne)은 균형을 유지하는 일이 어떤 효과가 있는지를 잘 보여주는 본보기다. 이들은 리스크를 흔쾌히 감수하는 사람들로 평가되는데, 아직 실력이 검증되지 않은 영화감독 피터 잭슨(Peter Jackson)과 함께 〈반지의 제왕(Lord of the Rings)〉 3부작을 한꺼번에 제작하는 파행을 일으킨 것을 보면 그들의 성격을 충분히 짐작할 수 있다. 만약 첫 편이 흥행에서 실패했다면 어떻게 되었을까? 이미 제작된 다른 두 편에 대해서는 어떻게 했을까? 뉴라인과 모기업인 타임워너사는 〈반지의 제왕〉이 꼭 흥행하리라는 '내기'(모험-옮긴이)를 걸어 2억 달러 이상을 투자했다. 하지만 보브와 마이클이 그저 단순하게 이 영화에 주사위를 던진 것은 아니었다. 그들은 나름대로 재정적인 리스크를 최소화하기 위하여 외국의 배급사들과도 제휴했다. 따라서 비록 이들이 실로 〈반지의 제왕〉으로 큰 기회를 잡았다 하더라도 이들은 실패할 가능성을 사전에 대비했던 것이다. 그들은 올바르게 균형을 잡았고, 마침내 〈반지의 제왕〉은 영화사상 가장 성공한 영화 중 하나로 입증되었다.

올해 초(2006년 초-옮긴이)에 우리 회사는 어느 주요 기업에 영입된 지 불과 6주밖에 되지 않은 CEO와 작업을 함께 할 기회를 가졌다. 영입되자마자 그가 깨달은 것은, 회사를 재조직하면 자금을 절약하고 실적을 향상시킬 수 있음에도 전임자가 지역적인 기반에서 조직을 재구성하지 않았다는 사실이었고, 그는 즉시 이 구상을 시행할 가능성을 분석하기 시작했다. 그리고 곧 그의 전임자가 왜 이를 시행하지 않았는지 알게 되었다. 전 CEO의 전문가 그룹은 만약 그가 재조직을 할 경우 바로 주가가 3~4포인트 떨어질 것이라고 예측했고, 따라서 그가 이에 대한 혹독한 비난의 대상이 될 상황이었다(그는 이런 식으로 자신의 커리어에 영향을 받고 싶지 않았다). 그들은 또한 만일 후임자인 그 역시 행동을 철회하지 않으면 자금을 낭비할 뿐만 아니라 실적도 향상시킬 수 없을 것이고, 필시 2년 이내에 시장점유율이 크게 떨어질 것이라고 예전처럼 다시 지적하였다.

CEO는 우리에게 자문을 구했다. "우리도 잘 모르겠군요."가 우리의 대답이었다.

하지만 사실 우리에게는 방법이 하나 있었는데, 그것은 그가 원하는 양자택일의 선택사항이 아닌 꼭 해야 하는 것이었다. 회사를 재조직하는 개인적이자 조직적인 위험과 실적 향상, 경비 절감, 그리고 시장점유율이라는 잠정적인 보상을 다루려면 이 CEO가 신뢰할 만한 투명한 리더십 스타일을 채택할 필요가 있었다. 즉 효과적인 '균형' 전략을 짜낼 수 있는 토론과 아이디어를 자극하는 리더십 스타일이 필요했다. 무엇보다 선결해야 할 것은 그가 그의 핵심 직원들 사이에서 대화의 장을 열어 상충되는 대안 중 하나를 선택하기보다는 이를 효과적으로 균형 잡을 수 있는 방법론을 채택하는 것이었다.

위험과 보상 사이의 균형 문제에 봉착할 경우 조직 내에서 이루어지는 토론은 흑백논쟁으로 흘러가버릴 경우가 비일비재하다. 그들의 일부는 재조직을 해야 한다는 쪽으로 기울고 또 다른 일부는 현재 상태를 유지하자는 쪽으로 기울어서 마침내는 CEO가 이에 대한 결정을 내려야만 한다. 비록 다른 대안들이 있을지라도 조직 풍토가 자유로운 대화를 여는 완전한 풍토가 아닌 한 이 대안들은 쉽게 떠오르지 않는다.

주위를 둘러보면 많은 회사들이 '터놓고 얘기하기'라는 문제를 안고 있다. 사람들은 일반적이지 않은 견해 혹은 좋지 않은 업무 소식을 전하는 것으로 놀림을 당하거나 페널티(커리어 견지에서)를 받을까 우려해 터놓고 얘기하기를 꺼린다. 더군다나 어떤 풍토에서는 완전하지 않은 생각을 표현하는 일을 방해하기도 한다. 예를 들어 상사가 "생각을 정리하여 분석하고 연구하기 전에는 말하지 마시오. 그러면 업무 달성이 가능한 묘안이 떠오를 것이오."라고 말할지도 모른다. 하지만 완전하지 않은 생각에서 균형을 다룰 묘안이 나오는 것이다. 이러한 사고들이 바로 양자택일해야 하는 상황에서 또 다른 선택을 가능하게 해주는 창의적이며 직관적인 생각들이다.

특히 과거에 많은 회사의 리더들은 이 두 가지, 즉 위험과 보상을 별개의 문제로 간주하여 우선 리스크를 최소화한 다음 보상 문제를 취급하는 경향이 있었다. 다시 말해 이들은 최악의 시나리오를 대두시킨 다음 다시는 이를 재론하지 못하게 하는 전략을 짠 것이다. 그리고 이들은 수익을 증가시키기 위한 시장팽창 전략, 인수 및 기타 다른 사안들을 모두 별개로 따로 조사했다.

하지만 오늘날에는 위험과 보상을 분석하는 일을 통합해야 한다. 위험과 보상 문제는 굉장히 밀접하게 얽혀 있어 결코 이를 따로 떼어 생각할 수 없다. 왜냐하면 보수적인 전략이 대단히 위험할 수 있는 반면 최신의 전략은 보상이 거의 따르지 않기 때문이다. 따라서 마음을 열고 지적으로 성실한 토론을 하여 위험과 보상의 주변에 얽혀 있는 제반 문제들을 표면화해야 한다. 이 방법이야말로 리더가 균형을 독창적으로, 그리고 직관적으로 다룰 수 있는 유일한 방법일 것이다.

덧붙이자면 이러한 방법으로 위험과 보상을 다루지 않는 경우가 매우 흔하다. 배짱이 그릇된 머리로, 그릇된 가슴으로 잘못 다루어지는 경우가 셀 수 없이 많다. 이제 이를 피하는 방법과 이를 위해 더 많이 쓰이는 방식들을 살펴보기로 한다.

| 균형을 깨뜨리는 그릇된 방식들 |

위험과 보상의 균형을 깨뜨리는 가장 확실한 행동은 지나치게 조심하거나 지나치게 도박을 하는 방식들이다. 여전히 다분히 기업 친화적이며 전력을 다하는 마인드세트(mind-set : 정신자세—옮긴이)뿐만 아니라 전통적이며 보수적인 마인드세트를 고수하는 리더들이 있기는 하나, 대부분 리더들은 위험과 보상 사이의 균형을 모색하는 일이 효과적인 리더십에 필수적이라고 생각한다. 그러므로 이들이 범하는 실수는 방금 언급한 두 가지 방식보다 더욱 미묘한데, 흔히 이 실수들이란 '지나친 머리', '지나친 가슴', 그리고 '충분하지 못한 배짱'과 깊은 관련이 있다.

● 인간적인 측면에만 지나치게 집중하는 리더십

리더들 중에는 '지나친 가슴'을 보유한 나머지 사람들의 문제에 지나치게 고민하는 사람이 있다. 많은 경우에 이들은 비대해진 직원을 감원하기를 거부하는데, 그 이유는 소중한 사원들에게 미치게 될 고통을 감내하지 못하기 때문이다. 비록 이러한 거부가 의도는 높이 살 수 있을지 몰라도 오늘 1000명을 감원하지 않아 이로 인하여 내일 2000명을 감원할 수밖에 없는 상황을 초래하기도 한다. 이들은 또한 구성원 개개인에 대한 결정들, 즉 일을 제대로 처리할 수 있는 능력이 없음에도 끈끈한 동료애로 인해 합당하지 않은 사람을 요직에 배치하기, 오랫동안 같이 근무한 동료를 비판하지 못하게 하기 등과 같은 일들로 고심한다. 평범한 재능과 무능력이 관행화되어 굳어지면 회사는 훨씬 더 큰 위험에 처하게 된다.

● 위험 요소들을 모두 파악하고자 하는 시도

이는 머리를 이용하는 접근으로, 위험과 보상 간의 균형을 산술할 수 있는 것으로 여긴다. 사실 어느 정도의 보상을 유지하려면 일체의 위험 요소들을 통제해야 하지만, 가변적이며 예측 불허한 세계에서 이는 불가능한 일이다. 그럼에도 리더들은 문제와 기회를 주시하면서 다른 접근법이 있을 가능성을 따지되 유리한 가능성만을 선택해야 한다. 여기에서 의미하는 문제란 정확하게 실현가능성을 산출하기가 어렵다는 점뿐만 아니라 혁신적이며, 새로운 접근을 못하게 가로막는 '분명한' 방해물들을 제거하지 못하는 것을 말한다. 오늘날과 같은 무한경쟁시대에 최첨단 기술로 접근하는 것이 경쟁력을 갖추는 일에 결정적이므로 자연 위험이 커지고 보상은 줄어들게 된다.

● 위험 책임과 위험 관리 책임자 혹은 조립라인 책임을 분리하기

리더들이 위험의 책임을 전문가 그룹 혹은 일개의 기능으로 분리하고자 할 때 위험과 보상 사이의 균형을 유지하기는 쉽지 않다. 사실 오직 보상에만 치중하고 위험 요소의 복잡한 문제를 다루는 일을 싫어하는 CEO 및 리더들이 많이 있다. 이들은 위험에 대한 책임에서 손을 떼어 다른 간부진에게 이를 전가하고자 하는데, 이들 역시 위험에서 벗어나 미미한 부분만 책임을 지고자 한다. 이러한 태도 때문에 위험에 대한 대화가 회사의 간부진 사이에서 이루어지지 않으며, 위험과 보상 문제를 다양한 상황에서 이해할 수 있도록 도움이 되는 생산적인 대화를 하지 않는다. 따라서 어느 특정 상황에서 무엇이 최상의 위험과 보상의 균형인지에 대한 통찰력을 지니지 못하게 된다.

아서앤더슨의 전 CEO 조 베라디노(Joe Berardino)는 기업 지배구조에 대한 입장과 이사진이 어떻게 가치 사슬(value chain)이라는 제한된 부분에 지나치게 집중하고, 조직 경영과 리더십의 위험 관련 대화를 나누지 못하는지에 대한 논지를 밝힌 바 있다. 설령 이사회에서 철저하게 재정적인 리스크를 토론한다 하더라도 광의의 의미에서 리스크를 바라보는 것은 아니므로 조직 내의 리더십이 위험과 보상의 균형을 맞추는 방식으로 고려하도록 돕지는 못한다. 또한 베라디노는, 리더들은 위험에 대한 책임을 아래로 밀어내는 방식으로 사람들에게 새로운 프로그램과 프로젝트의 책임에 관한 서명을 하게 하는 경향이 있다는 논지를 밝히기도 한다. 그리하여 조립 라인의 마지막 공정 책임자에게 위험과 보상 사이의 균형에 대한 책임을 지게 하면 수석 리더들 사이에서 위험에 대한 토론을 할 중요한 기회가 제한을 받는다. 조직 상부의 누구도 발전에 따르는 리스크를 조사하지 않으며, 따라서 무엇이 진정한 위험에 따른 진정한 보상인지를 인식하지 못한다.

● 투명성을 확보하려는 노력의 부재

리스크 관련 문제에 대해서는 비밀에 부치는 암묵적 분위기로 인해 회사는 어리석은 모험을 감행하는(또는 훌륭한 모험을 감행하지 않는) 결과를 초래한다. 일반적으로 리더들은 리스크 공개하기를 꺼리는 성향이 있는데, 이는 부정적인 결과를 초래하게 한 자신들이 저지른 과거의 실수를 덮어두기 위해서다. 자신들이 과거에 형편없는 모험을 감행하기로 결정했던 점에 대해 비난받고 싶지 않은 것이다. 경험에 의하면 리더들이 더 투명해질수록 형편없는 모험을 감행할 가능성은 그만큼 더 줄어든다. 어떤 모험은 그에 대한 보상이 있었던 반면 다른 모험은 그렇지 않았다면 그 이유에 대해 건설적인 대화를 나누면서 학습을 병행하면 회사는 향후 이와 유사한 위험-보상 시나리오에 더 잘 대처할 수 있게 된다.

● 확고부동한 자세보다 고분고분한 태도 유지

전통적으로 리스크 관리는 회사에 이익이 되는 일, 즉 위험과 보상 사이의 올바른 균형을 강구하는 일에 헌신하는 태도보다는 정책에 대한 유순한 태도 및 절차를 필요로 한다. 유순한 태도는 리스크를 두려워하고 사람들을 불신한다. 항상 유순한 태도에 근거한 결정 사항들은 규칙에 순응함으로써 위험으로부터 도피처를 찾기 위한 의도로 고안된다. 이런 식으로 만에 하나 일이 잘못되면 자신들이 순응했던 규칙들을 언급하며 매번 자신들의 행동을 정당화할 수 있기 때문이다. 반면 확고부동한 자세는 조직의 목표를 항상 염두에 두고서 위험-보상 시나리오를 검토한다. 이러한 리더는 정책과 절차에 의해 좌우되지 않으며, 현재뿐만 아니라 향후에도 어떠한 결정을 내리는 것이 회사를 위해서 진정 좋은 결정인지를 고심한다. 또한 이러한 리더들은 사례에 근거를 두고 상황을 평가하며 일이 잘못될 경우에도 그에 대한 변명을 하지 않는다.

| 모순적인 상황에서 균형감각을 유지하는 풍토 조성하기 |

앞에서 언급했듯이, 위험과 보상 사이의 균형을 잡는 일은 기술이지 과학이 아니다. 따라서 그 방법을 사람들에게 알려주지는 못한다. 균형 문제에 있어서 자신이 무엇을 할 수 있는가, 그리고 자신이 무엇을 해야 하는가는 어느 하나의 방향에서 출발하는 것이 아니라 여러 다양한 방향에서 출발한다. 이는 사람들에게 이 균형에 대해 생각해보고, 이와 관련된 사람들의 문제에 대해 고찰하며, 또한 문제가

처음 발생했을 때 이를 지나치게 보수적으로 생각하기보다는 균형을 잡는 데 필요한 용기를 키워줄 기회를 주기 때문이다. 다음은 리더들이 이 능력을 개발하도록 도울 수 있는 몇 가지 방식들이다.

● 위험-보상 사례를 소개하는 포럼 개최하기

최근에 스위스에 있는 UBS은행 리더들에게 신뢰에 치중하는 포럼을 개최한 적이 있었다. 그 포럼에 참가한 사람들 중 일부가 여러 방식으로 위험과 보상에 반응하는 법을 자신들이 어떻게 배웠던가에 대한 토론을 벌였다. 그들은 효과적인 반응 및 비효과적인 반응들을 토론했는데, 이에 다른 참가자들도 동조하여 자신의 위험-보상 문제를 재고하고 토론하기 시작했다. 이러한 대화는 굉장히 중요한데, 그 이유는 대화를 하지 않으면 중요한 쟁점을 논의하지 않거나 혹은 이를 다만 피상적으로만 다루게 되기 때문이다.

대부분의 기업 간부진은 직원들의 위험-보상 문제를 다룰 시간이 부족하다. 그들은 연이어 회의에 참석해야 하고 기타 다른 사안들이 많이 산적해 있으므로 엄청난 압박에 시달린다. 따라서 위험과 보상에 대한 직원들의 문제에 해결책을 제시하지도 못할뿐더러 이 까다로운 모순을 헤쳐 나갈 방법을 배우도록 돕지도 못한다. 그러므로 회사는 위험과 보상 사이에서 균형을 잡는 방법에 대한 인식을 높이는 풍토를 조성해야 하고, 건설적인 대화를 하도록 유도하면 사람들이 위험과 보상을 다루는 방법에 익숙해질 수 있다. 따라서 이러한 대화를 촉진시킬 수 있는 가장 좋은 방법은 다른 리더들에게 이 어려운 균형을 잘 파악하게 하는 사례를 공유하게 하는 것이다.

● **리더에게 그들이 어떠한 일탈행동을 보이는지 자각시키기**

지나치게 조심하는 것은 리더가 위험-보상의 균형을 유지하지 못하게 하는 일탈행위다. 하지만 많은 경우에 이것이 일탈행위라는 사실, 사람들이 모험을 감행하는 일을 두렵게 여기는 분위기를 조성한다는 사실을 깨닫지 못한다. 이를 각성시키는 방법은 팀 풍토를 조사하는 것이다. 팀원들에게 상호간에 진실을 토로한다고 느끼는지, 아이디어가 자유로이 떠오르고 있는지, 필요하면 그들에게 모험을 감행할 자유가 있다고 느끼는지의 여부를 물어본다. 리더들은 놀라울 정도로 매번 이러한 조사 결과에 그지없이 놀란다. 모험을 감행하는 풍토를 조성하는 것이 리더십이지만, 팀원들은 다르게 생각할 수도 있다는 사실을 깨달아야 한다. 이러한 각성으로 인하여 리더 자신이 사람들에게 리스크를 기피하게 하는 본의 아닌 메시지를 전달한다는 사실을 깨닫게 되며, 그렇게 이끄는 어떤 특정한 방식이 자신에게 있다는 인식을 하게 한다. 좀 더 이상적인 것은 이렇게 인식을 한 후 더 마음을 열고 투명해지는 풍토를 조성하는 데 필요한 조치를 취하도록 조장하는 것이다.

● **가슴과 관련된 리스크를 더 많이 감수하도록 독려하기**

어떤 리더는 자신의 직원을 '해칠' 일, 혹은 동료나 직속부하와의 관계를 악화시킬 일은 그 어떤 것도 하지 않으려 한다. 따라서 만약 이런 것들과의 관계를 끊는 모험을 감행하면 굉장한 보상이 따른다 할지라도 이들은 그런 모험을 감행하지 않는다. 예를 들어 어떤 중요한 프로젝트에 대한 책임을 장기 근무한 직속부하가 아닌 더 젊고 적극적인 신임 부하에게 넘기게 되면 프로젝트는 더 효과적으로,

또 시기에 늦지 않게 완수될 가능성이 커질 수 있다. 다만 리스크가 있다면 장기 근무한 사원이 그 프로젝트에서 제외되었기 때문에 다소 고립되는 느낌을 가질 수 있다는 것이다.

이것은 결코 관계 문제를 무시하라는 뜻이 아니다. 일부 이 문제로 고심하는 리더들이 있다. 위험-보상 균형을 잡기 위한 방법의 일환으로 '최고 훌륭한 직원 세 명을 선택해서 자리를 이동시키는' 방법을 생각해보자. 물론 이렇게 할 경우 모험을 싫어하는 리더에게 자신의 가장 훌륭한 직원 세 명을 그룹에서 배제할 경우 어떤 상황이 벌어질지에 대해 얘기해보게 할 필요가 있다. 그에게 여러 가지 질문을 하고 또 그의 결단성 있는 행동으로 나타나는 시나리오를 검토해보게 함으로써, 이 리더는 어떤 희생을 치르더라도 사람들을 행복하게 한 것이 결국은 비생산적인 결과를 초래할 수도 있다는 사실을 이해하게 된다. 이처럼 대화를 하는 동안 흔히 리더들은 자신의 직원을 조만간 이동시켜야 한다는 사실을 깨닫게 되고 자연스레 이들이 지니고 있는 재능은 다른 자리에서, 혹은 다른 기회에서라도 효과를 발휘하게 되리라는 사실도 깨닫게 된다.

이러한 연습을 통해 사람에 관련된 모험에 대한 두려움이 그 동안 계속 과장되었으며, 실적을 향상시키기 위해서는 이 영역에서 기회를 잡아야 한다는 사실을 이해할 수 있게 된다.

● 정형화된 관리 피하기

기업들이 글로벌 경쟁을 하게 됨에 따라 정형화된 관리는 흔히 모험을 감행하는 리더의 능력을 감소시키는 역할을 한다. 정형화는 판매 정책을 표준화하는 하나의 방식으로서, 전 세계 및 지역의 지사에 적용되는데, 제품 제조상의 품질에 대해 통제를 가하고 가능한 생산성을 모두 다 얻어내고자 하는 것이다. 그러나 정형화 관리의 부작용은 특히 모험 부분에서 관리자에 대한 옵션을 제한시키는 통제를 엄격하게 하는 것이다. 만약 관리자들이 최첨단 콘셉트를 달성하고자 하거나 회사의 규약 밖의 범위에까지 시도하고자 한다면 이들은 또한 규칙을 위반하는 셈이 된다. 설사 정형화가 단기간의 경비를 통제하는 데 효과적일지라도, 이러한 정형화는 또한 모험을 통제하게 되며, 따라서 보상에 장기적인 영향을 주지 못할 것이다.

● 자기인식 높이기

만약 리더가 자신의 강점과 약점, 동기부여와 편견을 인식하지 못하면 위험-보상 간 균형을 효과적으로 관리하는 것은 매우 어려운 일이다. 어떤 약점으로 인해서 리더가 극도로 불안한 상황에 처하게 될 경우 이들은 비논리적으로 보수적인 사람들이 되어 절대로 모험을 감행하지 않는다. 하지만 일탈행위를 벗어버리게 되면 이들은 자신의 신중한 태도를 버리고 리스크를 감수하면서 적극적으로 전진하게 될 것이다.

어리석은 용기는 보상-위험 균형에 관한 한 용기가 전무한 것 못지않게 위험하다. 리더들이 자신의 약점과 편견에 좌우될 경우 이들은 무모하게, 그리고 지극히 보수적인 방식으로 행동하는 경향이 있다. 예컨대 리더들은 자신이 오만함으로 무장하여 프로젝트에 대해 도박을 하고 있다는 사실을 미처 깨닫지 못한다. 비록 그들은 자신들이 옳다는 점을 증명하는 일이 비록 엄청나게 터무니없는 위험이 따른다 하더라도 이를 증명하는 데 사로잡힌다.

  코칭 및 다른 방법을 통해서 리더들은 자신을 좀 더 잘 파악할 수 있는데, 이러한 인식을 하게 되면 중간에 방해하는 보이지 않는 개인적인 문제 없이 경험과 직관에 토대를 두고 위험과 보상을 다룰 수 있는 가능성이 커지게 된다.

  하지만 결국 배짱으로 리드하는 데 가장 중요한 것은 역시 성격이다. 성격은 자신이 지지하는 바가 무엇이며 자신이 무엇을 지지하고자 하는지를 파악하는 것과 관련이 있다. 이 말은 개인적인 가치관을 갖고 있다는 뜻인데, 이는 자신의 행동을 견고히 뒷받침해줄 뿐만 아니라 다른 사람의 행동도 고무시켜 주는 고결한 목표의식으로 표현될 수 있다. 배짱에 관한 마지막 장에서는 머리, 가슴, 배짱을 개인적이고 조직적이며 세계적인 리더십으로 효과적으로 결합하기 위해서 필요한 개인의 고결함에 대해 살펴보고자 한다.

13장
고결함으로 단호하게 행동하기

현대의 기업 환경에서는 굽히지 않는 고결한 행동을 하는 것이 과거 그 어느 때보다도 어려운 일이자 동시에 필요한 일이기도 하다. 엔론, 아델피아, 월드컴, 타이코, 그리고 비벤디아의 기업 관련 추문과 회계 관련 비리라는 충격을 경험했기에 우리 시대 각종 조직의 리더들, 특히 비즈니스 리더들에 대한 신뢰가 땅에 떨어진 것은 사실이다. 지나치게 많은 보수, 내부자 주식거래, 요직과 이사진에 자신들의 측근을 임명하는 관행들로 인해 비즈니스 리더에 대한 회의와 불신의 수위가 높아지고 있다. 사람들은 CEO나 간부진들이 고결한 가치관에 준해 행동하기보다는 자신의 이미지 및 커리어만을 염두에 두고 행동한다고 생각하며, 이들에 대해 거의 반사적으로 냉소적인 태도를 취한다.

흔히 여러 복잡한 문제들과 실적에 대한 압박으로 리더들은 비교적 실용적으로 행동하지만, 인간적이며 개인적인 가치관에 일치하는 방식으로 그러한 것은 아니다. 리더들은 자신이 설사 12개월 이내로 사직할 가능성이 있다는 사실을 안다 해도 남아 있는 동안 계속 생산적인 리더가 되고자 '어쩔 수 없이' 회사의 미래에 대해서 사람들에게 거짓 희망을 품게 하는 상황에 처할 수도 있다.

비록 고결하게 행동하는 것은 어렵지만, 이는 절대적으로 필요한 자질이다. 왜냐하면 이 고결함이라는 배짱 특징은 조직 내에서 엄청나게 긍정적인 에너지를 창출하기 때문이다. 리더들이 고결함을 보이는 회사에서는 헌신과 자신감이 굉장히 높다. 대단히 고결한 리더들은 조직에 활기를 불어넣고 더 높은 고무적인 원칙들에 매진한다. 복잡하고 혼란스러운 조직 세계에서 굴하지 않는 고결함은 사람들이 이해하고 화제로 삼으며 존중하는 자질이다.

고결하게 행동해야 할 필요성과 이를 실행하는 어려움 간의 긴장이 지금처럼 고조된 적이 없었는데, 역설적으로 이 긴장을 다루는 최상의 방법은 아마 '굴하지 않는 고결함'이 의미하는 바가 진정 무엇인지를 파악하는 것인지도 모른다.

| 어떻게 고결함이 리더십의 자질이 되는가 |

'굴하지 않는'이라는 수식어를 쓰고 있지만 고결함은 절대적인 개념이 아니다. 지금까지 이 책에서 논의되고 있는 리더의 모든 자질들과 마찬가지로 고결함 역시 상황에 따라 달라진다. 일부 '절대론자'들은 동의하지 않을 수도 있겠으나, 어떤 조직이나 상황에서 CEO가 보이는 고결함이 또 다른 상황이나 조직에서는 순진한 이상주의일 수도 있다. 리더십의 시각에서 보자면 고결함이란 힘들고 어려운 시기에 사람들의 행동을 이끌어나갈 수 있는 하나의 신념 체계다. 신념

은 옳은 일을 단행해야 한다는 의식을 북돋우며 리더에게 일관된 행동을 하게 하는 방식을 제공한다. 신념은 회사의 가치관이나 터무니없는 출세지상주의에 기인하는 것이 아니라 경험에 의한 학습에 의해 형성된다. 신념은 정직하게, 그리고 저 깊숙이 자리를 잡고 있는 것이지만 가끔 빈틈을 보이는 경우도 있다. 우리 회사는 리더들에게 "굴하지 않고 고결하게 행동하십시오. 하지만 어리석은 행동을 해서는 안 됩니다."라는 충고를 덧붙인다.

이제 리더십을 발휘하는 순간에 드러나는 여러 가지 양상의 불굴의 고결함을 살펴보기로 하자.

● 신념은 외부의 규칙 또는 '더 고차원적인' 이념과 상충할 수 있다

리더들이 흔히 처하게 되는 상황은 자신은 무엇이 옳은지 잘 알고 있는데 자신의 신념이 상사의 신념과 어긋나는 경우, 또는 조직의 가치, 고객, 경제 상황 혹은 규제기관이 요구하는 바와 어긋나는 것이다. 이들은 또한 다음의 예처럼 더 큰 원칙과 상충하는 개인적인 가치관을 지니고 있을 수도 있다.

> 콜린 파월(Colin Powel: 자신의 원칙을 지닌 것에 대해 거의 전 세계적으로 칭송받는 사람)은 조지 부시 대통령과 매사 의견을 같이한 사람은 아니다. 하지만 적어도 이라크전쟁을 시작하기로 한 미국에 유리한 결정을 내리는 일과는 관련된 것처럼 보인다. 그는 국무부 장관 자리를 사임하는 대신 부시 행정부에 계속 남아서 양심에 거리낌 없이 대안적인 노선을 선택했다. 엄밀한 의미의 고결함을 지닌 사람이라면 사임했을지도 모르고, 또 많은 사람들이 그가 전쟁에 반대

해주기를 기대했지만 그는 그렇게 하지 않았다.

확실히 그것은 그의 이상적인 노선은 아니었기에 필시 파월은 특정한 경우에 있어서 말하고 행동하는 일에 불편을 느꼈을 것이다. 하지만 고결함은 단순히 자신의 개인적인 신념에 대한 것만은 아니다. 고결함은 더 큰 일련의 원칙에 대한 것일 수도 있다. 파월은 분명히 자신의 조국과, 그리고 한 나라의 지휘자 및 장관으로서 해야 할 임무를 믿었을 것이다. 그는 국가의 복지에 대한 의무 및 헌신이 그 자신 개인의 정치적인 신념보다 우선해야 한다고 믿었을 것이다. 따라서 그가 취해야 할 최선의 조치는 자신의 자리를 고수하는 것이라고 결정 내렸을 것이다. 때로는 어쩔 수 없이 자존심을 억누르고 임무를 수행했던 것처럼 보인다. 그리하여 자신을 희생하여 대단한 고결함을 보여주었는지도 모른다.

그러나 또 다른 관점으로 보면 그는 자신의 가치관을 굽혀 리더로서의 영향을 약화시켰다고 주장할 수도 있다. 그의 견해가 적어도 그를 지지했던 사람들의 요청과 다소 상충하게 되자 리더로서의 그의 영향력도 줄어들었다. 콜린 파월은 국가의 이익을 먼저 생각하는 방식으로 불굴의 고결함을 보여주었으나, 다른 리더라면 똑같은 상황에서 다른 선택을 했을지도 모른다. 마찬가지로 굴하지 않는 태도를 취하면서도 말이다.

고결하게 행동하는 난제와 관련해서 그 어려움과 복잡함을 보여주고자 다음 예를 들었다.

● 고결함은 흑백논리가 아니다

콜린 파월의 예가 보여주듯이 고결함이 반드시 확연히 옳고 확연히 그른 행동 노선 사이에서 둘 중 하나를 선택하는 문제는 아니다. 그럼에도 사람들은 고결함을 그런 식으로 받아들이는 실수를 범한다. 흑백논리로 고결함을 바라보는 리더는 누구라도 쉽게 관념론에 빠질 위험이 있다. 머리보다 가슴으로 강하게 이끌리는 이들은 항상 사람들을 먼저 생각하지만, 이 원칙에 사로잡혀 집착하면 성공에 대한 자신의 능력을 침해당하거나 혹은 심지어 성과 중심의 문화에서 살아남기 힘들어진다.

컨설턴트로 일하면서 우리는 고결함의 문제에 관한 한 이도 저도 아닌 가운데쯤에서 맴도는 경우가 있다. 예를 들어 어떤 중역을 코치해달라는 요청을 받았다고 하자. 코치하는 동안에 우리는 회사, 상사, 그리고 내재적 풍토에 대해서 자신의 감정을 탐구하는 그와 많은 대화를 나눈다. 우리는 또한 그의 동료와 직속부하들과의 인터뷰를 통해서 그에 대한 정보를 수집한다. 어느 지점에 이르게 되면 그 회사의 CEO가 우리에게 "이 사람에 대해서 어떻게 생각하는가? 다른 사람들은 그에 대해서 어떻게 생각하는가?"라는 질문을 한다. 이때 우리는 우리가 코치하고 있는 사람과 가졌던 묵시적인 약속을 위반하며 비밀스런 정보를 누설하고 싶지는 않다. 그러나 CEO는 우리를 고용하고 우리에게 소정의 사례비를 지불하는 사람이다.

하지만 고결함이 흑백논리가 아니라는 사실을 인식하는 것은 이를 다루는 일과는 별개의 문제다. 위의 예에서 우리는 CEO에게 그 중역의 발전과 미래 잠재성에 대한 정보를 알려줘야 하지만, 또한 우리는 CEO와 코치받고 있는 중역 두 사람 모두에게 어떤 정보는 공유하고 어떤 정보는 공유하지 않아야 하는지의 여부를 사전에 동의하게 해야 한다. 다시 말해 양쪽의 상충하는 요구사항들을 충족시키고자 최선을 다하려면 고결함이 필요하다는 것이다.

● 사람들은 깨닫지 못하면서 고결함과 어긋난 행동을 한다

일반적으로 사회가 기대하는 바와는 달리 대부분의 CEO는 고결함을 보이는 경우가 드물다. 혹독하고 신랄한 비평의 매스미디어와 정밀한 규제 조사가 존재하며 모든 윤리적인 위반 사항에 대해 책임을 지는 이사회가 존재하기 때문에 지금의 CEO들은 강력하고 적절한 가치를 표현하도록 자극받는다. 기업의 CEO 혹은 리더들이 고결함이 부족한 듯 행동할 경우, 이는 단순히 이기주의의 발로가 아니다. 오히려 그들은 당장 고결하게 행동할 필요성과 목표를 달성하고자 하는 자신의 바람을 일단 받아들인다. 그러나 뒤늦게 깨닫고 나서야 이들은 되짚어보며 일이 잘못되었다는 사실을 깨닫고 스스로에게 "내가 왜 그랬지? 그때 왜 이 문제를 생각하지 못했지?"라고 자문하게 된다. 기업에서 나쁜 의도를 지니고 있는 리더는 사실상 별로 없다. 때로는 실수를 범하기도 하지만 훌륭한 의도를 지니고 있는 리더들이 훨씬 많다.

대부분의 리더들은 이따금씩 부정을 저지르긴 하지만 그런대로 괜찮은 사람들이다. 좋은 결과를 내야 한다는 압박감, 조직 내의 정략적 투쟁들, 취급하고 있는 문제들의 복잡성, 그리고 기타 다른 요인들이 리더의 판단을 흐리게 한다. 앞 장에서 지적했듯이 리더는 압박을 받으면 일탈행동을 보이는 경우가 있는데, 이는 고결하게 행동하고자 하는 욕구로 사전에 차단할 수 있다.

또한 자신의 명성과 커리어 쌓는 일에만 몰두하는 오만한 리더는 자신이 다른 사람의 업적을 차지하고자 한다는 사실을 깨닫지 못한다. 따라서 그는 자신의 행동을 파워와 영향력을 공고히 하는 일에 필요한 일로 정당화한다. 한편 지나치게 조심하는 리더는 최악의 시나리오를 끊임없이 만들면서 아주 사소한 실책만 나와도 이를 제거해야 한다고 믿는다. 이들은 마땅히 승진시킬 만한 구성원을 승진시키지 못하는데, 그 이유는 자신이 이들을 승진시키면 승진 못한 다른 리더들의 마음이 상해서 사직할지도 모른다는 우려를 지니고 있기 때문이다.

일탈행동은 십중팔구 스트레스를 받는 상황에서 생기므로, 미처 깨닫기도 전에 리더들은 자신들이 잘못 처리하고 있는 고결함이라는 문제에 직면하는 경우가 있다. 위기 및 기타 다른 스트레스를 받는 상황에 처하게 되면 자신의 신념에서 벗어나 자신이 무슨 일을 하고 있는지도, 또는 스트레스를 덜 받으면 그렇지 않을 것이라는 것도 깨닫지 못할 수 있다.

● 고결함이 성격으로 형성되어 발휘되는 과정이 필요하다

『안에서 밖으로의 리더십(Leadership from the Inside Out)』의 저자 케빈 캐시맨(Kevin Cashman)은 '페르소나(persona)'와 '성격(character)'을 구별하고 있다.

"페르소나는 사람들이 자신에게서 기대하는 바에 기반을 두고 행동하는 것이고, 성격은 자신이 믿는 바에, 그리고 자신이 옳다고 생각하는 바에 토대를 두고 행동하는 것이다. 그렇다면 고결함은 성격과 투명성(사람들이 실제 자신의 모습을 보게 하는 것)에 관한 것이다."

덧붙이자면 대부분의 업계 환경에서 인센티브란 성격을 드러내기 위한 것이라기보다는 성격을 감추기 위한 것이다. 정직하게 자신의 두려움을 시인하고 CEO에 동의하지 않을 경우 이를 솔직하게 토로하는 사람들은 흔히 겁쟁이 혹은 문제를 일으키는 사람으로 치부된다. 게다가 이들의 고결함이 벌점으로 작용해 악용될 수도 있다. 많은 사람들이 이를 잘 알고 있기 때문에 속마음을 털어놓기를 꺼리고 자신의 진정한 견해와 생각을 감추게 된다.

리더들이 항상 속마음을 털어놓고 정량적인 고려를 하지 말아야 한다고 말하려는 것은 아니다. 앞에서 주목했듯이 고결하게 행동해야 하지만 이를 어리석은 행동과 구별 지어야 한다는 것이다.

하지만 훌륭한 리더는 자신의 결점을 가려내 일관된 가치관에 토대를 두고 행동하는 것으로 명성을 쌓는다. 리더로서 일련의 어려운 선택 과정을 거치게 되면 절로 자신의 정체를 드러내게 된다. 때로는 사람들에게 인기가 없는 입장을 견지하거나 고객과 간부진의 마음을 상하게 하는 모험을 감수하기도 한다. 리더들은 금융 분석가와 언론의 공격을 받을 성명서를 발표해야만 할 때가 있는데 이러한 일은 배짱을 동반하지만 이 배짱도 역시 원칙에 토대를 두고 있다. 게다가 이러한 일은 그들이 '성격'을 지니고 있는 리더라는 사실을 입증하게 되고, 자연스레 사람들에게 활기를 불러일으키고 존경심을 얻게 되며, 심지어 이들의 행동에 동의하지 않던 사람들조차 이들을 존경하게 된다.

● 고결함은 결정적인 순간에 드러난다 (또는 드러나지 않는다)

업무를 보는 '일상적인' 순간에 리더가 자신의 가치에 따라 결정을 내릴 수도 있지만, 리더의 고결함이 드러나는 결정적인 순간은 바로 예외적인 때다. 전형적으로 이러한 순간은 위기, 즉 외견상 불가능해 보이는 결정을 내릴 때 촉진된다.

하버드경영대학원의 조셉 바다라코(Joseph Badarraco) 교수는 이 주제를 『결정적인 순간(Defining Moments)』이라는 책에서 아주 훌륭하게 거론하고 있다. 그에 의하면 성격을 결정하는 용광로는, 편법에 반해 고결함을, 적응시키기에 반해 두드러지기를 선택하는 순간에, 그리고 어려우면서도 심지어 응징이 따르는 대안을 선택하는 순간(자신의 가치들이 이를 필요로 하므로)에 끓어오른다고 한다. 따라서 이러한 상황들로 '옳은 일에 반한 그른 일'보다는 '옳은 일 대 옳은 일'을 구체화시키는 경우가 아주 흔하다. 그에 의하면 응징은 단기간에 일어날 수 있지만, 지도자적인 성격과 고결함을 낳는 장기간에 걸친 임무는 자신의 가치에 의해 '더 옳은' 대안을 선택함으로써 더욱 강화된다고 주장한다. 다음 예를 살펴보자.

> 한때 사람들에게 회자된 인종차별 소송을 오랫동안 겪은 어느 회사는, 그 후에 다양성을 포용하는 것으로 보이는 시도를 하고 있다. 지금 그 회사의 수석 간부 한 명이 누구를 요직에 승진시켜야 하는지를 결정 내려야 하는 상황이다. 후보자는 두 명으로 압축되었고 간부는 두 사람 모두 승진할 자격이 있다고 상정한다. 비록 그는 후보자 A가 그 자리에 적격이라고 생각하고 있기는 하다. 그러나 경험이 아직 부족하지만 인종상으로 볼 때 소수집단에 해당하는

후보자 B를 승진시켜야 한다는 압박을 굉장히 받고 있다. 사람들은 두 사람 모두 옳은 행동을 하는 후보자들이라는 논리적인 토의들을 하고 있다. 그런데 그 간부가 진실로 객관적인 태도를 취하고 있는가? 그가 경험에 대한 가치를 더 중히 여기고 있는 것인가? 인종상 소수에 해당하는 후보자를 승진시키고 그의 발전에 투자하는 것이 회사를 위하는 일인가? 그가 다른 사람들의 압력보다는 자신의 신념으로 후보자들을 깊이 숙고하는지의 여부에 의해 그가 굴하지 않고 고결하게 행동하는지 그렇지 않은지의 여부도 결정날 것이다.

대부분의 리더는 외부의 요구에 굴복하는 일에 굉장한 압박을 받고 있으며 그들은 상사, 고객 또는 이사 위원회에 어쩔 수 없는 구속감을 느끼기도 한다. 이러한 압박을 받으면 예수회 신학자들에게서 차용해온 세 가지 질문을 상기하여 정면으로 맞서라고 조셉 바다라코 교수는 말한다. 그 질문은 다음과 같다.

"당신은 누구인가?"

"당신은 누구의 것인가?"

"신의 뜻에 따라 당신은 누가 될 것인가?"

첫 번째와 세 번째 질문은 현대 리더들에게 비교적 명쾌하다. 리더들은 강력한 정체성을 구축해야 하고, 개인의 장점과 능력을 강화해야 하고, 확고부동한 방향감각을 표명해야 한다. 두 번째 질문은 훨씬 더 어렵고 힘든 질문이다. 대부분의 업무 환경에서 사람들은 어떤 의미에서는 '소유당한' 기분을 느끼므로 리더들은 실제로 자신들이 누구를 위해 일하고 근무하는지 곰곰이 생각해보는 것이 중요하다. 그렇다면 고결함은 소유라는 구조적 문제에서 벗어나는 능력이자,

고결함이라는 쟁점이 상당히 중요하고 의미가 있을 경우 독립적으로 행동하는 능력이라 할 수 있겠다.

● 고결함은 연속선상에서 생긴다

10달러 이상의 사전 개인 지출이 있었다 치자. 후일 그 비용을 회사에 청구할 때 그 이상을 요구하지 않고 10달러를 요구하는 행동은 고결함을 보여주는 행동이다. 리더십 팀의 회의석상에서 다른 중역에게 동의하지 않는다는 표현을 정중하게 하는 것도 고결함을 보여주는 행동이다. 또한 CEO가 회사의 목표에 충실하지 않다고 생각하여 그에게 도전하는 경우에도 고결하게 행동하는 것일 수 있다.

고결한 행동이라 할 수 있는 최소한의 세 가지 유형(개인적인 리스크를 수반하는 것들)을 생각해보자.

■ 규칙 따르기

이 경우에 리더는 문서로 쓰인 규정, 문화적 규범, 혹은 기업의 방침이 있기 때문에 이에 따라 어떤 행동 경로를 따르거나 결정을 내린다. 그는 이러한 규정, 규범, 방침들이 공정하다는 사실을 알고 있으므로 이에 순응하는 일에 별다른 문제를 느끼지 않는다. 이 경우의 행동들은 '외부 기준 대 내부 기준'에 의해 이끌린다.

■ 어떤 잠정적인 개인의 위험이 없는 옳은 행동하기

이 경우에 리더는 진실로 자신이 믿고 있으며 결정을 내리기가 어려울 수도 있는 의사결정을 내린다. 하지만 설사 부정적인 결과가 나온다 하더라도 그는 이에 크게 영향받지 않는다. 자신의 행동의 결과로 비난, 논쟁을 살 수 있을 만한 리스크를 감수하지도 않으며 일자리를 잃을 만한 위험도 감수하지 않는다.

■ 경력, 직업, 개인적인 리스크를 무릅쓰고라도 옳은 행동하기

이 경우는 진실로 고결함을 지닌 리더들이 빛을 발하는 경우이며 일부 리더들이 일시적인 좌절을 겪는 경우이기도 하다. 상사의 직접적인 명령을 거부하거나 CEO의 의제에 상충하는 결정을 내려 그 결과 해고를 당하는 수도 있으며 또는 자신의 승진에 방해가 되기도 한다.

마지막 유형의 행동을 할 경우 리더는 대단한 존경과 감탄을 받고, 적절한 상황이 되면 심지어 승진도 할 수 있다. 개인의 결연한 신념에 기초한 모험을 감행하는 일이 바로 굴하지 않는 고결함이라고 하는 것이다.

| 신념을 갖고 용기를 보이는 사람들 |

리더들이 굴하지 않는 고결함으로 행동한다는 것이 어떤 의미가 있는지를 보여주는 네 가지 사례를 들고자 한다. 흔히 사람들은 고결하다는 말을 지나치게 단순화하여 회사의 기업 방침에 항의하다 사직하거나 회사의 차별적인 고용 관행을 견디지 못해 정부 밀고자가 되는 정도의 행동으로 평가해버린다. 만약 회사가 법을 위반한다든가 대중에게 비난받을 만한 행동을 하는 등 명백하게 옳지 않은 일을

할 경우, 대개의 리더들은 어떤 조치를 취해야 하는지 잘 알고 있다. 설사 이러한 상황들로 인해 상당한 리스크를 불러온다 하더라도 어떤 선택을 해야 할지는 매우 분명하다. 이러한 상황을 계속해서 감내하는 일은 올바른 선택이 아니다.

다음의 네 가지 사례는 옳은 행동을 하는 것의 어려움과 복잡함을 잘 보여준다. 자신을 해고해야 하는 회사의 어려움을 덜어주기 위해 자진해서 사직한 고결한 간부의 이야기로부터 시작한다.

● 자신의 자리가 적격이 아니라는 사실을 알고 사직한 리더

이 리더는 한동안 중요한 실적 목표를 충족시키지 못했다. 그의 업무는 곤경에 빠지게 되었다. 게다가 사람들은 이구동성으로 그에게는 그 문제를 해결할 수 있는 능력이 없다고 평가했다. 회사에 25년간 재직하면서 그는 굉장한 존경과 충성을 받았으므로, 회사가 그를 해고하면 문제의 소지를 남길 수도 있었다. 그가 이에 대해 논쟁을 일으켜 그의 상사로 하여금 해고를 철회시킬 수도 있었다.

그러나 그는 그렇게 하는 대신 자진 사직이라는 행동을 취했다. 자신의 자리에 다른 리더가 앉게 될 경우 회사가 더 잘되리라고 생각했기 때문이었다. 이러한 결정을 내리는 것은 쉬운 일이 아니었을 것이다. 그는 생존이 걸린 일자리를 포기했을 뿐만 아니라 자신의 자존심도 꺾어야만 했다. 결국 고결함을 굳게 믿는 그의 태도가 그에게 옳은 행동을 하게 한 것이다.

● 이익이 되는 일을 거부한 컨설턴트

어느 대기업의 컨설턴트는 한 고객으로부터 자신의 조직을 강건한 기업 문화로 변화시키는 일을 도와달라고 제의받았다. 그 고객은 그 일을 시작하고 싶어했고, 당장이라도 광범위한 프로그램들을 실행하고 싶어했다. 그 프로그램을 시작하면 컨설턴트가 마침내는 회사에 상당한 수익을 가져다줄 것이었다. 이 즈음의 회사는 재정적으로 여유를 갖고 싶던 참이었다. 그러나 컨설턴트는 오랜 고민 끝에 그 회사에 프로그램을 실행하는 일은 아직 시기상조라고 결론지었다. 그는 컨설턴트로서 자신의 능력을 발휘하기 전에 고객이 자신의 회사의 변화를 모색하기 위해서는 먼저 철저한 분석을 하고 한층 훌륭한 전략을 짜야 한다고 나름대로 결론을 내렸다.

비록 소정의 수입을 거절하고 또한 간절히 변화를 바라는, 어쩌면 고객의 분노를 자처하는 위험을 감수하는 일이 쉽진 않았으나 이 컨설턴트는 옳은 일에 대한 자신의 믿음을 계속 고수했고 끝내 그 일을 거절했다. 이러한 컨설턴트의 반응으로 고객도 처음에는 언짢아했으나 결과적으로는 그가 자신에게 커다란 도움을 주었다는 사실, 즉 아직 때가 되지 않았는데 발전적 변화만을 고집했다면 엄청난 시간과 경비를 허비했을 것이라는 사실을 후일 이해하게 되었다.

● 구조조정을 주도한 CEO

에드워드 브린(Edward Breen)은 회계 부정 사건으로 시달리는 타이코인터내셔널을 떠맡아서 회사의 부채를 극적으로 상환하고 순이익을 세 배로 끌어올려 회사를 회생시키는 기적을 일으켰다. 하지만 널리 알려지지 않은 사실이 있다. 이러한 실적 팽창에는 그의 불굴의 고결함이 큰 몫으로 작용했다는 점이다.

불명예스러운 전 CEO 데니스 코즐로스키로부터 회사를 인계받은 브린은 구조조정에 착수했다. 하지만 쉽거나 정략적인 방법을 택하지는 않았다. 그는 단순히 윤리만을 고집하지 않은 채 그 누구에게도, 그 어떤 것에도 타협하지 않는 강력하고 흔들리지 않는 가치로 운영하겠다는 약속을 입증하는 조치들을 취했다. 전 이사회 위원을 교체하겠다는 결정이 바로 굽히지 않는 그의 고결함을 보여주는 하나의 실례다. 그는 일부 이사들만을 교체하고 나머지를 자신의 팀으로 재임용하여 과도기적 상황을 헤쳐 나가는 정략적인 편법을 쓸 수도 있었을 것이다. 하지만 브린은 이사진 전원이 사임하기를 원했다. 그는 이러한 대거 사임으로 죄책감을 느낄지도 모르고 또한 법적인 책임이 커질지도 모른다는 우려를 일거에 불식시켰다.

브린은 전 이사진을 교체하는 구조조정을 능숙하게 별 탈 없이 해낸 것이다. 그리고 이에 못지않게 중요한 것은, 그가 그 빈자리를 제각기 독립적인 비전을 지닌 다양한 그룹의 이사들로 채웠다는 것이다. 브린은 또한 그가 처음 재직한 몇 달 동안 300명의 최고 관리자 중에서 무려 290명을 해고했는데, 그 이유는 그들이 윤리에 어긋나는 행동을 해서가 아니라 그들의 경영 방법이 자신의 비전과 일치하지 않아서였다. 브린은 그들과는 달리 회계에 신중을 기하는 원칙과 강력한 경영 원칙에 바탕을 두는 문화를 조성하는 데 더욱 관심이 많았다.

한꺼번에 수석 간부를 그렇게 많이 제거하는 일은 인적자원의 견지에서 보았을 때, 그리고 조직의 머리를 잃는다는 차원에서 볼 때 악몽이었음에 틀림없다. 하지만 브린은 자신의 고결함으로 단기적으로는 어떠한 고통이든 비극을 초래하겠지만 장기적인 면에서는 회사에 커다란 득이 될 것이라는 믿음을 지니고 있었다.

● CEO에 도전한 사원

　길(Gill)은 고속 성장하며 세간의 이목을 끄는 회사의 인력 개발팀 팀장으로 영입되었다. 이와 유사한 직위를 가졌던 전 직장은 보수적이며 전통을 중시하는 회사였다. 비록 8년이라는 시간을 즐겁게 다녔지만, 새로이 성장하는 기업에서 새로운 도전을 하고 기회를 잡을 필요성을 느꼈다.

　그런데 새 직장에서 몇 개월이 채 되지 않아 길은 회사의 일부 방침과 관행들에 마음이 불편해졌다. 그는 CEO 및 그의 팀원들의 영리하고 적극적인 전략들에 대해 감탄하면서도 그들이 지원해달라고 요청한 일부 편법들에 대해서는 심기가 불편했다. 가령 CEO는 다른 회사에서 회계 부서 직원을 영입하기를 원했는데, 이의 궁극적인 목표는 현재의 CFO(chief financial officer: 기업의 재무 담당 최고 책임자—옮긴이)를 교체하기 위해서였다. CEO가 길에게 요구한 것은 현재의 CFO를 설득하여 그의 휘하에 새로운 회계 직원을 두고 훈련시키라는 것이었다. 또한 CEO는 CFO 몰래 길에게, CFO가 언젠가는 자신의 후임이 될 사람을 스스로 훈련시킨다는 어떤 암시도 주어서는 안 된다는 점을 강조했다. 더불어 CEO는 이러한 정보는 민감한 사안이어서 자칫 낭패를 볼 수가 있으며, 또한 지금의 CFO는 새로운 후임자를 양성하는 데 필요한 2년여 동안은 현재의 자리에서 더 근무할 수밖에 없다고 말했다.

　길은 이러한 행동은 진정 윤리적인 행동이 아니며, 일을 처리하는 옳은 방식에 대한 판단력을 교란시키는 것이라고 믿었다. 길은 이들의 편법이 마음에 들지 않았고, 투명성을 기하지 않는 리더십 스타일도 마음에 들지 않았다. 그러나 그의 직책이 평소에 바라던 대로 도전 지향적이며 보수 또한 괜찮아 그만두고 싶지는 않았다. 하지만 자신이 진정 믿지 않는 회사의 정책을 말없이 따르는 일 역시 고역이었다.

마침내 그는 행동 방침을 정했다. 그는 CEO에게 자신의 근심을 토로하였을 뿐만 아니라 이러한 정책이 궁극적으로는 회사에 어떠한 부정적인 영향을 미치는가를 분석한 백서를 작성했다. 물론 CEO는 길의 백서에 동의하지는 않았지만 이 주제에 대해 마음을 열고 토론을 하자고 했으며, 또한 길의 기분을 언짢게 하는 CEO의 그 어떤 요구에 맞닥뜨리면 CEO 자신과 그 사안에 대해 허심탄회하게 토론을 하여 사례별로 대처하자고도 했다. 비록 길이 회사의 방침을 바꾸지는 못했어도, 그는 CEO 및 회사의 다른 사람들의 주목을 받기에 충분한 자신의 입장을 일관할 수 있었고, 그로 인해 더 자유로이 편안한 마음으로 업무에 임할 수 있었다.

| 굴하지 않는 고결함을 개발하는 방법 |

리더 중에는 고결함에 도통 관심이 없는 이들이 있는데, 이들은 철저하게 야심만을 품은 철두철미한 권모술수자들이다. 또 고결함은 생각조차 하지 않은 채 옳은 일과 옳지 않은 일을 구분할 줄 안다고 믿는 리더도 있다. 이 두 유형의 리더 모두에게 고결함을 개발시키는 일은 불가능하지만, 다행히도 이러한 사람들은 그다지 흔치 않다. 일반적으로 고결함이 부족한 듯 보이는 대부분의 리더들은 다만 자신들이 고결하지 않게 행동한다는 사실을 제대로 인식하지 못해서 그

러는 것이다. 일단 이들도 인식을 하게 되면, 즉 어떻게 그리고 언제 자신의 신념과 모순되는 행동을 하는지를 알고 이에 대해 조율하게 되면 고결하게 행동할 가능성이 있다. 다음은 이러한 인식을 키우는 데 도움이 되는 몇 가지 기술이다.

● 고결함에 대해 생각하고 토론할 기회를 만들어라

CEO 및 다른 수석 리더들은 고결함을 조직 내의 건설적인 대화의 일부로 만들어야 한다. 위기가 발생하고 나서야 가치와 고결함을 토론하는 과정을 거치는 것은 때늦은 조치에 불과하다. 고결함을 검토하는 일은 마치 기업이 보험에 드는 것과 같다. 말하자면 기업도 실패할 상황에 대비해 미리 보험에 들어야 한다. 이 문제를 잘 다룬다는 말은 자신의 신념에 따라 행동하는 경우에 관한 한 리더들이 봉착하는 딜레마를 검토하는 사내 인터넷 통신망을 개발하는 일에서부터 자신의 내적 갈등에 잘 대처할 수 있도록 사람들을 코치하는 것에 이르기까지 모든 것을 총망라한다는 의미다. 그리고 이에 더하여 리더들이 자신의 개인적인 딜레마와 모순적이며 윤리적인 딜레마를 어떻게 다루는지에 대한 견해를 서로 나눈다는 의미다. 또한 이 세상에는 유일하게 '옳은' 관점이라는 것은 없다는 것, 다른 사람의 시각을 받아들여 자신의 옳고 그름을 검토할 때 '고결함'에 대해 고려해야 한다는 점을 인식시켜 준다는 의미다.

윤리 문제에 대한 토론을 촉진시키고자 심혈을 기울이는 어떤 회사가 있다. 근래에 들어 이 회사는 미국 식약청(FDA)이 규정한 의료장비를 제조하는 회사를 인수하기로 했다. 그런데 바로 그 전년도에 규정 기관이 그 회사의 장비 일부를 정밀조사한 결과 잠정적인 디자인 결함을 찾아냈고, 이 결함은 소수의 환자들에게 영향을 미쳤다. 그 장비가 다수의 환자에게 기여할 수 있는 특장점에 비교해서 그 결함이 비록 사소한 것으로 보인다 하더라도, 이제 그 회사를 인수하는 문제는 CEO를 비롯하여 다른 간부진에게 커다란 딜레마를 안겨주었다. 인수하려던 회사가 기준을 높이 설정하지 않았던 걸까? 아니면 이 회사가 인계하려던 회사와 그러한 문제를 떠맡는 데 있어서 스스로 잠정적인 위험을 부각시켰던 걸까?

간부진이 이 문제를 토론할 때 CEO는 월 가, FDA, 그리고 투자가들이 이 문제에 대해 어떠한 입장을 취할지 능히 짐작하고 있었다. 하지만 그는 더 고차원적인 다른 문제를 제기했다. 환자가 잠정적인 위험이 있다는 사실도 알고 있지만 더불어 환자 자신의 생명을 위협하는 질병을 치료해줄 가능성이 있는 치료책의 필요성을 절감했을 때 그 환자는 과연 무슨 말을 할 것인가? 만약 그 환자가 자기의 처자식이라면 리더는 무슨 말을 할 것인가? CEO는 환자 스스로의 머리를 스치는 이런 생각들, 그리고 환자가 스스로 결정을 내릴 '리스크 vs 보상'이라는 문제를 리더들이 상상해보기를 원했다. 그러면 리더들은 환자에 대한 공감을 토대로 해서 더 인간적인 시각으로 바라보았을 때 나타나는 견해를 개발할 수 있을 것이다.

CEO는 리더들이 이러한 상황에서 해야 할 옳은 행동이 무엇인지 고려해보기를 원했다. 즉 더 큰 가치를 가져다줄 수 있는 것에 비해 문제가 사소해 보이며 어떤 심각한 문제를 초래할 것 같지는 않은 상황, 하지만 환자의 시각에서 보았을 때는 그 문제가 사소한 문제가 아닌 사활이 걸린 난제인 것처럼 보이는 상황에서 리더들이 무엇이 옳은 행동인지 고려해보기를 원했던 것이다. 이러한 견해들은 조직과 대화에 임했을 때 취해야 할 옳은 행동이 무엇인지 결정하게 해준다. 이윽고 잠정적 결함이 있는 의료장비를 인수하여 전진하자는 결정이 내려졌다. 이는 그렇게 하는 것이 더 멀리 내다봐서는 환자를 위하는 길이라는 믿음을 근거로 내려진 결정이었다.

● 행동으로 옮기기 전에 생각하는 바를 분명히 표현하도록 격려하라

사람들이 "그만두겠어. 이런 식으로 사람을 대접하는 회사를 위해 일하지 않겠어."라는 격정적인 이메일을 쓰며 극적으로 사직하는 것이 고결하고 절조 있는 행동처럼 보일 수도 있으나, 이는 동시에 경솔하고 지나치게 감상적인 태도이기도 하다. 회사로서는 깊게 생각하기 전에, 그리고 자신의 계획을 상세히 말하기 전에 행동에 옮기는 일부 고결한 리더를 잃을 수도 있다. 리더들이 고결함이라는 생각을 머리에 가두어두면 이들은 일방적인 대화를 하게 될 뿐이다. 통상 사람들은 어떤 문제에 대해서는 정서적인 반응은 쉽게 보이나 깊이 생각해보지 않고 무분별하게 행동한다. 하지만 이 문제에 대해 상대방이 우려하는 바를 표현하면 무분별한 행동을 보였던 그는 다른 사람들의 반응과 견해를 받아들일지도 모른다. 때로는 다른 사람들이 반응하는 모습을 보고 나서야 자신들이 굴하지 않는 고결함으로 행동하는 대신 고집과 분노로 행동했다는 사실을 깨닫는 경우도 있다.

경영진의 리더들은 선택을 좌우하는 중요한 문제들(결정을 내리라고 요구하는 문제들 또는 개인적으로 동의하지 않는 계획이나 프로젝트를 달성하라고 요구하는 문제들)에 대해 잘 알고 있다. 순응하기, 예산 짜기, 경비 절감하기, 다양성과 관련된 결정들, 보너스 관련 결정들, 그리고 승진 문제들이 흔히 고결함이라는 문제를 구체화시킨다. 최고 간부로부터 아래로 내려가며 리더들은 이러한 결정과 행동에 대해 사람들이 어떻게 생각하는지를 물어봐야 한다. "이렇게 하면 당신을 방해하게 되는가?"와 같은 질문은 사람들이 행동하기 전에 미리 생각하도록 독려해줄 수 있다.

● 옳은 행동노선을 선택하도록 용기를 줄 질문 사항들을 만들어라

자신이 믿는 바가 무엇인지를 결정하고 또 이 믿음에 따라 행동할 용기를 갖는 일은 진지하게 심사숙고할 필요가 있다. 다음 질문들이 이를 촉진시킬 것이다.

- 왜 당신은 이 특정한 문제에 당신의 입장을 견지하는가? 소중히 여기는 이상이 침해받았는가? 만약 이 입장을 취하지 않는다면 당신은 스스로를 견딜 수 없을 것 같은가?
- 어떤 결정을 내리거나 이 행동을 취하기 위해 당신의 동기를 검토했는가? 이것이 진정 고결함의 문제인가, 아니면 자신의 이익을 위해서인가?
- 당신은 상사의 요구에 의해 일을 처리하는가, 아니면 개인적으로는 동의하지 않지만 회사의 가치 및 방침을 따르는가? 이 문제에 대해 수석 리더에게 당신의 의견을 표출하고자 시도해보았는가? 당신의 일을 만족스럽게 처리할 대안책을 강구해보았는가?
- 오랜 시간을 두고 개진한 것으로서 업무 중에 행할 옳고 그른 방식에 대한 믿음을 가지고 있는가? 어떤 특정 경험으로 당신이 취할 태도를 변하게 하고 조정하게 하는가? 아니면 옳은 행동 사항을 규정해놓은 다음 이 카테고리 내에서 미동도 하지 않는가?

- 조직적이며 합법적인 윤리와 개인적인 고결함을 서로 구분하는가? 이사회가 지시하는 대로 윤리적인 태도에 순응하여 행동하지만 당신의 원칙에 상반되는 행동을 한다고 생각하는가?
- 당신이 이 입장을 견지한다면 수반될 위험은 무엇인가? 사람들이 이 행동을 어떻게 해석하기를 바라는가? 당신이 '말하려고' 하는 바가 무엇인가?

리더의 고결함이 위태로운 상황에 처했을 때 사고를 자극하는 질문과 대화를 하는 것이 복잡하고 어려운 문제를 구별해내는 최선의 방법이다.

지금까지 머리, 가슴, 배짱을 가지고 리드하는 도전들을 살펴보았다. 사실 이러한 도전들은 일련의 기술을 요하는 것이므로 이들을 개발하기란 결코 쉬운 일이 아니다. 대개의 경우 이 도전들이 훨씬 더 많은 기술을 요하기도 하는데, 즉 '고결하게 행동하기'나 '리더이면서 동시에 인간으로서 자신에 대한 진정한 본질적인 존재가 되기' 등을 요한다. 이 도전들은 우리가 자신에 대해서 믿는 것, 다른 사람들에 대해서 우리가 믿는 것, 그리고 세계와 미래를 위해 가능하고 바람직하다고 믿는 것을 시도하게 한다.

이 책의 마지막 부분에서는 삶에 대한 다양한 경험이 있을 뿐만 아니라 삶에 대한 고찰을 많이 하는 '성숙한 리더', 즉 불완전한 리더가 아닌 완전한 리더에 대한 생각들을 제안하고자 한다. 가슴의 지혜를 지니고 영리하게 행동하는 일이 중요하다는 사실을 이해하고 있는 리더, 하지만 가슴에 의해 맹목적이 되지 않는 리더, 오늘날과 같은 세계에서 불확실하고 복잡한 리더십을 감행할 용기 있는 리더는 모험이 없는 쉬운 길이 옳은 해답이라고 무작정 믿지 않는다. 다시 말해서 성숙한 리더는 21세기를 리드하는 일에 필요한 모든 지력, 공감, 그리고 용기를 기꺼이 불러일으키는 리더다.

HEAD, HEART & GUTS LEADERSHIP

5

성숙한 리더십

21세기를 위한 성숙한 리더 양성

14장
21세기를 위한 성숙한 리더 양성

 이 책 전반에 걸쳐서 전인적이며, 완전한 리더를 양성해야 할 필요성을 이야기했다. '전인적'이라는 말이 적절한 용어일지 모르겠다. 개발 관점에서 보면 '성숙함'이 훨씬 나은 용어일 것 같다. 일반적으로 성숙한 리더란 머리, 가슴, 그리고 배짱을 자연스럽게 보여주는 리더이다. 이들은 역경에 대처하고 복잡한 문제들을 다양하게 다루어야 했던 수년간의 경험을 통해서 성숙함과 더불어 지혜를 배웠다.
 이들은 미숙하거나 아직 양성 중인 리더들과는 달리 중요한 결정을 내릴 때 자신의 어느 한 부분의 성향에 지나치게 의존하지 않는다. 전략적인 선택을 할 때도 전적으로 분석에만 의존하지 않는다. 이들은 스트레스를 받는 상황에서도 무의식적으로 모험을 감행하는 일을 회피하지 않으며, 좋은 결과를 얻기 위해서 사람에 관련된 문제를 간과하지도 않는다. 다시 말해 이들은 좀 더 융통성이 있고 상황에 따라 효과적으로 리더십을 발휘하는 행동을 취할 수 있다. 외곬의 경직된 태도는 리더십을 발휘하는 선택에 도움이 되지 않는다는 사실을 어렵사리 터득한 것이다.

성숙함은 3분의 1의 머리와 3분의 1의 가슴, 그리고 3분의 1의 배짱으로 이루어진다는 뜻이 아니다. 리더들은 각기 저마다의 고유한 리더십 스타일을 지니고 있으며 이성, 감성, 용기에 의존하고자 하는 성향은 자연스러운 것이므로 성숙해진다고 해서 그러한 성향이 변하는 것은 아니다.

다만 자신의 자연스러운 스타일과 맞지 않는 선택을 고민하고자 하는 의지만이 변할 뿐이다. 또한 사람들을 리드하는 새로운 방식을 시도하기 위한 역량과 개인의 리더십 능력을 확대하고자 하는 역량이 변할 따름이다. 일반적으로 이것은 의식적인 선택이 아니다. 성숙은 무의식적으로 리더십 기술로 통합하게 하는 교훈을 가르쳐준다. 인지적인 머리로는 벽에 부딪히는 좌절을 충분히 겪고 난 후에야 더 성공적인 다른 방식이 있을지도 모른다고 깨닫게 되며, 그때서야 진지하게 사고하고 연민을 느끼고 다른 사람들과 정서적으로 결합하고자 노력하며, 자신이 누구인지에 대해 더 고민하려는 용기를 갖게 된다. 사람들은 시간이 흐르면서 정략적인 편법에 항복하기보다는 옳은 것이라고 생각하는 바를 견지하는 법을 터득하게 되는데, 그 이유는 진정한 리더십에 대해 배우면 배울수록 또 다른 괜찮은 선택이 있지 않다는 점 또한 깨닫게 되기 때문이다.

불행히도 회사는 리더가 완전히 성숙해질 때까지 기다려주지 않는다. 아이러니컬하게도 회사들은 성숙해진 리더들을 모두 소집했을 즈음에는 또 다음 세대의 더 젊고 활기차고 에너지가 넘치는 리더들을 요구하기 시작한다. 제멋대로인 젊은 리더가 현명한 60세의 리더가 되기를 기다리는 일은 여러 가지로 이치에 맞지 않다. 게다가 리더들이 성숙해지는 시기는 저마다 다르며, 35세의 리더가 60세의 리더보다 더 성숙할 수도 있다(그리고 어떤 사람들은 결코 지도자적인 성숙에 도달하지도 못하기도 한다).

그러므로 연령대가 다 다른 리더들에게 이러한 성숙함을 개발하도록 돕는 것은 필수 불가결한 일이며, 또 경쟁력을 갖기 위해서는 대부분의 회사에서 필요한 일이기도 하다. 전략을 조정하고 파악하며 회사의 가치를 활기차게 하는 숙련된 핵심 리더를 보유하는 일은 돈으로 살 수 있는 것이 아니라 반드시 이뤄내야 하는 일종의 차별화다.

오늘날 거의 모든 회사가 직면하고 있는 문제는 '어떻게 지도자의 성숙함을 개발하는가' 이다. 지금까지 앞 장에서 우리는 각각의 능력을 얻게 하는 여러 선택 사항들을 제안했다. 이제부터는 특히 리더들이 '조기에' 성숙할 수 있는 방식들, 다시 말하자면 회사가 후원하는 공식적인 프로그램을 통해서뿐만 아니라 리더 자신에 의해 가속화될 수 있는 개발 과정들에 집중하기로 한다. 단순하지만 흔히 간과하기 쉬운 것, 즉 "당신의 회사가 머리, 가슴 혹은 배짱 문화를 가지고 있는지 그렇지 않은지 그 여부를 파악하라"라는 충고와 함께 다음을 살펴보자.

| 기업이 필요로 하는 것은 무엇인가 |

리더는 머리, 가슴 그리고 배짱을 마치 케이크 요리법에 나오는 재료라도 되는 듯이 똑같이 측정하여 개발해서는 안 된다. 회사도 역시 머리, 가슴, 배짱 문제에 일률적으로 동일하게 시간을 할당하는 개발 프로그램이 필요하다는 생각해서는 안 된다. 비록 전반적인 개발 목표가 리더에게 필요한 세 가지 자질을 모두 인식하여 그 역량을 키우는 것이라 할지라도 더 분명한 목표는 기업 문화와 개인에게 올바른 접근법을 취하는 것이다.

기업 문화적으로 보면 대부분의 회사는 머리를 지향한다. 실적에 사로잡힌 세계에서는 그럴 수밖에 없으며 그들은 데이터에 의존하고 결과에 치중한다. 하지만 주목할 만한 소수의 기업, 특히 강력한 인간 관련 가치를 지닌 중역들이 이끄는 비영리 기업들은 가슴 지향적이다. 젊은 리더들이 많은 신설 하이테크 회사와 기업가적인 문화를 지닌 회사는 흔히 배짱 중심적인데, 즉 자유롭게 자신의 의견을 개진하고 위험하지만 강력한 신념에 뿌리를 둔 행동 경로를 따르는 직원들로 구성된다. 물론 기업들이 이 세 가지 범주 중 꼭 어느 하나에만 속하는 것은 아니지만, 구성원들에게 대개는 이 셋 중 하나가 우위에 있는 지배적인 기업 문화가 나타난다.

그러므로 개발은 비교적 덜 지배적인 영역의 자질을 키우는 데 집중해야 한다. 하지만 아쉽게도 이러한 경우는 희박하고 더욱이 실제 리더십 개발은 기업의 지배적인 문화에 중심을 두고 고안되며, 다른 영역으로 확장하여 도전하기보다는 주로 리더의 성향에 일치하는 학습을 제공한다.

전 뉴욕 시장 루디 줄리아니와 NYPD(뉴욕 시 경찰청)이 어떻게 뉴욕 시의 범죄를 극적으로 줄였는지 생각해보자. 수년 동안 NYPD 리더는 기타 다른 대도시 경찰청 리더들과 마찬가지로 배짱 중심적인 태도를 지니고 있었다. 준군사 전문가적인 리더십 스타일로 계급을 철폐하고 강력한 입장을 취하며 용기를 보여주는 일에 치중했다. 경찰 집단에는 마초(macho: 남성다움을 과시하는-옮긴이) 문화라는 것이 있다.

하지만 줄리아니는 경찰청 리더들로 하여금 더 분석적인(인지적인) 방법을 습득하게 해서 경찰의 업무 실적을 향상시켰다. 이들은 통제된 관리를 실행했고, 범죄 데이터를 정교하게 분석하여 특정 범죄가 일어나는 패턴을 파악하고, 이를 근거로 특정 지역을 목표로 삼아 경찰을 배치했다. 리더들에게 범죄에 대응할 다양한 방법을 사용하도록 독려하였는데, 이들이 선택한 방법은 항상 데이터를 이용하여 정보를 얻는 것이었다. 사람들은 뉴욕 시의 범죄가 크게 줄어든 것은 적어도 부분적으로는 이 방법 덕분이라고 본다. 배짱뿐만 아니라 머리를 사용함으로써 NYPD 지휘부는 하나의 새로운 모델을 만들었는데, 국내 및 전 세계의 다른 경찰청에서도 현재 이 모델을 적용하고 있다.

또 다른 예로 배짱과 직관 중심적인 리더십을 더 분석적인 접근법으로 전환한 해상 보험업을 들 수 있다. 한때 훌륭한 보험업자는 보험 가입자에 대해 거의 동물적 육감을 지닌 사람들이었다. 하지만 오늘날의 보험업자들은 정교한 분석 능력 없이는 성공이 거의 불가능하다. 이제 보험업계의 리더들은 데이터의 사용, 통계적인 분석 및 사실에 기반을 둔 결정을 내려야 한다.

뱅크오브아메리카는 항시 실행 중심적이며 실적 중심적인 은행이었다. 이 은행은 어떻게 복잡한 과정을 재설계하여 극적이리만큼 효율적인 서비스, 품질, 배송 시스템을 구비하게 되었는지를 보여주는 두드러진 예다. 하지만 은행업은 소매업, 항공업, 서비스 산업과 마찬가지로 배송을 위한 '공장형 모델'에 의존한다. 즉 일선의 여러 실무자들이 매일 고객과 상호작용을 하지만, 이들을 개발할 필요성과 이들이 간직한 커리어에 대한 포부를 간과하는 경우가 비일비재하다. 현재 뱅크오브아메리카가 직면한 난제 중 하나는 일선의 실무자들을 어떻게 개발하고 육성해야 하는가의 문제다. 대부분의 기업이 일선에서 고객을 직접 대하는 사원들을 통하여 회사의 브랜드와 가치가 전달된다는 것을 잘 알고 있다.

이를 충족시키기 위해서는 이러한 고객과 사원의 접촉이 고객 만족에 미치는 잠정적인 영향을 분석하는 데이터(머리)와 낮은 급료와 근래에 들어 더욱 짧아진 재직기간으로 이직이 잦은 실무자들과의 장기 근속 약속(가슴), 이 두 가지가 모두 필요하다. 금융업계의 리딩뱅크인 뱅크오브아메리카는 머리, 가슴, 배짱 능력을 리더십에 합리적으로 혼용하는 사람들과 더불어 폭넓은 리더십을 개발하여 시장점유율을 높이고, 주요 핵심 리더들을 보유하여 금융업계에서 혁신적인 은행으로 자리매김해가고 있다.

대개 사람들은 에이번프로덕츠를 전통적인 가슴 문화를 지닌 회사로 느끼고 있는데 이 회사에서 관계란 단어는 경영 업무의 중추적인 역할을 했다. 흔들리지 않고 대표자의 경험에 중점을 둔 점이 이 회사가 성공한 주 요인 중의 하나였다. 하지만 에이번사의 지도부는 기업의 성장을 계속 이끌기 위해서는 이러한 특정 문화에 집중하는 것으로는 충분하지 않다는 사실을 어느덧 깨달았다. 이제 이 회사의 리더들은 가슴을 잃지 않되 강력한 결정을 내릴 때는 그 어느 때보다도 분석적인 통제 및 용기를 입증해야 한다. 또한 이들은 회사를 성공하게 했던 기업문화 가치를 보유해나가면서 동시에 사실에 근거하여 어려운 결정을 내려야 하고, 모험을 더 많이 감행하는 능력을 갖추어야 할 것이다.

대부분의 기업들은 자신들이 지닌 강력한 문화의 수혜자이자 동시에 희생자이기도 한데, 이러한 강력한 문화는 흔히 리더들로 하여금 통념, 표준 관행, 혹은 전통에 반기를 들지 못하게 한다. 지나치게 인정이 많은 가족 소유의 기업인 레비스트라우스사가 그 좋은 예다. 기타 섬유 제조업계가 인건비 저렴한 아시아 등의 국가로 급격히 이동할 때 레비스트라우스사는 인정상 미국인의 일자리를 빼앗을 수 없다고 느꼈다. 결국 높은 고정 경비로 인해 경쟁력이 있는 시장 가격을 유지할 수 없게 되었다는 사실을 비로소 깨달았을 때는 너무 늦어 버렸다. 수입이 70억 달러에서 무려 40억 달러로 감소했으며, 그 회사의 제품은 더 이상 업계의 표본이 아니었다. 이 회사는 극심한 추락으로 시장점유율을 잃는 한편 엄청난 수의 사람들이 일자리를 잃게 되었다. 그 근본 원인은 이 회사가 지나치게 공감과 가슴을 보이는 기업 문화를 보여줬기 때문이었다.

이와는 반대되는 예가 바로 엔론사다. 앞서 거론된 이 회사는 연민이 없는 문화를 조성하고 머리를 강조했다. 사내에서 가장 똑똑한 인재를 임용하고 개발하는 일에 거의 외곬으로 치중했으나 결국 제 꾀에 제가 넘어간 꼴이 되고 말았다. 각각의 산업은 연민을 관리하면서 어려운 결정을 내려야 하는 딜레마에 봉착하기 마련인데, 이 두 영역의 균형을 잡는 일이 바로 지도부가 해야 할 기술이자 도전이다.

구성원의 시각에서 보았을 때 어떤 리더는 머리, 가슴, 혹은 배짱 중 어느 한쪽을 선호하는 경향이 있으므로 리더들은 자신들이 선호하는 영역을 파악하여 다른 영역으로 확장시키는 일에 주력할 필요가 있다. 머리 중심적인 리더는 비슷한 유형의 사람들이 모인 프로젝트 팀을 책임질 수 있지만, 경영진은 이 프로젝트가 성공적으로 이행되려면 배짱이 필요하다는 사실을 알고 있다. 분석적인 능력만으로는 그 팀이 지향하는 목표를 달성하도록 이끌 수 없다. 이러한 머리 중심적인 리더는 반드시 배짱을 개발해야 하는데, 그러지 못할 경우 실패할 수밖에 없는 것이다.

대개 사람들은 머리, 가슴, 혹은 배짱으로 리드하는 자신의 경향을 잘 파악한다. 비록 이들이 한 가지 성향 이외의 나머지 덜 지배적인 다른 두 영역을 능숙하게 잘 다룰 수 있다고 자기최면을 걸고 있을지라도 언젠가 중요한 지도자적인 결정을 내릴 때 그의 성향은 저절로 드러나게 된다. 그러므로 지도자적인 성숙함을 개발하기 위한 중요한 목표는 리더가 자신의 지배적인 유형에 지나치게 의존하지 않아야 한다는 사실을 인식하는 것이다. 이 목표는 공식적인 리더십 개발 프로그램을 통해서뿐만 아니라 코칭을 통해서도 달성될 수 있다.

다음은 리더들이 단편적인 리더십을 발휘하게 될 경우 흔히 실패하는 세 가지 이유이다.

● 해야 할 일을 아는 것과 실제로 실행하는 것 사이의 불일치

많은 경우에 리더가 그릇된 결정을 내린 이유, 그리고 이러한 결정과 관련해서 무엇을 의도했는지 물어보면 리더는 "분명 저도 그게 잘못된 방법이라는 것을 알고 있었지만 항상 그렇게 해왔고 게다가 별다른 방법이 떠오르지도 않았어요"라는 식으로 대답한다. 이런 점은 성공잠재력이 있는 리더의 능력을 떨어트린다. 특히 대부분의 리더들이 업무에 직면해 있는 다양한 상황과 도전들을 고려해볼 때 더욱 그러하다. 많은 리더들이 평상시의 업무 처리 방식에서 벗어나야 한다는 것은 느끼고는 있지만, 그들은 판에 박힌 생활을 반복한다. 이러한 상황에서 탈피하려면 우선 그들은 문제해결에 대한 또 다른 리더십의 유형과 이에 관련된 접근법을 알아차려, 필요하면 적절하게 이러한 방법을 이용하는 의노석인 노력을 해야 한다.

● 오판

실패는 머리, 가슴, 배짱 리더십이 주어진 상황에서 반드시 필요한지의 여부를 능히 파악하지 못한 까닭일 수도 있다. 교차문화적으로 보면 북미의 리더들은 그릇된 판단을 하는 경우가 아주 많다. 예를 들어 북미의 여러 기업이 인지적인 접근법을 사용하여 가슴을 바탕으로 하는 라틴아메리카 시장에 침투하려 한다고 가정해보자. 미국의 비즈니스 리더는 스프레드시트(spread sheet: 표 계산 소프트웨어로서 숫자, 문자 데이터를 도표화해 처리할 수 있게 한 컴퓨터 응용 프로그램-옮긴이) 프로그램과 제품 명세서로 철저히 무장하고 현지에 도착하여, 라틴아메리카 동료들과 함께 성과를 높이려는 방안으로서 제반 업무를 데이터에만 근거해서 대화한다. 그러나 남미의 중역들이 실제로 바라는 것은 함께 일할 사람들을 파악하는 것이다. 그들은 상대방이 어떤 사람인지 이해하고 싶어하고, 그들의 가족에 대해서 궁금해하고, 업무에 착수하기 전에 더 개인적인 관계를 맺으려 한다.

세계의 거의 모든 곳에서 이와 유사한 교차문화적인 상이성이 존재한다. 이러한 상이성들을 파악하지 못하다가 업무를 수행하는 능력이 방해받고 나면 그때서야 이를 사뭇 진지하게 바라보게 된다. 머리, 가슴, 배짱이라는 세 가지 자질을 모두 적용하지 못하면 특히 문화적인 경계를 넘어서서 일할 때 문제가 생길 소지가 크다.

● 잘못된 기대를 낳음

리더 중에는 이 세 가지 유형을 모두 운용할 수 있는 능력을 갖추고 있지만 부하직원들을 견인하고 독려하는 데 꼭 필요한 투명성이 부족한 리더들이 있다. 이들은 침착하고 강인하고 결과 중심적인 듯 보이지만 그 저변에는 가치 중심적이며 임무 중심적인 리더의 가슴이 뛰고 있다. 그러나 이러한 부류의 리더들이 사람들에게 쉽사리 공감은 보이나 관리자로서의 역할을 초월하고 있다는 오해를 받는 경우 사람들은 혼란스러워한다. 즉 사람들은 자신들의 리더가 이런 식으로 행동하기를 바라지 않으며, 심지어 이런 행동을 기이하다고 여긴다. 리더들이 바라는 대로 반응을 보이지 않아 결국 원하는 효과를 끝내는 얻지 못하게 된다. 혼란스러워진 직속부하들은 마지못해서 이러한 유형의 리더를 믿게 되는데, 그 이유는 리더가 자신들을 조종한다고 느끼거나 아니면 적어도 리더가 일관성이 없다고 느끼기 때문이다.

성숙한 리더는 사람들에게 자신이 어떠한 사람인지 자신이 어떻게 리드할 것인지를 더 투명하게 전달한다. 이들은 상황에 따라서 세 가지 유형들을 적절하게 운용하여 사람들을 혼란스럽게 하는 위험을 최소한으로 하는 능력을 갖추고 있다.

이러한 모든 점을 감안해볼 때 기업은, 개발 기준을 우선 사항으로 두어 리더로 하여금 완전한 리더로서 머리, 가슴, 배짱(적절한 상황에서 적절한 시기에)의 리더십을 보여주는 능력을 갖추도록 도와줘야 한다.

| 조직은 어떻게 리더의 성숙을 도울 수 있는가 |

앞에서 언급했던 기사(제1장 '출세지향적인 세계의 MBA'-옮긴이)에서 로라 타이슨과 나이젤 앤드루스는 오늘날 MBA 출신자들이 글로벌 리더가 되기에 얼마나 준비가 빈약한지에 주목했다. 그들은 MBA 출신자들이 똑똑하다는 사실을 인정하지만 세계적 리더로 성공하려면 이성 이상의 것, 즉 감성과 용기가 필수 덕목이라고 단정 지었다. 이성 못지 않게 중요한 것은 개인의 성격으로, 이는 미래의 리더들이 갖추어야 할 필수불가결한 자질이다. MBA 프로그램은 인지적인 학습을 강조하므로, 학생들은 강력한 지식기반을 갖추고 졸업을 하지만 이 책에서 가슴과 배짱에 관해 언급했던 예의 그 또 다른 자질의 미비함이라는 측면에서 보면 그들은 세계적인 기업 환경을 리드할 만한 준비가 되어 있지 않다고 할 수 있다. 그들은 문화적인 상대성을 다루고, 배경이 다양한 사람들과 함께 일하며, 모호하고 불확실성으로 가득한 작금의 시대상황에 대처할 기술을 지니고 있지 않다.

기업들이 MBA 출신자를 자사의 리더로 선호한다고는 하나 이들도 어쨌든 하나의 후보자 그룹에 불과하다. 일반대학 졸업생, 많은 경험의 전문인과 비교해 MBA 출신자들이 성숙한 리더가 될 잠재성이 오히려 더 낮을 수도 있다. 그러나 MBA 출신자, 기타 대학 졸업생, 혹은 경험이 많은 전문인을 고용하든 안 하든 이성과 기술적인 능력을 뛰어넘는 고용 기준을 확립할 필요가 있다고 강조하는 바이다. 설사 우리가 머리, 가슴, 배짱 자질이 개발될 수 있는 것이라고 강력하게 믿고 있다 하더라도 사람들 중에는 이를 개발하는 일이 훨씬 더 쉬운 이들이 있다는 점 또한 우리는 믿고 있다는 말을 끝으로 다음 방법을 제안한다.

● **머리, 가슴, 배짱과 관련 있는 기준에 의거해 채용하라**

이 제안은 어려운 임무처럼 느껴질 수도 있다. 최근에 경영 대학원을 졸업한 어떤 학생이 기업이 요구하는 배짱 타입인지 아닌지 어떻게 알 수 있겠는가? 그러나 이는 사실 생각보다 어렵지 않다. 예컨대 만약 어떤 사람이 가슴 역량을 지니고 있는지를 알고 싶다면 면접관이 지원자에게 정서적인 지능 요소인 다음 네 가지에 근거한 질문을 하면 된다.

1. 자기인식
   - 당신을 가장 잘 아는 사람들이 당신의 장점과 단점을 어떻게 설명합니까?
   - 당신 자신에 대해 스스로 잘 알고 있는 어떤 점을 학교 또는 직장에서 성공을 위해 어떻게 적용시켰습니까?
   - 왜 자기인식이 중요하다고 생각합니까? 자기인식을 하고 안 하고가 무슨 차이가 있습니까? 자기인식을 하면 어떤 변화가 일어납니까?

2. 자기통제
   - 압박을 받으면 당신은 어떻게 반응합니까?
   - 최악의 상황에서 당신은 어떤 사람입니까? 만약 정서를 효과적으로 통제하지 않는다면 당신의 성공에 장애가 될 수 있는 정서들은 무엇입니까?

- 당신에게 가장 많은 스트레스를 주는 상황은 어떤 것입니까? 어떠한 상황에서 당신은 가장 취약합니까?

3. 공감
    - 당신은 어떻게 효과적으로 다른 사람의 입장과 바꾸어 생각해 보고 그들이 어떠한 상황에 처해 있는지를 파악합니까?
    - 다른 사람의 관점을 파악하기 위해서 당신은 어떠한 접근법을 선택합니까?
    - 자신의 문제와는 전적으로 다른 사람들의 문제를 접했을 때 당신은 이를 파악할 수 있습니까?
    - 당신은 어떻게 사람들에게 도움이 되는 방식으로 이해력과 공감을 표현합니까?

4. 갈등을 관리하고 영향을 미치기
    - 당신의 의견에 일치하지 않는 사람들을 어떻게 다룹니까?
    - 어떤 상황을 공공연히 논쟁의 장으로 끌어들이지 않고 어떻게 사람들에게 동의하지 않는다는 점을 표현합니까?
    - 당신이 다루기 가장 어려운 갈등은 어떤 유형입니까?
    - 특히 당신이 직접적인 권한을 행사하지 않는 사람들에게 영향력을 미치게 하는 방식은 무엇입니까?

분명히 이러한 질문들은 사람과 상황에 따라서 달라질 수 있다. 채용 면접을 직접 실시해본 사람들은 말한다. 사람들이 지녀야 한다고들 하는 자질의 실례를 탐구하는 것이 중요하다고. 하지만 요점은 가습을 근간으로 하는 사람을 채용하는 것이 바람직할 뿐만 아니라 그런 사람을 채용하는 일이 그다지 어렵지는 않다는 것이다.

마찬가지로 다음과 같은 질문을 통하여 배짱을 평가할 수 있다.

- 직원을 감원해야 하느냐, 아니면 위태로운 재정상의 위기에 봉착해야 하느냐를 놓고 둘 중 하나를 택해야 한다면 수년간 함께 근무하고 개인적으로도 친분이 두터운 사람들을 해고하겠습니까?
- 대부분의 업무를 외주 처리한 기업을 갑작스럽게 인수할 기회가 생긴다면 일을 진행시킬 정보를 모두 수집할 시간이 부족함에도 확신을 하고 기민하게 손쓸 수 있겠습니까?
- 당신의 개인적인 생활에서 어느 정도의 위험을 수반한 결정을 내린 상황을 설명할 수 있습니까? 위기에 처한 상황은 무엇이었나요? 그 상황에 어떻게 대처했나요? 절충을 어떻게 분석했나요? 그 결과는 어떻게 되었나요?

지능과 지식(머리)의 견지에서 기업은 그동안의 지원자 평가를 넘어설 수 있어야 한다. 물론 지원자가 학교에서 어느 정도의 성적을 받았는지, 성적에 반영되었던 지적인 역량의 유형이 무엇이었는지를 파악하는 것도 중요하다. 하지만 평가는 또한 이 책에서 지금까지 열거한 비교적 덜 전통적인 특징들에도 초점을 맞추어야 한다. 가령 지원자가 전통적이며 조직적인 영역에 대해서 비전통적인 방식으로 생각하는 사람인가? 학교에서, 그리고 그의 생활의 다른 면에서 그런 능력을 입증했는가? 실제적으로 유용한 판단은 어떻게 나타냈는가?

단순히 생각하기보다는 행동하는 능력을 입증했는가? 학교 외 활동으로 성취한 것은 무엇이었는가? 실제로 기여(마음에 품은 생각을 실현시키는 능력을 나타내는 기여)한 활동에 참여하였는가?

● 자기 자신의 체험 안에 갇히지 않도록 독려하라

경험은 성숙한 리더십을 개발하는 데 있어서 매우 중요한 요소지만, 그 경험이 제한되어 있거나 혹은 이에서 배우고자 하지 않을 때는 비생산적일 수도 있다. 머리, 가슴, 배짱은 폭넓은 범위의 경험과 개방성으로부터 이를 배우고자 하는 학습으로 발전된다. 오늘날의 기업은 리더들이 전 세계적인 차원에서 생각하고, 행동하고, 여행하며, 전 세계를 아우르는 임무에 마음을 여는 리더, 기꺼이 교차 기능 간의 업무를 포함하는 팀의 일원이 되려는 리더, 또한 실패할 위험이 있지만 그러한 과업이나 임무에 과감하게 도전하는 리더가 필요하다는 사실을 공공연히 밝히고 있다. 하지만 명시적으로 또는 묵시적으로 실패를 외면하고 어떤 하나의 기능에서 성공에 또 성공을 쌓는 일만이 남보다 앞서기 위한 열쇠라고 생각하는 기업도 여전히 많다.

다음의 세 가지는 사람들로 하여금 폭 좁은 경험에서 벗어나도록 독려하는 방안들이다.

● 새로운 도전을 시도하게 만드는 행동학습 체험에 참여하게 하라

우리 회사는 전 세계에 걸쳐서 일주일 단위로 기업에 행동학습 프로그램을 실시한다. 행동학습 프로그램은 사람들을 새로운 가치 체계, 그리고 일처리의 새로운 방식에 참여시키는 창의적인 프로그램 디자인으로, 자신 및 업무와 세계에 대한 통찰력을 키우도록 자극한다. 행동학습 프로그램에서는 갈등, 피드백, 평가, 실제 업무, 그리고 기타 다른 방법을 통하여 머리, 가슴, 배짱이 통합되는 상태를 만들 수 있다. 이 프로그램으로 인해 가슴 중심적인 리더는 여러 학습적인 상황에 놓이게 된다. 성공의 유일한 지름길은 위험과 보상 사이의 균형을 유지하는 길이며 또는 가치에 토대를 둔 강력한 입장을 견지하는 것이다.

● 아직 어떤 일을 처리할 준비가 되어 있지 않아도 그 일을 맡겨보라

단언컨대 이 방안은 조심스럽게 취해야 할 행동이다. 만약 이 사람을 포함하여 조직 내 다수의 사람들이 도전적인 임무(stretch assignment)에 참여하고 있다면 심각한 문제를 초래할 수도 있다. 그러나 기업은 머리, 가슴, 배짱 있는 태도를 통합하여 발휘할 수 있는 능력은 있으나 과거에 맡은 임무만으로는 실력을 발휘할 도전이 되지 못했거나, 혹은 '이미 준비가 되어' 있는 상황에서만 리더 역할을 수행했기 때문에 아직 그럴 기회를 갖지 못한 리더를 선택해서 양성할 수 있다. 아직 준비가 되어 있지 않은 역할에 리더를 배치하게 되면, 그들은 나름대로 열심히 일해서 그 역할을 배울 것이고, 아마 이전에 한 경험 그 이상의 것에 의존하게 될 것이다. 이들은 임무를 처리할 새로운 태도를 갖출 수밖에 없다.

● 체험을 통해 학습할 수 있는 코칭 프로그램 및 기타 다른 방식을 제공하라

두 사람이 거의 똑같은 배경과 매우 유사한 업무 경력을 지니고 있는데, 한 사람은 성숙한 리더로 부상하고 다른 사람은 그러지 못했다

치자. 그 이유는 무엇일까? 흔히 이러한 경우는 전자가 경험으로 학습을 고찰하고 통합할 수 있기 때문이고, 후자는 그러지 못해서다. 이 말은 주요한 경험을 검토해보고 무엇이 옳은 행동이었으며 무엇이 그른 행동이었던가를 파악하고, 어떻게 하면 다음에 재차 유사한 상황에 처할 때 그 경험으로 일을 더 능률적으로 처리할 수 있는가를 파악하기 위해 의식적으로 노력해야 한다는 의미다. 이러한 유형의 학습은 흔히 도움을 필요로 하는데, 상당히 진솔한 토론으로 학습 능률을 끌어올릴 수 있다.

하지만 팀원들 간의 대화, 심지어 상사와 직속부하 간의 대화는 사탕발림식에 도대체 종잡을 수 없는 경우가 많다. 그 누구도 전도유망한 리더에게 "당신이 지나치게 조심하는 바람에 최종 기한을 거의 놓칠 뻔했잖아요"라고 말하지는 않는다.

사람들은 일정한 선을 넘어서서 지나치게 개인적인 문제를 지적하기를 꺼린다. 하지만 사람들로 하여금 자신의 약점을 정면으로 바라보게 해야 진정한 학습이 이루어진다. 사람들은 자신의 틈(가슴이 부족하거나 행동을 수반하지 않아서 분석이 소용없게 된다거나 하는 틈)을 파악해야 하는데, 코칭을 통해 성장을 촉진하는 대화를 조장하고 성찰의 기회를 제공할 수 있다. 코치는 사람들의 경험을 돌아보게 하고 이에 대한 진솔한 대화를 이끄는 일에 노련하다. 또한 이들은 경험 중에서 어떤 점을 교훈으로 삼아야 하는지를 선별할 수 있도록 도와준다. 사실 그런 도움이 없다면 그런 교훈은 금방 잊혀져버린다.

● 머리, 가슴, 배짱 특성을 갖춘 리더를 염두에 두고 양성하라

이전의 장들에서 지금까지 논의된 자질들이 성숙한 리더를 양성하는 유일무이한 자질들은 아닐지라도, 성숙한 리더가 되는 자질로서 훌륭한 토대를 마련해주는 것은 사실이다. 이 책에서 언급한 자질은 특히 머리, 가슴, 배짱 자질들이 서로 교차하며 보여주는 것들이었다. 그리고 리더가 더 완전한 방식으로 생각하고 행동할 수 있도록 도와줄 때에야 비로소 이러한 것들이 유용하다는 것을 이미 목격한 바 있으므로 특히 이 세 가지 자질들을 선택했다.

마지막으로 이 책을 정리하는 의미에서 2장에서 언급한 이야기, "더 큰 틀을 염두에 두고 인재를 양성하라"를 한 번 더 강조한다. 가슴 중심적인 문화에서는 머리 중심적인 문화에서 리더를 양성하는 방식과는 다른 형태로 리더를 양성해야 한다. 그저 볼품없는 재정의 결과로 시달리는 기업의 개발 프로그램은, 성장가도를 달리며 가장 훌륭하고 가장 뛰어난 리더들을 보유하고자 하는 기업의 개발 프로그램과는 다를 수밖에 없다. 또한 명령 및 통제 성향을 가진 오만한 중역은 '가슴'에 전력투구할 필요가 있는 반면 지나치게 조심성 있는 리더는 '배짱'에 집중해야 한다.

이러한 요소들을 모두 염두에 두고, 기업은 조직이 필요로 하는 것을 분석하는 데 도움이 되는 틀을 사용하여 이것이 리더십 개발에 어떠한 영향력을 행사하게 되는지, 그리고 조직에 진정 필요한 것(역학, 기술, 지식, 태도)이 무엇인지를 분석해야 한다. 이 틀로 개인 개발 문제와 조직 학습 과정을 포함하여 리더십 개발 구조를 관리하고 또한 구조적인 형태들을 결합하여 승계 계획에서 실적 관리에 이르기까지의 전반적인 과정을 살펴볼 수 있다.

이러한 유형의 틀을 사용하든, 아니면 다른 방안을 강구하든, 조직 내의 필요한 모든 요구 사항을 제대로 파악하지 못한다면 머리, 가슴, 배짱이 있는 리더를 양성할 수 없다는 절실한 현실 또한 깊이 인식해야 한다. 사람들을 체계적으로 관리하지 않으면, 이와 동시에 사용하는 방법이 개발에 영향을 미치는 시스템과 과정을 모두 고려하지 않으면 조직을 성숙한 리더십이 충만하도록 재편하겠다는 목표를 달성할 수는 없을 것이다.

| 리더십 개발의 향후 과제 |

지속적으로 재능 있는 리더를 찾고 있는 현실, 그리고 나날이 달라지는 상황에 따라 다양하게 리더십을 발휘할 수 있는 리더가 중요해지고 있는 현실을 감안한다면 경영조직은 과거 그 어느 때보다도 리더십 개발에 집중해야 한다. 이제 더 이상 결과를 당장 볼 수 있는 프로그램을 사용하는 것만으로는 충분치 않으며, 리더를 비즈니스 스쿨 프로그램에 보내거나 잠재력이 뛰어난 리더에게 여러 가지 임무를 맡기는 것으로 만족할 수도 없다. 기업들은 이러한 특수한 방법들로 리더십의 활용 가치가 커지고 이에 따른 소득과 그 이상의 것도 얻을 수 있으리라는 착각에 빠져 있다.

기업의 이러한 전술적인 방법을 비난하고자 하는 것은 아니다. 리더십 개발 업무에 참여하는 우리들 중 일부도 더 큰 그림을 고려하지 않고 지나치게 서두르는 바람에 타당한 해결책이나 방안들을 강구하지 못하는 경우가 있다. 360도 피드백 및 기타 다른 방법을 사용한다 하더라도, 이 방법이 난관을 타개해주지는 못한다. 사실 지난 25년여 동안 리더십 개발 방법에 어떤 획기적 도약은 일어나지 않았다.

우리는 굳게 믿는다. 머리, 가슴, 배짱의 리더십이 머지않아 대약진을 가져오리라고. 그리고 모든 CEO들이 하는 말, "리더를 구해 오시오. 똑똑하고, 사람들을 다루는 기술이 훌륭하고, 확신을 지닌 용기 있는 리더를……."이라는 말에서 이 믿음에 대한 타당성을 밝히고 싶다. 이들은 어느 하나의 자질을 지닌 리더를 원하는 것이 아니라 이 세 가지 자질을 모두 지닌 리더를 원하는 것이다. CEO들은 리더들이 성숙해질 때까지, 그리고 오랜 세월에 걸쳐서 리더가 양성될 때까지 기다려주지 않는다. 이들은 개발 과정을 가속화하고자 하지만 사실 이들이 그렇게 하도록 도움이 되는 방법이란 없다.

대부분의 기업은 불완전한 리더들로 가득 차 있다. 가령 자신이 믿고 있는 바를 결코 표현하지 않은 반면 머리는 대단히 똑똑하다거나, 임무를 제대로 완수하지 못하는 반면 감정이입을 잘한다거나 하는 식이다. 기업이 원하는 리더는 완전한 리더임은 주지의 사실이지만 교실 훈련만으로는 이러한 유형의 리더십이 온전히 양성되지 않는다는 사실을 사람들이 점점 더 많이 인식해가는 추세다. 점차로 기업들은 머리, 가슴, 배짱을 보일 수 있는 리더를 파악하여 이들을 양성하고자 한다.

우리 회사는 불완전인 리더십 스타일과 경영철학에 방해받지 않고 세계의 여러 도전에 완벽에 가까운 해결책을 제시할 수 있는 완전한 리더들을 채용하고 훈련시키고 양성하는 데 필요한 모든 방안, 통찰력, 도구의 개발에 혼신의 노력을 다할 것이다. 그렇게 된다면 우리 회사 구성원 모두는 더 만족스러울 것이며 세계는 더욱 생산적이고 순조로운 곳이 될 것이다.

| 역자후기 |

마하트마 간디와 마틴 루터 킹의 리더십에 공통점이 있다면 가슴과 용기로 축약할 수 있겠다. 이성과 감성의 문제가 큰 명제였던 고대 그리스 철학과 인간의 주관적 내면세계(감성)를 표현한 18, 19세기 유럽의 낭만주의 철학을 논하지 않더라도, 아인슈타인 또한 지능은 단지 인간에게 공헌하는 보조역할 기능을 할 뿐이라며 이성 만능주의에서 벗어나 감성의 중요성을 깨달으라고 강조했다.

미국의 저명한 사회학자 대니얼 벨(Daniel Bell)은 21세기는 정보와 사회, 지식 사회, 탈공업사회가 될 것이라고 언급한 바 있는데, 이 책의 저자들은 이러한 시대에 부응하기 위해서는 종래의 전통적인 리더십 개발 방식인 인지적인 요소, 즉 이성(머리)만이 아닌 감성(가슴) 그리고 용기(배짱)가 완전한 리더십의 핵심이 되어야 한다고 강조한다. 이들은 이러한 세 가지 요소들을 합리적으로 통합하여 완전한 리더십을 양성하기 위한 코칭, 즉 중역 프로그램들을 구축해왔다. 이 책은 그러한 작업의 일환으로서 리더십에 관하여 머리, 가슴, 그리고 배짱을 유기적으로 조화롭게 통합하는 선구자적 혜안의 표출인 것이다.

사실 이 책의 저자들에 의해 세 가지 요소들의 통합이 구체화되기 이전에도 이러한 리더십의 실례들은 많이 존재했다. 우선 상당 기간

후계자 발굴과 양성에 관심을 기울인 경영학에서 자주 거론되는 GE(General Electric)의 전 CEO 잭 웰치(Jack Welch)는 "사원을 가슴으로 대하는 것이 결코 그들의 실수를 묵인하라는 뜻이 아니며, 동시에 리더에게는 도전과 변화에 굴하지 않는 뜨거운 가슴이 요구된다."고 자신의 자서전 『Jack : Straight From The Gut』에서 갈파하고 있다. 또한 휴렛패커드(Hewlett-Packard)의 전 여성 CEO 칼리 피오리나(Carly Fiorina)는 "본인 스스로 미리 자신을 제한하여 발전 가능성에 스스로 한계를 두는 우를 범하지 말라. 기업의 최대 장애물은 일을 시작하기도 전에 스스로 한계를 결정하는 것이다."라고 하면서 변화와 도전적인 상황에 부딪혀온 용기가 바로 자신의 성공 비결이었다고 밝힌 바 있다.

'가슴을 통한 용기의 실현'의 본보기로 존슨앤드존슨사의 타이레놀 독극물 사건(Tylenol crisis)을 상기해 볼 수 있다. 이는 1982년 미국 시카고에서 한 정신 이상자가 타이레놀 캡슐에 청산가리를 주입하여 일곱 명이 사망한 사건으로, 당시 존슨앤드존슨사의 CEO 짐 버크(Jim Burke)는 이 사건을 해결하기 위해 캡슐을 알약으로 교체하는 데 수백만 달러를 투자하는 등 흔쾌히 2억 4000만 달러를 지출했다. 이 회사는 FDA의 시카고 지역만의 약품 회수 지시를 넘어 오히려 미국 전역의 약품 3100만 개를 회수했다. 특히 사건 초기에 기업의 존폐 기로에 선 존슨앤드존슨사는 이 사건을 은폐하려 하기보다는 이를 바로 언론에 공개했고, 심지어 소비자에게 아직도 위험성이 있으니 자사 제품 구매를 당분간 유보해달라는 광고까지 적극적으로 하는 등의 가슴과 용기를 보여주었다. 그리하여 실로 중대한 자사의 존폐 위기보다 고객의 생명을 최우선적으로 중시하여 마침내 반 년 만에 위기를 극복했다.

가슴과 용기를 보여준 존슨앤드존슨사와는 달리 일본의 미쓰비시 자동차사는 가슴과 용기의 결여로 자사의 차량 결함을 숨기려 하다가 자멸의 길에 들어선 전형적인 예이다. 이 회사는 한때 차량의 결함으로 고객들의 불평에도 이를 은폐하려다 발각되어 결국 리콜까지 하게 되는 수모를 겪었다. 그 후 또다시 이러한 일이 재차 반복되었으나 기업의 위기를 우려하여 가슴과 용기를 여전히 보여주지 못한 채 은닉하려 했고, 마침내 이러한 사실이 공개되어 자국 내 매출이 절반가량까지 감소하는 위기를 맞아 쇠퇴했다.

위의 사례에서 보듯이, 기업의 리더들에게 머리, 가슴, 그리고 배짱(용기)이 필요한데, 이는 기업의 발전을 위해서뿐만 아니라 위기에 직면해서도 더욱더 필수 불가결한 자질들이라 할 수 있다. 한편 기존의 IQ(지능지수)와 더불어 근래에 강조되는 EQ(감성지수), 나아가 이젠 용기지수 또는 배짱지수라는 신조어까지 대두될 날이 멀지 않았는지도 모른다.

머서델타중역러닝센터의 컨설턴트로서 중역 프로그램을 다년간 운영해온 코칭 전문가들인 저자들에 의하면 머리, 가슴, 그리고 배짱의 균형 있는 통합이 바로 이 시대의 리더십 개발의 새로운 접근법이며 이들은 "현대와 같은 글로벌 기업 환경에서 완전한 리더가 되려면 머리를 쓰고 따뜻한 가슴을 보여주며 배짱 있는 행동을 해야 한다."고 주장한다. 이들이 이 책에서 개진하고 있는 자질들, 즉 완전한 리더가 될 수 있는 세 가지 특질들을 구체화하자면 머리(인지적인 요소)는 전략, 방향, 목표를 제시하고 가슴(정서적인 지능)은 나른 사람들을 이해하고 그들과 협동하며 개발 양성하고 배짱(가치)은 명백한 가치에 토대를 두고 기꺼이 옳은 행동을 하는 것이다.

저자들은 이 세 가지 자질들을 균형 있게 갖추고 있는 리더야말로 완전하고 성숙한 리더이며, 기업들은 이러한 완전한 리더를 양성하기 위한 투자를 아끼지 말아야 한다고 조언한다. 이들은 머리, 가슴, 그리고 용기 중 어느 하나의 자질에만 의존하는 리더는 불완전한 리더로 지칭하며, 이러한 리더들은 세 가지 자질을 모두 균형 있게 갖춘 완전한 리더들보다 경영 관리 능력이 훨씬 더 취약하다고 보는 것이다.

따라서 이 책의 역자로서 본서의 공동 저자들이 주창한 머리, 가슴, 그리고 배짱의 리더십 통합 개발 방식이 머지않은 장래에 여러 리더 양성 및 리더십 개발 방식의 모델이 되리라 확신하며, 아무쪼록 불충한 본인의 역서가 부디 독자들에게 미약하나마 도움이 되기를 기원한다. 마지막으로 이 책이 나오기까지 도움을 준 많은 이들에게 감사 드리며, 아울러 이 책을 번역하는 동안 많은 시간을 함께 보내지 못한 사랑하는 딸 담은이에게 미안한 마음을 전한다.

2007. 10.

김복리

| 저자에 관하여 |

데이비드 L. 도트리치(David L. Dotlich)

전 세계적으로 유명한 회사 중역 양성 프로그램인 머서델타중역러닝센터의 책임자다. 또한 존슨앤드존슨, 나이키, 뱅크오브아메리카, 인텔, 도시바, 어니스트앤드영, 노바르티스 등의 이사, CEO 및 수석 리더의 카운슬러로 활동하고 있다.

베스트셀러 리더십 관련 저서인 『CEO가 실패하는 이유(Why CEOs Fail)』, 『액션 코칭(Action Coaching)』, 『부자연스러운 리더십(Unnatural Leadership)』, 『행동학습(Action Learning)』, 『리더십 전환(Leadership Passages)』의 공동 저자이다.

피터 C. 카이로(Peter C. Cairo)

리더십 개발, 중역 코칭, 조직 효율성 분야의 전문 컨설턴트이다. 머크, 에이번프로덕츠, 콜게이트파몰리브 등의 기업에서 중역 및 리더십 팀의 컨설턴트이자 코치이다. 25년간 컬럼비아대학의 교수로 재직했는데, 카운슬링 심리학과 학과장을 역임했다.

『CEO가 실패하는 이유(Why CEOs Fail)』, 『부자연스러운 리더십(Unnatural Leadership)』, 『액션 코칭(Action Coaching)』 등의 공동 저자이다.

스티븐 H. 라인스미스 (Stephen H. Rhinesmith)

평가, 코칭, 그리고 세계적인 리더 양성을 전문으로 하는 회사인 머서델타 중역러닝센터의 파트너로, 전략 달성 및 인적 자원 개발의 전문가이다.

〈포천〉지가 선정한 100대 기업에서 국제적인 정신자세, 능력 및 기업 문화 개발에 대해 컨설턴트로 활동 중이다.

저서로 『세계화로 가는 경영자 지침서(A Manager's Guide to Globalization)』가 있다.

완전한 리더의 조건
머리·가슴·배짱

인 쇄	2007년 10월 25일 초판 1쇄 찍음
발 행	2007년 10월 30일 초판 1쇄 펴냄

지 은 이	데이비드 L. 도트리치
	피터 C. 카이로
	스티븐 H. 라인스미스
옮 긴 이	김복리
펴 낸 이	김재민
디 자 인	문흥진
펴 낸 곳	나래북

등 록	제 313-2007-000027호
주 소	서울시 성북구 정릉동 607-28 ☎ 136-851
전 화	0505-227-7300
팩 스	0505-227-7301
이 메 일	scrap30@msn.com

ISBN 978-89-959842-1-5 03320

저자와의 협의하에 인지를 생략합니다.
사전 동의 없는 무단 전재 및 복제를 금합니다.
잘못 만들어진 책은 바꾸어 드립니다.